U0686658

—— 乡村振兴特色优势产业培育工程丛书

中国油橄榄产业发展蓝皮书

（2024）

中国乡村发展志愿服务促进会 组织编写

中国出版集团有限公司
研究出版社

图书在版编目 (CIP) 数据

中国油橄榄产业发展蓝皮书 . 2024 / 中国乡村发展
志愿服务促进会组织编写 . — 北京：研究出版社，
2025．7. — ISBN 978-7-5199-1900-9

Ⅰ . F326.12

中国国家版本馆 CIP 数据核字第 2025DG9279 号

出 品 人：陈建军
出版统筹：丁　波
责任编辑：范存刚

中国油橄榄产业发展蓝皮书（2024）

ZHONGGUO YOUGANLAN CHANYE FAZHAN LANPI SHU (2024)
中国乡村发展志愿服务促进会　组织编写
研究出版社 出版发行
（100006　北京市东城区灯市口大街 100 号华腾商务楼）
北京建宏印刷有限公司印刷　新华书店经销
2025 年 7 月第 1 版　2025 年 7 月第 1 次印刷
开本：710 毫米 × 1000 毫米　1/16　印张：15.75
字数：247 千字
ISBN 978-7-5199-1900-9　定价：56.00 元
电话（010）64217619　64217652（发行部）

本书编写人员

主　　编：姜成英

副 主 编：俞　宁　张　军　杜晋城

编写人员：（按姓氏笔画排序）

王丽华　叶　敏　全建州　闫仲平　杜晋城

李勇杰　吴文俊　张　军　张建霞　俞　宁

姜成英　黄飞逸　薛雅琳

本书评审专家

（按姓氏笔画排序）

王瑞元　李金花　李俊雅　李聚桢　吴燕民

张忠涛　陈昭辉　赵世华　饶国栋　聂　莹

裴　东　谭　斌　薛雅琳

编写说明

习近平总书记十分关心乡村特色产业的发展，作出一系列重要指示。2022年10月，习近平总书记在党的二十大报告中指出："发展乡村特色产业，拓宽农民增收致富渠道。巩固拓展脱贫攻坚成果，增强脱贫地区和脱贫群众内生发展动力。"同月，习近平总书记在陕西考察时强调，产业振兴是乡村振兴的重中之重，要坚持精准发力，立足特色资源，关注市场需求，发展优势产业，促进一二三产业融合发展，更多更好惠及农村农民。2023年4月，习近平总书记在广东考察时要求，发展特色产业是实现乡村振兴的一条重要途径，要着力做好"土特产"文章，以产业振兴促进乡村全面振兴。2024年4月，习近平总书记在重庆主持召开的新时代推动西部大开发座谈会上强调，要坚持把发展特色优势产业作为主攻方向，因地制宜发展新兴产业，加快西部地区产业转型升级。

为贯彻落实习近平总书记的重要指示和党的二十大精神，紧密围绕"国之大者"，按照确保重要农产品供给和树立大食物观的要求，中国乡村发展志愿服务促进会认真总结脱贫攻坚期间产业扶贫经验，启动实施"乡村特色优势产业培育工程"，选择油茶、油橄榄、核桃、杂交构树、酿酒葡萄，青藏高原青稞、牦牛，新疆南疆核桃、红枣9个特色优势产业进行重点培育。这9个产业，都事关国计民生，经过多年的努力特别是脱贫攻坚期间的工作，具备了加快发展的基础和条件，不失时机地促进实现高质量发展，不仅是必要的，而且是可行的。中国乡村发展志愿服务促进会动员和聚合社会力量，促进发展木本油料，向山地要油料，加快补齐粮棉油中"油"的短板，是国之大者。促进发展核桃、杂交构树等，向植物要蛋白，加快补齐肉蛋奶中"奶"的短板，是国之大者。促进发展青藏高原青稞、牦牛和新疆南疆核桃、红枣，促进发展西北地区葡萄酒产业，是脱贫地区巩固拓展脱贫攻坚成果和实现乡村产业振兴的需要，也是实现农民特别是脱贫群众增收的重要措施。通过培育重点企业、强化科技支撑、扩大市场销售、对接金融资源、发布蓝皮书等工作，努力实现产业发展、农民增收、企业盈利、消费者受益的目标。

发布蓝皮书是培育工程的一项重要内容，也是一项新的工作。旨在普及产业知识，记录产业发展轨迹，反映产业状况，推广良种良法，介绍全产业链开发的经验做法，对产业发展进行预测、展望，营造产业发展的社会氛围，加快实现高质量发展。从2023年开始，我们连续编写出版了9个产业发展的蓝皮书，受到社会欢迎和好评。

2025年的编写工作中，编委会先后召开编写提纲讨论会、编写调度会、专家评审会等一系列重要会议。经过半年多的努力，丛书成功付梓面世。丛书的编写与出版，得到了各方的大力支持。在此，我们诚挚感谢所有参加蓝皮书编写的人员及支持单位，感谢评审专家，感谢出版社及各位编辑，感谢三峡集团公益基金会的支持。尽管已是第三年编写，但由于对9个特色产业发展的最新数据掌握不够全面，加之能力有限，书中难免存在疏漏谬误，欢迎广大读者批评指正。

下一步，我们将深入贯彻习近平总书记关于发展乡村特色产业的重要指示精神，密切跟踪9个特色产业的发展情况，加强编写工作统筹，进一步提升编写质量，力求把本丛书编写得更好，为乡村特色优势产业的发展贡献力量，助力乡村全面振兴。

丛书编委会

2025年5月

代　序

乡村振兴特色优势产业培育工程实施方案

中国乡村发展志愿服务促进会

2022年7月11日

　　民族要复兴，乡村必振兴。脱贫攻坚任务胜利完成以后，"三农"工作重心历史性转到全面推进乡村振兴。为贯彻落实习近平总书记关于粮食安全的重要指示精神，落实《国家乡村振兴局 民政部关于印发〈社会组织助力乡村振兴专项行动方案〉的通知》（国乡振发〔2022〕5号）要求，中国乡村发展志愿服务促进会（以下简称促进会）认真总结脱贫攻坚期间产业扶贫经验，选择油茶、油橄榄、核桃、酿酒葡萄、杂交构树，青藏高原青稞、牦牛，新疆南疆核桃、红枣9个特色优势产业进行重点培育，编制《乡村振兴特色优势产业培育工程实施方案》（以下简称《实施方案》）。

一、总体要求

（一）指导思想

以习近平新时代中国特色社会主义思想为指导，全面贯彻习近平总书记关于"三农"工作的重要论述，立足新发展阶段，贯彻新发展理念，构建新发展格局，落实高质量发展要求。按照乡村要振兴、产业必先行的理念，坚持"大

1

食物观"，立足不与粮争地，坚守18亿亩耕地红线，本着向山地要油料、向构树要蛋白的思路，加快补齐粮棉油中"油"的短板、肉蛋奶中"奶"的短板，持续推进乡村振兴特色优势产业培育工程。立足帮助优质农产品出村进城，不断丰富市民的"米袋子""菜篮子""果盘子""油瓶子"，鼓起脱贫地区人民群众的"钱袋子"。立足推动农业高质高效、乡村宜居宜业、农民富裕富足，为全面推进乡村振兴、加快农业农村现代化提供有力支撑。

（二）基本原则

——坚持政策引导，龙头带动。以政策支持为前提，积极为产业发展和参与企业争取政策支持。尊重市场规律，发挥市场主体作用，择优扶持龙头企业做大做强，充分发挥龙头企业的示范带动作用。

——坚持突出重点，分类实施。突出深度脱贫地区，遴选基础条件好、带动能力强的企业，进行重点培育。按照"分产业、分区域、分重点"原则，积极推进全产业链发展。

——坚持科技支撑，金融助力。加强对特色优势产业发展的科研攻关、科技赋能作用，促进科研成果及时转化。对接金融政策，促进企业不断增强研发能力、生产能力、销售能力。

——坚持行业指导，社会参与。充分发挥行业协会指导、沟通、协调、监督作用，帮助企业加快发展，实施行业规范自律。充分调动社会各方广泛参与，"各炒一盘菜，共办一桌席"，共同助力产业发展。

——坚持高质量发展，增收富民。坚持"绿水青山就是金山银山"理念，帮助企业转变生产方式，按照高质量发展要求，促进产业发展、企业增效、农民增收、生态增值。

（三）主要目标

对标对表国家"十四五"规划和2035年远景目标纲要，设定到2025年、2035年两个阶段目标。

——到2025年，布局特色优势产业培育工程，先行试点，以点带面，实现突破性进展，取得明显成效。完成9个特色优势产业种养适生区的划定，推广"良种良法"，建设一批生产基地。培育一批龙头企业、专业合作社和家庭农场等市场主体，建立重点帮扶企业库，发挥引领带动作用。聘请一批知名专家，建立专家库，做好科技支撑服务工作。培养一批生产、销售和管理人才，增强市场主体内生动力，促进形成联农带农富农的帮扶机制。

——到2035年，特色优势产业培育工程形成产业规模，实现高质量发展。品种和产品研发取得重大突破，拥有多个高产优质品种和市场占有率高的产品。种养规模与市场需求相适应，加工技术不断创新，产品质量明显提升，销售盈利能力不断拓展，品牌影响力明显增强。拥有一批品种和产品研发专家，一批产业发展领军人才和产业致富带头人，一批社会化服务专业人才。市场主体发展壮大，实现一批企业上市。联农带农富农帮扶机制更加稳固，为共同富裕添砖加瓦，作出积极贡献。

二、重点工作

围绕特色优势产业培育工程目标，以"培育重点企业、建立专家库、实施消费帮、搭建资金池、发布蓝皮书"为抓手，根据帮扶地区自然禀赋和产业基础条件，做好五项重点工作。

（一）培育重点企业

围绕中西部地区，特别是三区三州和乡村振兴重点帮扶县，按照全产业链发展的思路遴选一批产业基础好、发展潜力大、创新能力强的企业，建立重点帮扶企业库，作为重点进行培育。对有条件的龙头企业，按照上市公司要求和现代企业制度，从政策对接、金融支持、消费帮扶等方面进行重点培育，条件成熟的推荐上市。

（二）强化科技支撑

遴选一批品种研发、产品开发、技术推广、工艺研究等方面的专家，建立专家库，有针对性地对制约产业发展的"卡脖子"技术难题进行联合攻关。为企业量身研发、培育种子种苗，用"良种良法"助力企业扩大种养规模。加强产品研发攻关，提高产品品质和市场竞争力。充分发挥企业家在技术创新中的重要

3

作用,鼓励企业加大研发投入,承接和转化科研单位研究成果,搞好技术设备更新改造,强化科技赋能作用。

（三）扩大市场销售

帮助企业进行帮扶产品认定认证,给帮扶地区产品提供"身份证",引导销售。利用促进会"帮扶网""三馆一柜"等平台和载体,采取线上线下多种方式销售。通过专题研讨、案例推介等形式,开展活动营销。通过每年发布蓝皮书活动,帮助企业扩大影响,唱响品牌,进行品牌销售。

（四）对接金融资源

帮助企业对接国有金融机构、民营投资机构,引导多类资金对特色优势产业培育工程进行投资、贷款,支持发展。积极与有关产业资本合作,按照国家政策规定,推进设立特色优势产业发展基金,支持相关产业发展。利用国家有关上市绿色通道,帮扶企业上市融资。

（五）发布蓝皮书

组织专家编写分产业的特色优势产业发展蓝皮书。做好产业发展资料收集、整理、分析工作,加强国内外发展情况对比分析,在总结分析和深入研究的基础上,按照蓝皮书的基本要求组织编写,每年6月前对外发布上一年度产业发展蓝皮书。

三、保障措施

（一）组建项目组

促进会成立项目组,制定《实施方案》并组织实施。项目组动员组织专家、企业家和有关单位,分别成立9个项目工作组,制定产业发展实施方案并组织实施。做好产业发展年度总结,编写好分产业特色优势产业发展蓝皮书。

（二）争取政策支持

帮助重点龙头企业对接国家有关产业政策、产业发展项目。协调相关部门,加大帮扶工作力度,争取将脱贫地区重点龙头企业的产业发展规划纳入国家有关部门和有关地区的专项发展规划并给予支持。争取各类金融机构对重点帮扶龙头企业给予贷款、融资优惠,助力重点帮扶企业加快发展。

（三）坚持典型引领

选择一批资源禀赋好、发展潜力大、市场前景广的种养基地作为示范种养典型,选择一批加工能力精深、技术先进、效益良好的龙头企业作为产品加工示范典型,选择一批增收增效、联农带农富农机制好的市场主体作为联农带农富农典型。通过典型示范,引领特色优势产业培育工程加快发展。

（四）搞好社会动员

建立激励机制,让热心参与特色优势产业发展的单位和个人政治上有荣誉、事业上有发展、社会上受尊重、经济上有效益。加强宣传工作,充分运用电视、网络等多种媒体,加大舆论宣传推广力度,营造助力特色优势产业培育工程的良好社会氛围。招募志愿者,创造条件让志愿者积极参与特色优势产业培育工程。

（五）加强协调促进

充分利用促进会在脱贫攻坚阶段取得的产业发展经验和社会影响力,协调脱贫地区龙头企业对接产业政策,动员产业专家参与企业技术升级和产品研发,衔接金融资源帮助企业解决资金难题。发挥行业协会的积极作用,按照公开、透明、规范要求,帮助企业规范运行,自我约束,健康发展。

四、组织实施

（一）规范运行

在促进会的统一领导下,项目组和项目工作组根据职责分工,努力推进9个特色优势产业培育工程实施。项目组要根据产业特点组织制定专家库、重点帮扶企业库的建设与管理办法、产业发展培育项目管理办法,包括金融支持、消费帮扶、评估评价等办法,做好项目具体实施工作。

（二）宣传发动

以全媒体宣传为主,充分发挥新媒体优势,不断为特色优势产业培育工程实施营造良好的政策环境、舆论环境、市场环境,让企业家专心生产经营。宣传动员社会各方力量，为特色优势产业培育工程建言献策。

（三）评估评价

发动市场主体进行自我评价，通过第三方调查等办法进行社会评价。特色优势产业培育工程项目组组织有关专家、行业协会、企业代表，对9个特色优势产业发展情况、市场主体进行专项评价。在此基础上，进行评估评价，形成特色优势产业发展年度评价报告。

CONTENTS | 目录

绪　论 / 001

I

第二章

油橄榄产业发展外部环境 / 049

第三章

油橄榄产业发展重点区域 / 089

第四章

油橄榄产业发展重点企业 / 131

第七章

油橄榄产业发展趋势与对策 / 207

绪　论

　　油橄榄是世界闻名的木本油料食物资源，具有重要的经济、生态和社会价值。其产品橄榄油凭借独特的品质与丰富的营养价值被誉为"液体黄金""植物油皇后"，不仅在全球食用油领域占据重要地位，更在医药、日化、电子等产业中展现出广泛应用价值。早在1964年周恩来总理便亲自部署油橄榄引种，拉开了中国油橄榄产业的序幕。历经六十载风雨，从引种试验到推广发展，再到巩固提高与恢复发展，中国油橄榄产业在适生区筛选、良种培育、技术攻关、产业链建设等方面取得显著突破。1998年，国际油橄榄理事会（IOC）首次将中国纳入世界油橄榄分布区版图，至2020年我国橄榄油更是首次实现了出口，标志着我国已成为橄榄油生产国。时至今日，我国油橄榄产业已实现从零星试验发展迈向规模化、特色化与优势化的发展蝶变，覆盖多个省（区、市），成为当地特色优势产业的典范。

　　国家层面高度重视粮油安全，中央一号文件连续多年部署油料产能提升工程，明确将木本油料提升作为食用油自给率突破的关键领域。习近平总书记提出的"大食物观"理念，以及"森林四库"的战略定位，进一步凸显了油橄榄产业在粮食安全、农民增收与生态治理中的多重价值。2024年4月23日，习近平总书记主持召开新时代推动西部大开发座谈会，强调坚持把发展特色优势产业作为主攻方向，为油橄榄产业发展指明了方向。各适生区省份纷纷响应，出台扶持政策全力推动产业发展壮大，甘肃省以省发改委的名义印发了《甘肃省油橄榄产业发展规划（2024—2033年）》，并启动了包括油橄榄在内的《甘肃省现代丝路寒旱农业优势特色产业三年倍增计划》；四川省人民政府、国家林业和草原局联合印发了《建设"天府森林四库"实施方案》的通知，明确提出实施百万亩油橄榄领先工程；《云南省林草产业高质量发展行动方案（2022—2025年）》则聚焦于优化油橄榄主产区、重点县和产业带布局；重庆市林业局出台《重庆市木本油料产业发展规划（修编）》，加快油橄榄全产业链布局及发展的步伐；湖北省在《关于进一步深化农村改革 扎实推进乡村全面振兴的实施意见》中，将油橄榄列为木本油料发展的重点，纳入六大农业支柱产业进行统筹谋划与全力推进。国家政策的持续赋能，为油橄榄产业发展注入了强劲动力，截至2024年，全国种植面积达217.55万亩，鲜果产量10.8万吨，橄榄油产量突破1.2万吨。这一产业的崛起，生动诠释了"藏油于树""不与粮争地"的生态发展理念，已成为保障食用油安全、促进乡村振兴的重要战略支点。目前，我国油橄榄产业已初步形成甘肃白龙江河谷、四川安宁河谷、云南金沙江干热河谷区、重庆三峡库区及湖北丹江口库周区五大重点产区。其中，甘肃作为核心产区，发展势头尤为迅猛，2024年，甘肃种植面积达117.35万亩，鲜果产量达到6万吨，综合产值达45亿元，涉及以武都区、文县、宕昌县、礼县为主的60个乡镇451个行政村52万人，人均增收4000元左右，二三产就业人员达8万多人，成为产业振兴的典范，为其他产区树立了标杆。全国现有初榨橄榄油加工企业53家，初榨橄榄油生产线67条，日加工能力达2000吨，总加工能力超过6万吨。领军企业如甘肃祥宇公司、四川元升农业等，凭借科技创新和品牌建设的双重驱动，开发出高品质的特级初榨橄榄油，屡获国际橄榄油赛事大奖，彰显了我国橄榄油的优良品质。全国各橄榄油品牌累计获国际奖项135项，推动国产橄榄油品牌价值的升级，为我国油橄榄产业的国际化发展注入了强大动力。

新发展阶段科技正全方位提升油橄榄产业质效。在种质资源方面，我国已建立以国家种质资源库为主，区域库为辅的种质资源收集与保存体系，保存种质资源总和达641份，选育出了适宜不同立地条件的19个良种。随着新品种、新良种的出现，浙江、广西、贵州、陕西和福建等省份也开始积极布局油橄榄产业，纷纷实施引种及良种选育工作，将来有可能成为油橄榄新兴发展区。与此同时，油橄榄基因组解析、分子育种及抗逆性研究等领域也取得新进展，为广适应性和抗逆油橄榄品种精准选育和创制奠定了基础，这将极大拓展我国油橄榄产业的发展空间。在技术研发方面，我国研建了集品种选择、授粉配置、水肥调控、平衡修剪及绿色防控于一体的本土化高效栽培技术体系，高产园亩产橄榄油超过60千克，提升了产业效益；改进特级初榨橄榄油工艺，发明了超声融合搅拌与二相离心耦合技术，提高了出油率和多酚含量；深挖油橄榄功能活性物质，构建橄榄苦苷靶向分离新模式，实现高纯度橄榄苦苷规模化应用，开发出高原耐缺氧制剂、妇幼洗护产品、高端化妆品、无抗饲料等高附加值产品，延伸产业链，提高产业附加值。在标准化建设方面，全国已制定41项国家及行业标准，涵盖油橄榄育苗、栽培、加工全产业链，这些标准的出台，不仅规范了产业技术，提高了产品产量，更有效保证了油橄榄及其制品的品质，为产业的可持续发展提供了有力保障。

近年来，随着健康消费意识的提升，人们对营养与健康的追求持续升温，驱动健康食品消费市场的增长，为油橄榄产业提供了广阔舞台，在橄榄油的全球消费版图上，世界人均年消费量稳定维持在约425克的水准，而我国即便近几年橄榄油消费量已攀升至约5.3万吨，可换算到人均层面却仅有38克，尚不足全球平均水平的1/10，若达到全球均值，潜在市场规模可达64万吨。因此，国际油橄榄理事会预测"中国将成为全球最大潜在消费国"，西班牙、意大利等主产国加速市场布局，占据了我国橄榄油市场份额的八成以上。2024年我国橄榄油产量突破1.2万吨，国产橄榄油占比从不足10%提升至18%，改变了以往九成依赖进口的局面，进口依赖度逐步下降。未来，通过扩大种植规模、提升加工技术和加强市场培育，国产橄榄油有望实现更大程度的进口替代。

60多年油橄榄产业的发展证明，油橄榄耐干旱瘠薄，在适生区大力发展油橄榄是区域生态治理和生态产品价值实现的重要路径，在维护国家食用植物油安全、优化膳食结构、保障人民健康、巩固脱贫攻坚成果、促进乡村振兴、建设美丽中国等方面同样发挥着不可忽视的作用。

中国乡村发展志愿服务促进会认真总结产业帮扶经验，启动实施"乡村特色优势产业培育工程"，选择油茶、油橄榄、核桃、杂交构树、酿酒葡萄，青藏高原青稞、牦牛，新疆南疆核桃、红枣这9个特色优势产业进行重点培育，并组织编制产业发展蓝皮书，力求客观、全面、准确地把握产业发展状况、取得的成就、存在的问题、面临的机遇和挑战，为产业健康发展提供对策建议，以促进产业的高质量发展。在《中国油橄榄产业发展蓝皮书（2023）》的基础上，我们召集全国从事油橄榄研究、生产、销售领域的专家，编写完成了《中国油橄榄产业发展蓝皮书（2024）》。本书共分为八部分：绪论；第一章，介绍我国油橄榄产业发展的基本情况；第二章，从政策环境、技术环境、市场需求等方面分析了我国油橄榄产业发展的外部环境；第三章至第五章，从重点区域、重点企业、代表性产品等方面对我国油橄榄产业进行了多维度的介绍；第六章，从国内行业发展引领、区域经济发展、农民就业增收和促进科技进步等方面对中国油橄榄产业发展带来的效益进行评价；第七章，对我国油橄榄产业存在的主要问题进行分析，提出了对产业发展趋势与对策的思考。

油橄榄产业基本情况

　　油橄榄（*Olea europaea* L.）是木樨科（*Oleaceae*）木樨榄属的常绿乔木，其历史与人类文明的交织可追溯至远古时代。作为地中海地区标志性物种之一，油橄榄不仅因其耐旱性与经济价值而著称，更在人类社会发展中扮演了多重角色。新石器时代的人类开始种植油橄榄树，并将其用作食物、燃料、照明工具、药物和化妆品的原料。古埃及壁画、古希腊陶器与《圣经》中频繁出现的橄榄枝意象，印证了它在人类文明中的特殊地位。作为其主要产品的橄榄油不仅是地中海饮食的核心，更在医药、护肤、宗教仪式中扮演重要角色。现代研究证实，橄榄油中单不饱和脂肪酸含量高达80%以上，并富含多酚类抗氧化物质，因而被公认为健康油脂的代表。目前，橄榄树已被全球欧、亚、（南、北）美、非和大洋洲共66个国家种植。早在20世纪60年代，我国开始引种。历经60多年的不懈努力，油橄榄已被成功引种驯化，在西秦岭南坡白龙江低山河谷区、长江三峡低山河谷区及金沙江干热河谷区形成了产业带，创造了引种史的"奇迹"（地中海气候至亚热带季风气候）。我国也拥有了"植物油皇后"这个战略资源。

第一节　种植情况

一、种植规模

（一）主要种植区域

　　根据对油橄榄生态学和生物学特性的研究，我国油橄榄适生区应满足表1-1的气象条件。

表1-1　油橄榄适生区气象要素值

气象要素	适宜区	次适宜区
年平均气温	14~18℃	14~18℃

续表

气象要素	适宜区	次适宜区
1月平均气温	9~13℃	9~13℃
极端最低温	–9~–7℃	–9~–7℃
年积温	≥5000℃	≥5000℃
年降水量	400~1000毫米	700~1200毫米
年平均相对湿度	60%~70%	≤80%
日照时数	≥1800小时	1500~1800小时

　　根据以上气象要素，我国油橄榄有3个最适宜区，即西秦岭南坡白龙江低山河谷区、长江三峡低山河谷区和金沙江干热（冬凉）河谷区；3个次适宜区，即西秦岭南坡汉水流域上游带，四川盆地大巴山南坡，嘉陵江河谷地带和以昆明为中心的滇中地带。

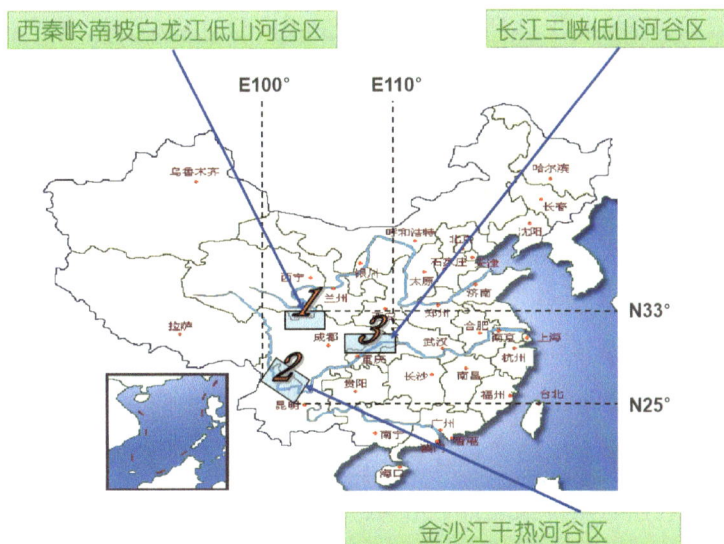

图1-1　中国油橄榄最适宜区图

　　甘肃、四川、云南、重庆、湖北等省市是传统产区。经过近些年来最新研究与品种试验，研究人员发现我国具有较上述地区更丰富的多样化的适宜发展之地，如浙江、广西、贵州、陕西和福建等省区也开始发展油橄榄，正在实施引种及良种选育,将来有可能成为油橄榄新兴发展区。

表1-2　全国油橄榄生产重点县（市、区）

省（市）	重点县（市、区）
甘肃	武都区、文县、宕昌、康县、西和县、礼县、成县、舟曲
四川	西昌、冕宁、德昌、盐边、普格、会东、会理、宁南,青川、利州区、元坝、旺苍、苍溪、剑阁,开江、宣汉、万源,江油、梓潼、游仙、三台、盐亭,南充、阆中、金堂,内江,广安
云南	玉龙县、古城区、永胜县、永仁县、德钦县、香格里拉市、易门县、峨山县
重庆	奉节县、万州区、合川区
湖北	郧阳区、丹江口市、郧西县

1. 甘肃省

甘肃省是我国油橄榄产业的核心区域。主栽区在"三江一水"的陇南市1区7县和甘南州舟曲县的89个乡（镇）范围内。2024年,甘肃省的油橄榄产业取得了丰硕的成果,种植面积达到117.35万亩,鲜果产量达到6万吨,年产特级初榨橄榄油8400吨,综合产值达到45亿元,其中第一产业产值8.58亿元、第二产业产值30.64亿元、第三产业产值5.78亿元。在基地面积、鲜果产量、初榨油产量和经济效益等方面,甘肃省均位居全国第一。

2. 四川省

四川省油橄榄主产区为川西南山地集中发展区、秦巴山区集中发展区、盆中丘陵集中发展区三个区域。川西南山地集中发展区包括凉山西昌中部及东部、冕宁南部、德昌北部、盐边中部、普格南部、会东中部、会理南部、宁南西部等地,该区域是本省油橄榄最佳种植区。秦巴山区集中发展区包括广元青川中部及南部、利州区南部及北部、元坝、旺苍南部、苍溪、剑阁,达州开江、宣汉、万源西南部等地,该区为油橄榄最早引进栽培地和传统老产区,产业基础好,种植经验丰富。盆中丘陵集中发展区,包括绵阳江油、梓潼、游仙、三台、盐亭,南充营山、阆中,成都金堂,内江,广安等地,该区域多数为四川省油橄榄新兴产区,文化底蕴丰厚、基础设施较完善、产业链条较完整,新建、改造并进,在金堂、三台重塑了橄榄文化新业态。截至2024年底,油橄榄栽培面积达到45.2万亩,油橄榄鲜果产量为4.4万吨。

3. 云南省

云南省油橄榄主要种植区域为最适生区的金沙江干热河谷(冬凉)地区,主要是楚雄州永仁县,丽江市玉龙县、古城区和永胜县,迪庆州德钦县和香格里拉市,玉溪市易门县和峨山县。截至2024年底,全省油橄榄种植面积约26万亩,鲜果产量约4080吨。

4. 重庆市

重庆市油橄榄主要种植区域为以奉节县、万州区为主的长江三峡库区和以合川区为主的嘉陵江低山河谷区域。其中,奉节县种植规模最大,截至2024年底栽培面积达13.3万亩,因经营管理情况较差,大部分为不挂果或者产量不高的低产林,2024年全县油橄榄鲜果产量约为1000吨;万州区种植规模约为2000亩,2024年投产林面积约为500亩,鲜果产量约100吨;合川区种植规模约3万亩,部分为不挂果或者产量不好的低产林,2024年油橄榄鲜果产量约为500吨。截至2024年底,全市油橄榄种植面积约16.5万亩,鲜果产量约1600吨。

5. 湖北省

湖北省油橄榄主要种植区域为十堰市郧阳区、丹江口市和郧西县,截至2024年底,在丹江库区20个乡镇42个村建立了油橄榄基地,基地总规模达到12.5万亩。

(二)全国油橄榄产业发展趋势

全国油橄榄种植面积从2018年的135.45万亩增长到2024年末的217.55万亩(图1-2),鲜果产量从2018年的49089吨增长到2024年末的107996吨(图1-3),橄榄油产量由2018年的5625吨增长到了2024年末的12210.96吨(图1-4)。

从种植面积上看,7年间全国面积增加了82.10万亩,增加了60.6%,除了2020年增幅较小外(1.64%),其余各年增幅均在7.0%以上,其中2021年增幅最大,达到13.2%,这主要源于甘肃省油橄榄产业面积的迅速扩展。相较于2023年,2024年全国油橄榄面积增加了14.3万亩,增幅为7.0%。从各省种植面积的增加量来看,甘肃、湖北两省的种植面积在持续增加中,其余省份增幅不明显。

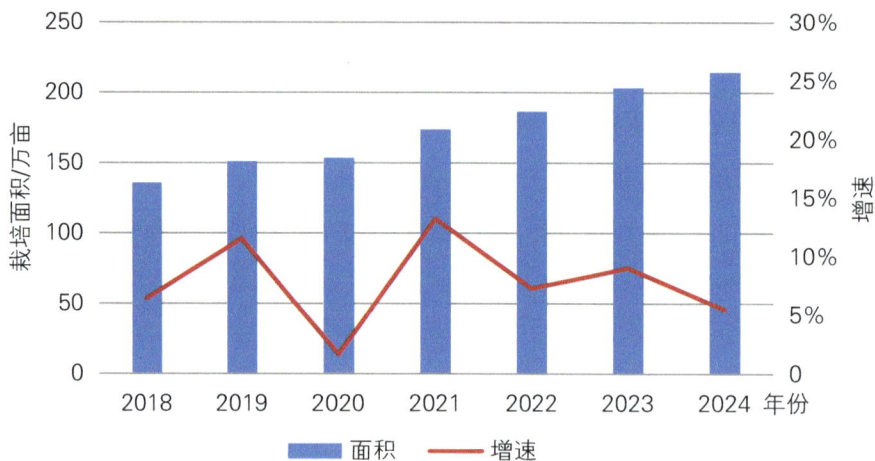

图1-2　全国油橄榄种植面积

（数据来源于各省调度数据）

从鲜果产量上看，7年间全国产量增加了5.89万吨，增长了120%。2019年增幅最大，达到了28.25%，2020年增幅为负值（-7.2%），这主要因为2019年是油橄榄生产大年，而因为营养管理不善等方面的原因，使得2020年出现了结果小年。相较于2023年，2024年全国油橄榄鲜果产量增加1.76万吨，增幅19.47%，科技对产业的赋能作用逐渐显现。

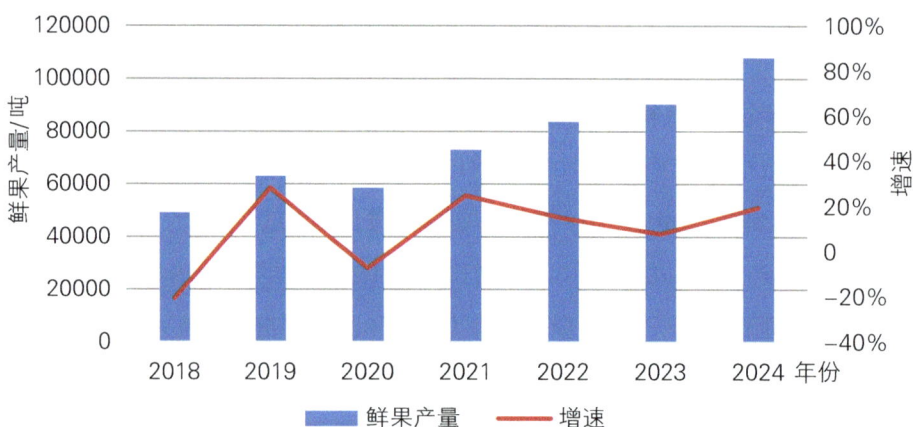

图1-3　全国油橄榄鲜果产量

（2018—2023年数据来源于林业统计年鉴，2024年数据为各省调度数据）

从橄榄油产量上看,7年间全国产量增加了6585.96吨,增长了117%。相较于2023年,2024年全国橄榄油产量增长1569.11吨,增幅为14.74%。

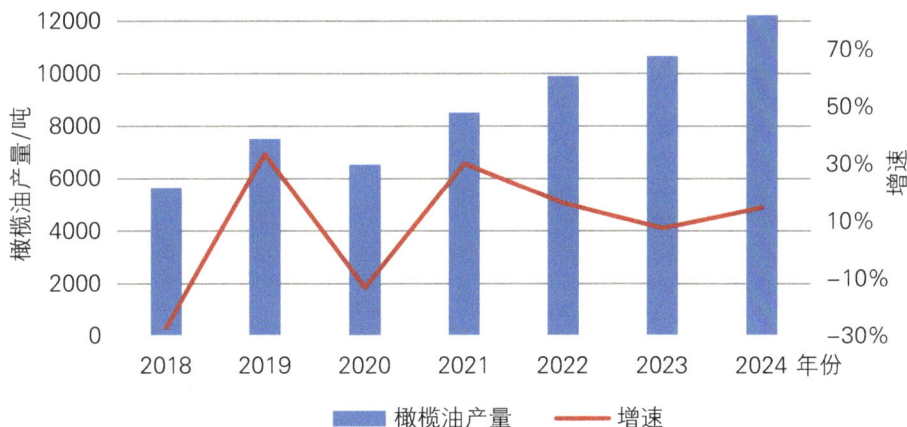

图1-4　全国橄榄油产量

(数据根据图1-2鲜果产量,结合当地多年平均出油率计算所得)

(三)重点产区甘肃油橄榄产业发展趋势

甘肃省作为我国油橄榄重点产区,在国家和省市县的支持下,近些年产业发展较快。2021年,甘肃启动实施现代丝路寒旱农业优势特色产业三年倍增行动,油橄榄是重点产业之一,其重点工作是扩面、提质、强产业,2023年是收官之年,全省油橄榄三年倍增行动计划全面完成,栽培面积达到104.89万亩,较2020年增长66.9%(图1-5)。从种植面积上看,7年间甘肃油橄榄面积增加了59.51万亩,增加了103%,占全国面积增量的75.42%。相较于2023年,2024年甘肃油橄榄种植面积增加了12.5万亩,增幅为11.92%。

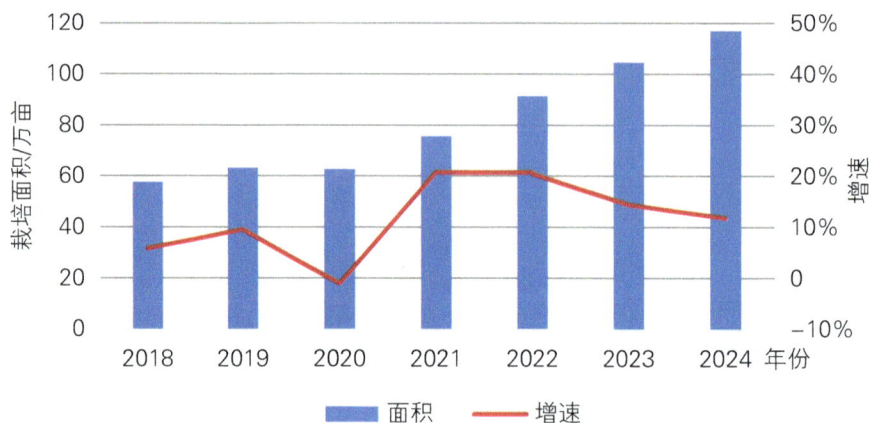

图1-5 甘肃省油橄榄种植面积

（数据来源于甘肃省林业和草原局调度数据）

从鲜果产量上看，7年间甘肃产量增加了2.30万吨，增长了62.16%。相较于2023年，2024年甘肃油橄榄鲜果产量增加了0.41万吨，增幅为11.32%。

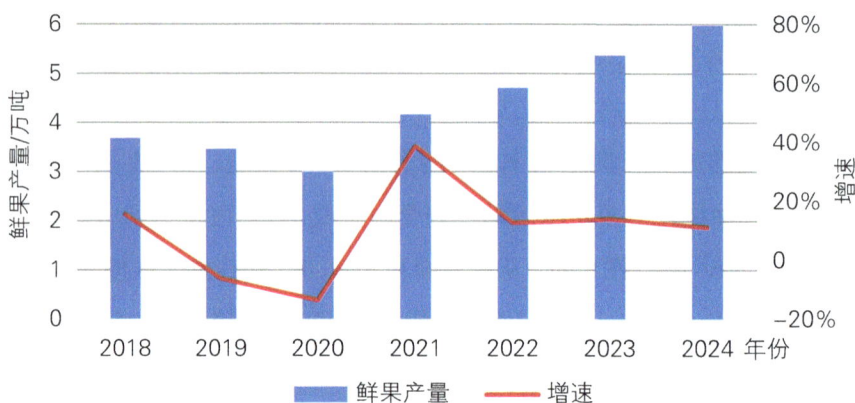

图1-6 甘肃省油橄榄鲜果产量

（数据来源于甘肃省林业和草原局调度数据）

二、品种与栽培模式

（一）品种收集与选育

1. 种质资源保护与评价

近些年，我国油橄榄种质资源保护体系逐步完善，在甘肃陇南和四川西昌建立了两个国家级油橄榄种质资源库，通过多技术融合与跨区域协作，实现了从资源保存到创新利用的跨越。

（1）陇南市油橄榄国家林木种质资源库

陇南市油橄榄国家林木种质资源库于2016年10月获得国家林业和草原局批复，依托甘肃省林业科学研究院建设而成，是第二批国家林木种质资源库之一，占地面积为8.04公顷，保存了地中海主产区引进品种、杂交种、优株、无性系及野生近缘种等种质材料，已收集保存油橄榄种质资源185份，其中，与意大利百夏种苗协会、土耳其伊兹密尔油橄榄研究中心、希腊哈尼亚油橄榄研究所等机构，通过贸易购买和赠送的方式收集油橄榄品种（系）38个，与云南省林草科学院、四川林科院、江苏植物研究所等单位收集和交换油橄榄种质32个；甘肃省前期引种栽植油橄榄品种收集和保存92个；通过杂交方式创制新种质23个。甘肃省林业科学研究院姜成英团队对种质资源库收集保存的185份种质的生长情况、结果习性、叶片形态、果实外部特征等按照林业行业标准进行了详细描述记载，测定了相关数量指标，摄制了影像资料，构建了种质信息资料库，同时完成了多种标本的制作。该团队还构建了覆盖37个关键表型性状的生物多样性数据库，基于杂合率、位点缺失率及多态性等指标进行SNP位点筛选，建立了167份种质资源的DNA指纹图谱，构建核心种质33份。通过生物学特性、经济性状及抗逆性多维度解析，筛选优良性状种质78份，其中，高产高油种质32份、高抗逆种质37份、高活性成分叶用种质2份（黄酮≥3.8%、橄榄苦苷≥5.2%）及景观专用种质7份。

（2）西昌市油橄榄国家林木种质资源库

西昌市油橄榄国家林木种质资源库是国家林业和草原局批准的第二批国

家级林木种质资源库之一，位于西昌市经久乡大村，占地面积550亩，总投资637万元。该资源库收集了国内外油橄榄品种237个，栽植苗木11850株，是我国目前规模最大的油橄榄种质资源库。通过SSR分子标记技术构建核心种质库，凉山州研究团队通过转录组测序和代谢组学，鉴定了油橄榄油脂合成的539个关键基因（如B3转录因子家族），揭示了脂肪酸代谢途径的基因调控机制。该团队还开发了二维码指纹图谱数据库，实现了种质资源信息的动态更新与共享，推动了标准化管理。

（3）区域特色资源库补充

云南省林业和草原科学院已在云南省楚雄州永仁县建立油橄榄种质资源圃，收集国内外引进、自主杂交以及实生选择的种质资源154份。甘肃省陇南市经济林研究院油橄榄研究所建成了大堡及大湾沟油橄榄种质资源库，开展了油橄榄种子和枝条重离子束辐照诱变育种、油橄榄种子航天搭载和铯辐射育种，为油橄榄种质创新作出了积极探索和实践。四川省杜晋城及其团队重点筛选评价油橄榄种质资源102份，在全省不同生态区指导建立油橄榄资源圃4个，对14个重要性状进行了系统评价，发掘出兼具高含油、早实丰产、抗病虫、抗涝等特异性状的早熟或极晚熟种质21份。重庆市引进油橄榄品种资源35个。2022年，湖北省十堰市林科所所在的郧阳区柳陂镇新建油橄榄种质资源圃，引种、栽植了'科拉蒂''超克''孔色''罗加尼''海口优''陇榄1号'等30多个新品种。除此以外，各大研究机构和企业也不断加强油橄榄的种质资源收集工作。

2.良种选育

全国科研单位通过引种驯化、实生选择、人工杂交等方式，选育出了不少良种，促进了油橄榄产业的良种化。截至2024年底，全国现行有效的良种共有19个，其中，通过国家级审（认）定8个，分别为'佛奥（Franroio）''皮瓜尔（Picual）''科拉蒂（Coratina）''豆果（Arbequina，又名阿贝基娜）''科罗莱卡（Koroneiki，又名柯基、奇迹）''莱星（Leccino）''鄂植8号（Ezhi 8）''钟山24（Zhongshan 24）'；通过省级审（认）定11个，分别为'软阿斯（Ascolano Tenera）''皮削利（Picholine）''阿尔波萨拉（Arbosana，又名阿布桑娜）''巴尼娅（Bornea）’‘科新佛奥（Frantoio de corsini）’‘小苹果（Manzanillo）’‘贝拉（Berat）’‘配多灵（Pendolino）’‘城固32（Chenggu 32）’‘西油1号（xi you 1）’‘金叶佛樨榄（Jinyefoxilan）’。

相比2023年，良种数量减少了3个，主要减少的是省级良种的数量。原因是云南省丽江市林业科学研究所选育的‘坦彩（Tanche）’、凉山州中泽新技术开发有限公司选育的‘云台（Yuntai）’和云南省林业和草原科学院选育的‘田园1号油橄榄’砧木优良无性系认定的有效期限已届满，林木良种资格自动失效。而中国林业科学研究院等单位选育的‘豆果（Arbequina）’‘柯基（Koroneiki）’国家级认定有效期限虽已届满，但又于2024年通过审定，所以国家级良种的数量与上一年相比未发生变化。

（二）苗木繁育

油橄榄的繁殖方法很多，但各自都存在一定的利弊。目前，常用的繁殖方法主要有无性繁殖（扦插和嫁接）、有性繁殖两类。随着生物科学技术的发展，油橄榄也可以通过组织培养方法繁殖苗木。在我国的生产实践中，以扦插育苗为主。种子播种育苗除在培育砧木苗和杂交育种、选择育种中使用外，生产上不采用。

我国扦插育苗使用的主要技术为露地冷床扦插育苗技术（图1–7）。该技术是我国老一辈油橄榄科研工作者自主发明的一项技术，适合我国实际的育苗方法。相对国外温室育苗法，该方法不受设施限制，成本低，直到现在还是我国油橄榄产业的主要育苗方法。甘肃陇南是该技术最成熟的地区，也使其成为我国苗木的主产区。该方法的主要缺点是受气候条件影响大，生根时间长，育苗周期长（120天以上），成苗率低（40%~60%），尤其是后期天气回暖后，小拱棚调温作用有限，容易烧苗。同时，由于育苗周期较长，至少需要两年才能出圃栽植，因此在短期内无法获得大量的苗木，在生产上不能及时提供大量苗木。近些年，各产区也有少量使用轻基质育苗技术的。该方法与露地冷床育苗法相比，使用了温室和加热苗床，生根时间可缩至60天左右，同时显著提高了生根率，生根率可达85%以上。由于育苗利润的高低主要取决于生根率的高低,生根率的提高,降低了育苗成本,提高了育苗利润。因育苗基质不同,可采用不同的插床布设。不同育苗基质会影响根系构型,河沙基质存在主根发达,侧根少,移栽成活率低和运输困难等问题,采用通气、透水性能好的珍珠岩、蛭石、泥炭土和椰糠等轻型基质,生产的油橄榄苗木根系发达,便于运输。

图1-7 传统育苗方式（露地冷床育苗）

（三）主要栽培模式

1. 甘肃产区

主要栽培品种有'莱星（Leccino）''鄂植8号（Ezhi 8）''钟山24（ZhongShan 24）''科拉蒂（Coratina）''皮瓜尔（Picual）''城固32（ChengGu 32）''皮削利（Picholine）''克罗莱卡（Koroneiki）''阿尔波萨拉（Arbosana）''豆果（Arbequina）'等。

栽培模式以政府主导下、合作社为主的千家万户种植的经营模式为主。受地形限制,基本以山地集约栽培模式为主,株行距多为4米×5米或5米×6米。

2. 四川产区

（1）安宁河流域油橄榄产业发展带主要栽培品种有'豆果（Arbequina）''克罗莱卡（Koroneiki）''阿布桑娜（Arbosana）'3个品种,并适当种植'科拉蒂（Coratina）''云台（YunTai）''莱星（Leccino）''佛奥（Frantoio）''皮瓜尔（Picual）''西蒙1号（Shimon.Barnea）'和餐用品种'小苹果（Manzanillo）'。

栽培模式以公司化经营为主。种植模式有传统的栽培模式和现代高集约化种植模式。传统种植模式的株行距为5米×4米、5米×5米、6米×4米。现代高集约化栽培模式的株行距为2米×5米或6米×1.5米,是目前我国规模最大的高集约化栽培模式。该模式前期投入较高,需要整地、做垄铺设滴灌等，品种为早熟的'豆果（Arbequina）''克罗莱卡（Koroneiki）''阿布桑娜（Arbosana）'3个品种。早熟品种种植后2年开始开花、结果，3年进入盛果期、产量较稳定，经济寿命在15年左右。

（2）秦巴山区油橄榄产业发展带及川中丘陵区油橄榄集中发展区主要栽培品种为'科拉蒂（Coratina）''克罗莱卡（Koroneiki）''豆果（Arbequina）''阿布桑娜（Arbosana）''皮瓜尔（Picual）''莱星（Leccino）''佛奥（Franroio）'。

栽植模式：常规栽植'豆果'品种为4米×4米，其余品种以3米×5米为佳，便于后期冠幅交错时调整为5米×6米；矮化密植时'阿贝基娜'密度可调整为2米×3米，即每亩111株。

3. 云南产区

在迪庆州德钦县和香格里拉市，油橄榄主栽品种为'佛奥（Franroio）'；丽江市玉龙县、古城区和永胜县，主栽品种为'佛奥（Franroio）''鄂植8号（Ezhi 8）''克罗莱卡（Koroneiki）'；在楚雄州永仁县，主栽品种为'克罗莱卡（Koroneiki）''豆果（Arbequina）''科拉蒂（Coratina）'；在玉溪市易门县和峨山县，主栽品种为'克罗莱卡（Koroneiki）''阿布桑娜（Arbosana）''鄂植8号（Ezhi 8）'。

栽培模式：云南橄榄园以山地集约栽培园为主，株行距为5米×6米。2024年经专家现场测产，9年生'柯基'品种油橄榄单株鲜果产量达150千克。

4. 重庆产区

'豆果（Arbequina）'主要栽培区域为合川、万州、奉节；'鄂植8号（Ezhi 8）'主要栽培区域为奉节、合川；'莱星（Leccino）'主要栽培区域为奉节、合川；'克罗莱卡（Koroneiki）'主要栽培区域为合川、万州；'科拉蒂（Coratina）'主要栽培区域为万州、奉节；'皮瓜尔（Picual）'主要栽培区域为合川、万州、奉节；'皮削利（Picholine）'主要栽培区域为奉节；'阿布桑娜（Arbosana）'主要栽培区域为合川、万州、奉节；'阿斯（Ascolano Tenera）'主要栽培区域为奉节。

栽培模式：以山地集约为主，常规栽培密度为5米×5米至6米×6米，每亩种植18~27株。重庆市主要以"龙头企业+专业合作社+农户"的形式进行油橄榄种植，种植地块以缓坡地或山地为主。部分基地建设时，按照标准的种植间距进行定植，并提前规划修建有排水渠、蓄水池、物资农药储藏室等。各地政府也配套有专项资金，为部分企业和专业合作社的油橄榄园修建了生产便道和安装了滴灌设施等。

5. 湖北产区

湖北省十堰市油橄榄企业和科研单位共引进油橄榄品种50余个，经过10多年引种试验、品种选育、种质资源收集、栽培技术推广与示范等工作，主要栽培品种为'科拉蒂（Coratina）''鄂植8号（Ezhi 8）''莱星（Leccino）''钟山24（ZhongShan 24）''豆果（Arbequina）''克罗莱卡（Koroneiki）'。

栽培模式：采用梯田整地或鱼鳞坑技术，配套滴灌系统应对春旱、伏旱。定植株行距为4米×5米，控根器种植技术的推广有利于改良土壤环境，提高成活率。

三、土肥水及树体管理

（一）栽培区域划分

根据中国油橄榄主产区的气候特征分为以下两类：干热河谷区以自然条件优越、高产稳产为特征，代表区域为陇南、川滇河谷；亚热带湿润区需通过品种优化和精细化管理克服高湿、低日照等限制，典型区域为三峡库区及汉水流域。

1. 干热河谷气候带

包括甘肃陇南（武都、文县、宕昌等白龙江、白水江流域），四川凉山（西昌、德昌、米易等川西南河谷），云南丽江、楚雄、迪庆、玉溪（永仁、玉龙、古城、永胜、德钦、香格里拉、易门和峨山等金沙江、澜沧江、红河干热河谷地带）等典型区域，其气候特点为年平均气温14℃~18℃，冬季温和（1月均温9℃~13℃），极端低温不低于−9℃，年积温5000℃左右，年降水量500~1000毫米，夏季降雨量250毫米左右，空气相对湿度61%~69%，兼具干湿季特征，与地中海气候相似。多为低山河谷或半山腰地带,土壤弱酸性至弱碱性、透水性强,保水保肥性差。该区域的温度、光照和空气湿度及土壤条件满足油橄榄生长需要。

2. 亚热带湿润气候带

包括重庆奉节、合川(长江三峡低山河谷),湖北十堰(汉水流域上游),四川广元、绵阳、南充、成都、达州(嘉陵江、涪江、渠江流域)等典型区域,其气候特点为年平均气温14℃~17℃,年降水量700~1000毫米,空气相对湿度70%~80%,夏季高温高湿,年日照时数1500小时左右,土壤偏黏重或酸性。该区域对油橄榄生长来说光照不足、空气湿度较大且酸性土壤、偏黏。

(二)栽培管理技术

针对干热河谷气候带和亚热带湿润气候带两大区域,我们应分别采取栽培管理的关键措施:

1. 干热河谷气候带

(1)品种选择:目前,我国审(认)定的良种基本上在该区域均可种植,但以抗旱、耐瘠薄品种为主,如'莱星(Leccino)''科拉蒂(Coratina)''鄂植8号(Ezhi 8)'等。

(2)栽植:常规株的行距为(4~5)米×(5~6)米(每亩22~33株),高密度试验可达2米×5米或6米×1.5米(每亩66~75株),需配套滴灌系统。采用槽式栽植坑时,槽宽100~120厘米、深100厘米;采用穴式栽植坑时,穴宽100厘米、深100厘米。将挖出的表土和心土分别堆放,以便表土回填。

(3)土壤改良与施肥:干热河谷区土壤较贫瘠,需通过深翻土地、增施有机肥、种植绿肥等方式改善土壤结构和肥力。在施肥上,应重施基肥,以有机肥为主,适当配施无机肥,并在幼树期和结果期有针对性地进行追肥,以满足油橄榄不同生长阶段的养分需求。基肥以腐熟的有机肥为主,施肥量幼树(1~4年)10~20千克/株,初果期树(5~10年)30~50千克/株,盛果期树(10年以上)50~100千克/株。土壤追肥一般以氮、磷、钾肥为主,也可根据土壤状况补充微量元素。每年幼树施氮肥50~200克/株,施磷肥300~500克/株;初果期树施氮肥500克/株，施磷肥500~1000克/株，施钾肥200~300克/株；盛果期树施氮肥1000~2000克/株，施磷肥1000~2000克/株，施钾肥300~500克/株。在油橄榄园间种绿肥，是改良土壤理化性质的有效措施之一。绿肥的根系在土壤中生长很快，构成庞大的根系群，固氮能力强。绿肥在油橄榄园地表生长茂密，形成一层绿色植物层，起到保持水土的作用。秋冬季节将大量的绿肥翻入土中，增加了土壤中有机质的含量，加速土壤熟化过程，改善土壤结构，提高土壤肥力。对一些山地土层浅薄、土壤有机质含量低、保水性差的油橄榄园进行深翻，效果十分明显。深翻土壤时，把地面上的落叶、杂草和间种的作物秸秆、叶片翻入土中，既增加土壤的有机质，又把土壤中的越冬害虫翻出地表，改变了害虫的越冬环境，致使害虫死亡。深翻的土壤经过一个冬天的土壤熟化，可以改变土壤的物理性质，使土壤松软、通气良好，提高了土壤的含水量和保水保肥能力。据调查，深翻地对油橄榄结实有明显的影响。经过翻挖的地块的油橄榄树长势旺盛、新梢萌发力强，结果量明显增加，单株产量较高。深翻时间，以秋冬季为宜，此时油橄榄树已进入休眠期，深翻后造成的根系损伤容易愈合，能及时长出新根，对翌年产量影响不大。深翻地的深度一般为30~50厘米。深翻时应靠近主干处，这里根系分布较浅，翻地不宜太深，以免损伤主侧骨干根。

（4）中耕除草：中耕时间通常在春季土壤解冻后和秋季果实采收后进行，一年宜进行2~3次中耕。人工除草是最直接有效的除草方式，通过人工拔除或使用工具铲除果园内的杂草。在油橄榄生长季节，可根据杂草生长情况，每隔1~2个月进行一次人工除草，尤其要注意在杂草开花结籽前将其清除，减少杂草繁殖。对于大面积的油橄榄园，可使用机械除草设备，如割草机、旋耕机等。割草机可在杂草高度较高时刈割，将杂草粉碎后可作为地面覆盖物；旋耕机则可在中耕的同时铲除杂草，但要注意操作方法，避免对油橄榄根系造成伤害。秋季绵雨期要注意除草，防止杂草过多导致土壤水分过多，从而增加果子感染炭疽病的风险。油橄榄幼树期中耕深度宜浅，一般在3~5厘米，随着树龄增长和根系分布加深，中耕深度可逐渐增加到10~15厘米。

（5）灌溉与水分管理：油橄榄的主要需水时段为花芽分化期、开花期和果实膨大期。这几个时段有充足的水分，才有利于花芽分化，促进春梢生长，保证正常开花坐果，减少落果，提高产量。油橄榄的原产地气候类型属于地中海气候，冬季多雨，夏季炎热干旱，在油橄榄花芽分化时能保证充足的水分，干热河谷气候带产区降水量在470~800毫米，但分布很不均匀，多集中在夏秋两季，冬春季少雨干旱，对花芽分化和开花结果非常不利，因此应根据土壤墒情和树体水分状况决定灌水的时间和次数，一般要在冬春季灌溉，夏秋季排水。在秋冬季土壤结冻前、早春土壤解冻后应各灌饱水，采用滴灌、微喷灌等节水灌溉技术，根据油橄榄不同生长期的需水特点进行合理灌溉，确保苗木成活、幼树生长和果实发育所需的水分。

（6）整形修剪：合理整形修剪，培养良好的树体结构，有利于改善通风透光条件，提高光合作用效率，有助于花芽分化和结果。干热河谷区油橄榄修剪应注重开心形或圆头形树冠的培养，及时疏除徒长枝、交叉枝、病虫枝等，保持树冠内部通风透光。

（7）幼树越冬保护：虽然干热河谷冬季相对温和，但对于一些耐寒性较差的品种或幼树，或栽植在高海拔的树苗，仍需采取适当的越冬保护措施，如树干涂白、根部培土、覆盖地膜等，防止幼树遭受冻害。

2. 亚热带湿润气候带

（1）品种选择：选择适应亚热带湿润气候的耐湿、低光照品种，如'克罗莱卡（Koroneiki）''豆果（Arbequina）''科拉蒂（Coratina）''阿尔波萨拉（Arbosana）'等。这些品种具有较好的抗逆性和适应性，能够适应当地温暖湿润的气候条件。

（2）栽植：常规株行距6米×6米（每亩18株）。采用起垄方式，垄高30~35厘米，垄宽1米左右，在垄上挖穴式栽植坑，穴宽100厘米、深100厘米。将挖出的表土和心土分别堆放，以便表土回填。

（3）土壤管理：亚热带湿润气候带土壤类型多样，但部分土壤可能存在肥力不足、排水不良等问题，需要进行土壤改良。我们可以通过增施有机肥、合理施肥、深翻改土等措施，提高土壤肥力和通透性。同时，应注意土壤排水，防止积水导致根部病害。在和干热河谷气候带相同的情况下，要多施用石灰和磷肥。酸性偏高的红壤土不利于油橄榄根系发育和微生物生长，每亩施用50~75千克石灰粉末，结合深翻均匀混入土中，可以降低土壤酸度，增加钙盐，达到改变土壤理化性质，促进土壤中微生物活动的目的。一般的酸性土壤，增施磷肥，对提高土壤肥力效果明显。各种磷肥均可使用，但以钙镁磷肥为好。在施用方法上，要注意施于油橄榄树定植穴树冠内或根系附近，最好与有机肥料混合拌匀后使用，以利于油橄榄园土壤改良。

（4）水分管理：该地区降水充沛，但在油橄榄的花芽分化期和果实膨大期等关键时期，仍需根据土壤墒情和植株生长需求进行适当的灌溉，以保证植株的正常生长和发育。同时，要做好排水工作，进行开厢、理沟，让雨水及时排出土壤，避免因积水造成根系缺氧和病害的发生。

（5）中耕除草：中耕的主要目的在于疏松土壤，增加土壤空气交换，以利于根系生长，提高养分吸收能力；同时，经过中耕消除田间杂草，减少水分和养分的竞争。中耕次数应依当地的气候、土壤质地和杂草多少而定。中耕深度，一般为5~10厘米，全年中耕2~3次。中耕最适宜的时期在杂草出苗期和开花结籽期，能消除大量的杂草，减少除草次数，降低来年的杂草萌发率。但在多雨地区，特别是山坡地果园，中耕不当也会导致土壤被冲刷，宜在雨季过后，扩翻树盘，避免水肥流失。土壤板结、缺乏有机质、水土易流失的果园，调节割草周期，刈割杂草覆盖地面，是比中耕更好的土壤管理方法。

（6）整形修剪与抹芽：一般采用主干疏散分层形、单圆锥形或三主枝开心形等树形，我们应通过修剪和抹芽，合理控制枝条数量和分布，促进树冠的形成和扩大。在结果期，我们应适当疏除密枝、弱枝，调整枝条密度，提高光照利用率和果实品质。

（7）防冻措施：虽然亚热带湿润气候带冬季气温相对较高，但偶尔也会出现低温冻害天气，对油橄榄树造成伤害。因此，在冬季来临前，要采取防冻措施，如树干涂白、包裹草绳、覆盖地膜、搭建防寒棚等，保护树体和根系免受冻害。

四、病虫害防控

植物病虫害的种类与植物种植环境和栽培管理方式密切相关。全球已报告的危害油橄榄的害虫有50种,油橄榄病害有21种。不同地区由于气候条件、种植品种、管理方式等差异,主要病害和虫害的种类及危害程度也会有所不同。国内油橄榄各主要产区病虫害种类不一(见表1-3),但病害以孔雀斑病、炭疽病、烟煤病、青枯病和根腐病为害最为显著和广泛,虫害以大粒横沟象、介壳虫、金龟子和云斑天牛为害最为显著和广泛,尤其是大粒横沟象虫害近些年在各产区陆续发生,为害严重,已成为当前的重点防控对象。

各类病虫害的主要发生时间在每年的4月至10月。防治策略以生物防治和绿色防治为主,化学防治为辅。国内油橄榄病虫害时有发生,尤其是在经营管理不到位的橄榄园,如果防治不及时,将对果实产量和品质产生较大影响。

表1-3　重点产区主要病虫害

序号	省(市)	主要病害	主要虫害
1	甘肃	病害4种:油橄榄叶枯病、孔雀斑病、炭疽病、青枯病	虫害2种:大粒横沟象、介壳虫
2	四川	病害5种:孔雀斑病、炭疽病、根腐病、青枯病、烟煤病	虫害4种:大粒横沟象、云斑天牛、金龟子、介壳虫
3	云南	病害4种:孔雀斑病、叶斑病、炭疽病、煤污病	虫害3种:金龟子、介壳虫、云斑天牛
4	重庆	病害4种:炭疽病、根腐病、煤污病、孔雀斑病	虫害4种:天牛、大粒横沟象、介壳虫、小卷蛾类害虫
5	湖北	病害2种:孔雀斑病、炭疽病	虫害4种:云斑天牛、大粒横沟象、金龟子、介壳虫

五、农艺农机融合发展

目前,油橄榄种植区域大多为山区坡地,地形条件限制了大型机械的使用。除少量除草和翻土整地过程可以使用小型机械外,其余油橄榄田间管理工作主要以人工形式开展,这导致油橄榄种植成本居高不下。因此,开发适宜山地油橄榄种植区域的机械化设备，对于降低种植成本、提高油橄榄发展水平至关重要。

在机械化设备方面，目前我国主要栽培区已配备了一些基础设备，如起垄机、旋耕机等，主要用于整地和施肥环节。整地时，采用挖机机械进行全垦，深度达到60厘米以上，为油橄榄的生长提供良好的土壤条件。施肥时，使用肩背铁锹式施肥器，能够实现100%的施肥准确率，有效减少肥力损失。在采收环节，目前主要采用人工采收方式，部分地区已引入机械化辅助设备。

甘肃产区陇南市武都区依托省农业农村厅相关项目建成了四条山地运输单轨线，使山地产业的运输从传统的"人背马驮"跨越到机械化阶段。甘肃产区还在病虫害防治上采用了无人机。同时，武都区针对山区树高采果难的问题，自2020年以来推广使用了手持式电子振动采果小机械，大大提高了采果效率。

图1-8　山地运输单轨线

图1-9　手持式小型电动采果机

四川产区目前在栽培区配套了机械化耕作设备起垄机、旋耕机等,主要以人工采收为主,未来将采用机械化采收,以提高油橄榄采摘效率,减轻劳动强度。广元市引进了西班牙振动采收机,但需人工辅助收集果实。凉山州试点了"微耕机+滴灌+无人机"组合模式,效率提升30%。农艺农机的融合发展提高了生产效率,降低了生产成本,提高了油橄榄的质量和产量,为油橄榄产业的可持续发展奠定了基础。

云南产区的油橄榄基地大多地处荒坡,种植时主要采用挖机带状整地及挖塘。针对油橄榄种植受立地环境条件的限制、劳动强度高、机械化程度低、肥料利用效率低,导致种植效率低等问题,使用山地油橄榄无人机药肥一体省力化喷施技术,油橄榄园炭疽病、介壳虫和红蜘蛛危害率控制在5%以下,平均亩产499.2千克,增效45.0%以上,增收效果显著。

重庆产区油橄榄种植区域大多为山区坡地,目前除少量除草和翻土整地过程可以使用小型机械外,其余油橄榄田间管理工作主要以人工形式开展,这也导致了油橄榄种植成本居高不下。

湖北产区整地时采用了挖机机械,整地深度在60厘米以上。当地还采用了肩背铁锹式施肥器,准确率100%,减少肥力损失。当地采收油橄榄果一般采用"人工+振动式采摘机"的方式。

六、果实采收与贮运

从全国层面看,油橄榄果实的采收以人工采摘为主。

(一)甘肃产区

油橄榄采收以人工采摘为主,采摘时间以加工厂根据当年油橄榄的成熟情况确定,区域内统一开始。为了保证鲜果质量,鲜果采收前二到三天,一般由各橄榄油加工企业联系种植乡镇,提前发放带孔橄榄果筐,根据成熟先后时间按区域有计划采收,统一拉送。收购实行最低政府保护价,每年保护价略有变化,一般每千克不低于6~8元。部分企业和科研单位的橄榄园也有采用小型振动式采收机进行采摘的。采摘时以品种和种植片区为单元,人工集中在小片区集中采收，然后将果实装入果筐中，再由转运的农用机械车辆转运至加工车间，第一时间进行加工生产。果筐为带孔、不易压损果实的容器，每筐鲜果小于30千克，鲜果堆放高度不超过30厘米，运送到工厂后24小时内完成加工处理。

（二）四川产区

油橄榄以人工采摘为主，轻摘轻放，避免果实受机械损伤（破损易氧化酸败），使用钩子或手工逐果采摘，优先采收树冠外围及中下部果实；部分规模化种植园采用振动式采收机，但需配合地面铺网收集，可能混入枝叶杂质，需后续分拣。当地主要产区都建有油橄榄综合加工区，搭建了仓储物流平台，园区内配套清洗、冷藏、运输车辆等仓储运输设施。园区内产品仓储运输设施设备化率达到100%。

（三）云南产区

油橄榄鲜果主要采取手工采摘，采收季节由公司配发标准运输果筐，果农按公司生产加工计划进行采摘装筐，然后由车辆装运到加工厂交货。

（四）重庆产区

油橄榄果实采收以人工采收为主，采收时以园子里的小片区为单位，人工集中在小片区采收，然后将果实运送至最近的果筐中，依次装好，再由转运的农用机械车辆转运至加工车间，第一时间进行加工生产。目前，暂无机械化采收设备应用。

（五）湖北产区

油橄榄采收一般在10月中下旬进行，采用标准化周转筐，当天采收当天送到加工车间。

七、技术标准

目前，在油橄榄栽培方面我国现有有效的标准25项，其中，行业综合标准2项，地方标准23项，比2023年增加了7项（见表1-4），其中包括修订原地方标准2项。

表1-4 油橄榄栽培方面技术标准

序号	标准名称	标准号	标准类型	发布时间	发布单位	备注
1	永仁油橄榄栽培技术规范	DB5323/T 48—2024	地标	2024.12.19	楚雄彝族自治州市场监督管理局	修订
2	成都市油橄榄果园建园和田间管理技术规范	DB5101/T 191—2024	地标	2024.10.22	成都市市场监督管理局	
3	金沙江流域油橄榄栽培技术规程	DB 5307/T 19—2024	地标	2024.10.14	丽江市市场监督管理局	
4	油橄榄节水灌溉技术规程	DB53/T 1327—2024	地标	2024.10.09	云南省市场监督管理局	
5	绿色食品 油橄榄生产技术规范	DB62/T 1364—2024	地标	2024.9.20	甘肃省市场监督管理局	修订
6	油橄榄栽培技术规程	DB5134/T 44—2024	地标	2024.4.18	凉山彝族自治州市场监督管理局	
7	油橄榄农业气象观测规范	DB62/T 4896—2024	地标	2024.4.24	甘肃省市场监督管理局	

第二节　加工情况

一、橄榄果加工

（一）橄榄油加工

1. 加工产能及规模

油橄榄加工产品主要包括橄榄油及餐用油橄榄果（橄榄罐头、橄榄蜜饯）。目前，我国的油橄榄果主要用于加工橄榄油，产能主要集中在甘肃、重庆、云南和湖北等油橄榄主要种植区。初步统计，2024年全国现有初榨橄榄油加工企业53家，初榨橄榄油生产线67条，日加工能力达2000吨，总加工能力超过6万吨。较2023年，云南增加了1家企业两条生产线。

表1-5　主产区橄榄油生产线统计

序号	省（市）	有榨油生产线的加工企业	生产线（条）	设备品牌	相数	加工能力（吨/小时）	设备产地
1	甘肃	陇南市祥宇油橄榄开发有限责任公司	1	福乐伟	二相	9.6	德国
			1	福乐伟	二相	9.6	德国
			1	贝亚雷斯	二相	4.2	意大利
			1	贝亚雷斯	二相	1	意大利
2	甘肃	甘肃时光油橄榄科技有限公司	2	贝亚雷斯	三相	3	意大利
3	甘肃	陇南田园油橄榄科技开发有限公司	1	阿法拉伐	三相	1	意大利
4	甘肃	陇南市武都区盛源和油橄榄种植专业合作社	1	安徽塞尔特	三相	0.75	中国安徽
5	甘肃	陇南市金纽带油橄榄科技有限公司	2	豪斯	三相	5	土耳其
6	甘肃	陇南橄榄绿农业开发有限公司	1	豪斯	三相	0.5	土耳其
			1	奥立	三相	6	中国安徽
7	甘肃	武都区召林良种苗木种植农民专业合作社	1	豪斯	三相	3	土耳其
			1	豪斯	三相	0.75	土耳其
8	甘肃	甘肃陇源丹谷油橄榄开发有限公司	2	赛尔特	三相	1	中国安徽
9	甘肃	陇南橄榄之城农林产品开发有限公司	1	豪斯	三相	3	土耳其
10	甘肃	陇南市丰海油橄榄科技有限公司	1	贝亚雷斯	三相	1	意大利
11	甘肃	陇南市田玉油橄榄开发有限公司	1	雷帕内利	三相	0.5	意大利
12	甘肃	陇南陇锦园油橄榄开发有限公司	1	赛尔特	三相	0.75	中国安徽
			1	豪斯	三相	0.75	土耳其
13	甘肃	陇南崛起原生态农产品开发有限公司	1	奥立	三相	3	中国安徽

序号	省（市）	有榨油生产线的加工企业	生产线（条）	设备品牌	相数	加工能力（吨/小时）	设备产地
14	甘肃	陇南市凯立鹏油橄榄有限公司	1	丹阳	三相	0.4	中国绵阳
15	甘肃	陇南市阶州油橄榄开发有限公司	1	豪斯	三相	0.75	土耳其
16	甘肃	陇南市奥林油橄榄科技研发有限公司	1	丹阳	三相	0.4	中国绵阳
17	甘肃	陇南恩来油橄榄科技有限公司	1	贝亚雷斯	三相	2.5	意大利
18	甘肃	陇南市陇乡源茶叶土特产开发有限公司	1	奥立	三相	2.5	中国安徽
19	甘肃	宕昌县今畅油橄榄开发有限公司	1	豪斯	三相	1	土耳其
20	甘肃	文县琪军油橄榄开发有限公司	1	贝亚雷斯	三相	2	意大利
21	甘肃	文县陇源油橄榄有限公司	1	豪斯	三相	0.75	土耳其
22	甘肃	文县田宇油橄榄开发有限公司	1	贝亚雷斯	三相	2	意大利
23	云南	丽江田园油橄榄科技开发有限公司	1	贝亚雷斯	三相	2.2	意大利
24	云南	丽江三全油橄榄产业开发有限公司	1	贝亚雷斯	二相	2.2	意大利
25	云南	德钦康邦油业有限公司	1	贝亚雷斯	二相	2.2	意大利
26	云南	昆明奥力联盟农业开发有限公司	1	贝亚雷斯	二相	0.3	意大利
27	云南	永仁绿原农业开发有限公司	1	伊诺罗斯	二相	0.25	意大利
28	云南	永仁太谷农业发展有限公司	1	豪斯	二相	4.5	土耳其
29	云南	香格里拉市丰耘农牧开发有限责任公司	1	豪斯	三相	1.5	土耳其
30	云南	丽江十邦生物工程有限公司	1	豪斯	三相	3.5	土耳其
31	云南	云南永仁欣源油橄榄开发有限公司	1	豪斯	三相	2	土耳其

续表

序号	省（市）	有榨油生产线的加工企业	生产线（条）	设备品牌	相数	加工能力（吨/小时）	设备产地
32	云南	易门榄源林业科技开发有限公司	1	赛尔特	二相	0.25	中国安徽
33	云南	丽江森泽林业科技发展有限公司	1	赛尔特	二相	0.5	中国云南
34	云南	永仁共享油橄榄发展有限公司	1	组装	三相	1	中国云南
35	云南	玉溪市润泽农业科技发展有限公司	1	奥立	三相	2	中国云南
36	云南	玉龙县温润农业科技开发有限公司	1	奥立	三相	1.5	中国安徽
			1	奥立	二相	0.25	中国安徽
37	四川	四川华欧油橄榄科技有限公司	1	阿法拉伐	三相	1	意大利
38	四川	四川天源油橄榄有限公司	1	阿法拉伐	三相	1	意大利
39	四川	凉山州中泽新技术开发有限公司	1	豪斯	三相	1.5	土耳其
40	四川	冕宁元升农业科技有限公司	1	基伊埃	二相	0.5	德国
			2	贝亚雷斯	二相	2.5	意大利
41	四川	广元市蜀北橄榄油开发有限公司	1	贝亚雷斯	三相	1	意大利
42	四川	四川中义油橄榄开发有限公司	1	贝亚雷斯	二相	1	意大利
43	四川	四川西中油橄榄有限公司	1	贝亚雷斯	二相	1	意大利
44	四川	四川聚峰谷农业开发有限公司	1	贝亚雷斯	二相	2.5	意大利
45	四川	四川南国花园生态农业开发有限公司	1	组装	二相	0.5	国产
46	重庆	江源油橄榄开发有限公司	1	贝亚雷斯		2.1	意大利
47	重庆	禄丰天润油橄榄开发有限公司	1	塞尔特		1.5	中国安徽
48	重庆	金峡油橄榄开发有限公司	1	塞尔特		1.5	中国安徽

续表

序号	省（市）	有榨油生产线的加工企业	生产线（条）	设备品牌	相数	加工能力（吨/小时）	设备产地
49	重庆	奉节县甲高镇	1	塞尔特		1.5	中国安徽
			2	豪斯		2.1	土耳其
50	湖北	随县强民农业发展有限公司	1	豪斯		0.25	土耳其
51	湖北	湖北鑫榄源油橄榄科技有限公司	1	贝亚雷斯		1.5	意大利
52	湖北	丹江口市兴源生橄榄油科技发展有限公司	1	组装		0.3	中国南京
53	湖北	湖北润邦农业科技有限公司	1	贝亚雷斯		2.2	意大利

甘肃产区现有初榨橄榄油加工企业22家、初榨橄榄油生产线31条，日加工能力达1800余吨，年加工能力超过8万吨，其中每小时鲜果处理量在1.5吨/小时~5吨/小时的生产线15条，每小时鲜果处理量在5吨以上的生产线3条。

四川产区现有初榨橄榄油加工企业9家，生产线11条，具备日榨60吨鲜果的生产能力的生产线4条。油橄榄加工以凉山州（冕宁、西昌、盐源）为核心，占全省加工总量的80%以上，广元、达州等地为辅。全省橄榄鲜果年处理量为8万~10万吨，可生产初榨橄榄油1.2万~1.5万吨。

云南产区现有初榨橄榄油加工企业14家，建有生产能力达0.25吨/小时~4.5吨/小时的橄榄油加工生产线15条，总生产能力为24.15吨/小时。其中，玉龙县4条，永胜县2条，香格里拉市1条，德钦县1条，永仁县4条，嵩明县1条，峨山县1条，易门县1条，较2023年玉龙县增加1家加工企业2条生产线。

重庆产区现有初榨橄榄油加工企业4家，生产线6条，其中，合川区1条国外进口生产线，加工能力为2.1吨/小时；万州区1条国产生产线，加工能力为1.5吨/小时；奉节县2条国外进口生产线，加工能力均为1.5吨/小时，2条国产生产线，加工能力分别为1.5吨/小时和0.8吨/小时。目前，暂无不同加工设备生产的橄榄油品质对比相关研究。

湖北产区现有初榨橄榄油加工企业4家，生产线4条。日加工鲜果60吨。

总之，我国橄榄油的生产线主要集中在甘肃、云南、四川，重庆和湖北的生产线数量较少。这些生产线大部分为三相卧螺分离系统工艺，主要从意大利、土耳其进口，品牌为贝亚雷斯、豪斯等，产能在0.25吨/小时~9.6吨/小时不等。值得注意的是，由于价格和服务上更有优势，近年来部分企业开始启用国产生产线设备。

2.加工技术

采用的是与国际接轨的以离心分离为主的连续式压榨技术，依据购买的设备，以采用二相与三相的生产工艺。

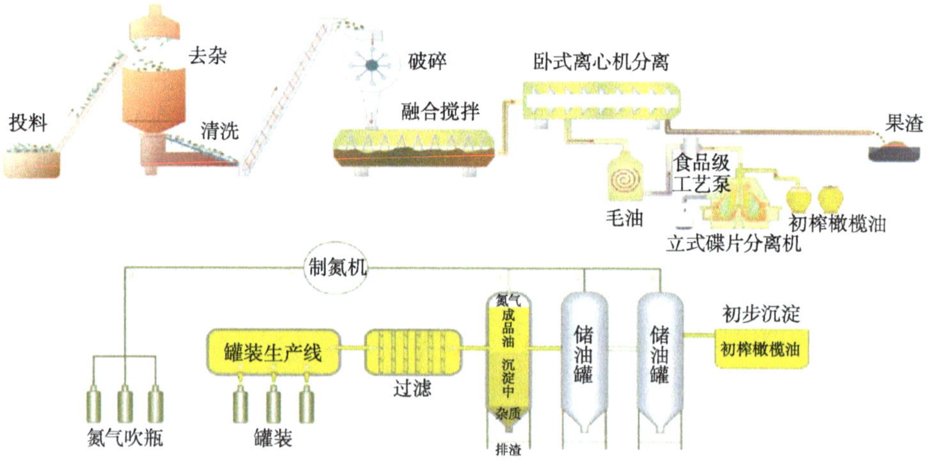

图1-10　特级初榨橄榄油榨取、沉淀及灌装工艺流程

（二）餐用油橄榄

餐用油橄榄果是地中海膳食的重要组成部分，但目前因为油橄榄鲜果尚未列入新食品原料（新资源食品）名单，在国内尚未规模生产，仅做了产品研发试制。

（三）新产品研发

甘肃产区开发了柠檬风味橄榄油、有机特级初榨橄榄油及喷雾型特级初榨橄榄油等。

四川产区开发了油橄榄庄园橄榄油、花椒风味橄榄油、柠檬风味橄榄油、澳利欧有机特级初榨橄榄油等。

云南产区油橄榄大健康产业创新研究发展有限公司依托核心研发团队（中科院兰州化学物理研究所）完成了2个功能食品的研发、生产、上市，开发了启视康橄榄油玉米黄质凝胶糖果（以橄榄油为原料，具有缓解视觉疲劳的功效）、橄榄油粉固体饮料（以橄榄油为原料，通过微囊化技术，解决橄榄油适口性问题，得到营养和口味俱佳的橄榄油）。

湖北鑫榄源油橄榄科技有限公司研发出了具有预防动脉粥样硬化功能的食用油、甘油二酯橄榄油，并且通过了科技成果鉴定，制定了两款功能性油脂的企业标准。

二、副产物产品加工

（一）加工产能及规模

油橄榄副产物产品加工涉及叶、果渣、果水等，目前在我国的加工规模较小，主要集中在甘肃和四川两个主产区。

甘肃产区：（1）陇南奥利沃生物科技有限公司于2023年建设了两条生产线——年处理油橄榄干叶5000吨的提取物生产线及年处理油橄榄果渣9000吨的生产线。2024年加工油橄榄果渣7000吨（湿渣），烘干后分离果核提取精炼油105吨，同时从橄榄果渣提取物中生产10%的山楂酸70吨。另外，提取完山楂酸后剩余的废渣，可制取生物颗粒。这样就实现了资源的"吃干榨净"。同时，从橄榄叶提取物中还可提取20%纯度的橄榄苦苷。（2）陇南陇锦园油橄榄开发有限公司利用果汁水生产橄榄干红及橄榄醋产品，每年生产干红20吨，橄榄醋35吨。（3）中国科学院兰州近代物理研究所成功研发出了利用油橄榄果渣生产生物有机肥及饲料产品的技术，并产出生物有机肥65吨。

四川产区：橄榄茶/果脯年产量约3000吨，凉山州冕宁县为加工中心，代表企业是"冕宁橄榄庄园"，主打休闲食品。年加工、利用果渣5万吨生产果渣饲料，供应省内养殖企业（如新希望六和）。橄榄果渣有机肥年产量3万吨，单价500～800元/吨，用于油橄榄种植基地，可实现循环利用。

（二）加工主要技术及设备

橄榄叶及橄榄果渣有效成分提取主要利用生物提取技术，以大孔吸附树脂为核心技术，利用多级串联树脂柱富集分离，多元洗脱体系梯度洗脱，同步分离制备高含量橄榄苦苷、山楂酸和橄榄总黄酮提取物。设备包括提取罐、树脂柱、浓缩器、醇沉罐、球形浓缩锅、微波真空干燥机、混合机、粉碎机等。

油橄榄果渣生物有机肥主要利用生物发酵技术，将油橄榄果渣快速发酵分解，生产出高效有机肥。主要设备包括原料输送机、菌剂添加机、螺旋拌料箱、发酵仓、定量包装机等。

油橄榄果汁水加工橄榄干红及橄榄醋等产品主要用到发酵、蒸馏和存储设备。

橄榄叶多酚提取采用超临界流体萃取法及萃取设备。

（三）主要新产品研发

油橄榄副产物具有可多种开发的属性，橄榄叶富含橄榄多酚（如羟基酪醇、橄榄苦苷）、黄酮类化合物等抗氧化成分。榨油后的橄榄果残渣，含残余油脂、膳食纤维、蛋白质等，可提取高附加值成分或处理为肥料。油橄榄副产物的新产品众多。

甘肃产区以果渣为材料提取山楂酸和生产饲料。中国科学院兰州化学物理研究所以油橄榄副产物中的有效成分为原料，开发了多种医药和保健品，利用油橄榄叶中的降血糖活性部位开发了天然药物，从油橄榄榨油废水中分离羟基酪醇部位，开发出具有降血脂、抗氧化作用的功能产品橄榄茶珍。

云南产区以大孔吸附树脂为核心技术，利用多级串联树脂柱富集分离，二元或三元洗脱体系梯度洗脱，同步分离制备油橄榄叶中高含量橄榄苦苷和橄榄总黄酮提取物，所得产品含量设定为：橄榄苦苷20%、30%、60%、70%、90%五个规格，总黄酮含量≥20%。这些产品是在全过程绿色环境下提取的绿色产品，具有极强的市场竞争力。同时，以油橄榄榨油后果汁水为原料，已成功开发出具有显著降血糖、降血脂活性的功能食品。

重庆产区开展了橄榄果渣肥和橄榄醋的研制，但未进一步推广应用。有部分企业也将果渣进行发酵后再回施到橄榄地中, 提高了油橄榄种植效益。

三、衍生产品加工

（一）加工产能及规模

我国油橄榄衍生产品的加工规模较小, 主要为橄榄酒、调味品等。

甘肃产区:

橄榄酒年产量仅有35吨, 主要分为橄榄白酒和橄榄干红两类: 橄榄白酒是利用榨油后的油橄榄果渣与粮食发酵产生, 或者利用成品白酒浸泡油橄榄鲜果使果实中的有效成分释放并与白酒融合形成的橄榄酒; 橄榄干红是利用橄榄果汁水发酵制取的红酒。橄榄醋、橄榄酱油、橄榄菜、橄榄拌饭酱、橄榄牛肉酱、橄榄辣椒酱等油橄榄调味品和食品累计产量超310万瓶。橄榄面膜、橄榄精油皂、橄榄眼霜、橄榄洁面乳等洗护用品年累计产量突破10万件/支。保健品中的橄榄软胶囊年产量为30万粒、橄榄茶珍年产量为15万袋。

四川产区:

橄榄果酱/蜜饯年产量500~800吨, 主要销往川渝地区, 单价20~40元/瓶（200克）。化妆品面膜年产量10万片。

（二）加工主要技术及设备

制取橄榄酒主要利用生物发酵技术, 制取橄榄保健品主要利用生物提取及生物制药技术, 制取油橄榄食品主要利用食品生产加工技术。

橄榄酱: 主要通过清洗、粉碎、混合搅拌、灌装、杀菌等工序制作而成。

化妆品: 主要提取橄榄油中的有效成分, 与化妆品基质混合, 经过乳化、均质、灌装等工序制作而成。

（三）主要新产品研发

衍生产品的研发, 目前主要集中在饮食类、洗护类和保健类产品上。其中, 饮食类产品的研发包括橄榄酒、橄榄茶、酱类调味品、橄榄面条等; 洗护类产品的研发包括橄榄精油等护肤品、化妆品; 保健类产品的研发包括橄榄油胶囊、橄榄油口服液等。

甘肃产区：研发了橄榄油护手霜、面霜、身体乳等护肤品。这些产品利用油橄榄的营养成分，保湿滋润效果显著，受到消费者青睐。此外，还有橄榄精油皂、橄榄面膜、橄榄洁面乳等洗护用品，并已规模生产。

云南产区：云南油橄榄大健康产业创新研究发展有限公司团队积极推动中科院兰州化学物理研究所多年来在油橄榄领域的科研成果的转化和产业化，已完成3项核心专利技术和2项技术秘密的转化。在此基础上，该公司已完成6个产品的开发，包括4个功能食品（耐缺氧、降脂、护肝和明目）、1个化妆品（舒缓保湿）、1个化妆品原料（美白、修护）。同时，该公司已经申请获得立项批准的橄榄苦苷、山楂酸和羟基酪醇国家标准样品。

四川产区：橄榄酱、澳利欧橄榄精华油、澳利欧橄榄油手工冷制皂、橄榄油柔润身体乳、橄榄油润颜补水面膜、橄榄油护发素、橄榄油唇膏、橄榄油护肤精油、橄榄油精粹护手霜、是歌橄榄精华油、是歌橄榄精油人参皂等。

四、技术标准

近几年，我国大力发展油橄榄等木本油料产业，对橄榄油及油橄榄制品的质量要求越来越明确，我国各产地、各协会出台了许多地方标准或团体标准。这些标准综合考虑了国内油橄榄生产和橄榄油加工业水平的实际情况，也借鉴了国外先进标准。

我国现行的加工技术规程、产品、指南等标准有11个，其中2个国家标准，1个行业标准，2个地方标准，6个团体标准。2024年相比2023年增加了1个行业标准，1个团体标准。

表1-6　油橄榄产品标准

序号	标准名称	标准号	标准类型	发布时间	发布单位
1	橄榄油、油橄榄果渣油	GB/T 23347—2021	国标	2021.11.10	国家市场监督管理总局、国家标准化管理委员会
2	感官分析 橄榄油品评杯使用要求	GB/T 39991—2021	国标	2021.4.30	国家市场监督管理总局、国家标准化管理委员会

续表

序号	标准名称	标准号	标准类型	发布时间	发布单位
3	基于追溯码和定位技术的进口食品溯源指南 第7部分：橄榄油	SN/T 5652.7—2024	行标	2024.12.31	海关总署
4	地理标志保护产品 武都油橄榄（初榨橄榄油）	DB62/T 1737—2008	地标	2008.8.15	甘肃省质量技术监督局
5	地理标志产品 达州橄榄油	DB5117/T 33—2023	地标	2023.4.25	达州市市场监督管理局
6	有机特级初榨橄榄油	T/GSWS 008—2024	团标	2024.11.19	甘肃省女科技工作者协会
7	香山之品 橄榄油	T/ZSGTS 254—2023	团标	2023.6.29	中山市个体劳动者私营企业协会
8	油橄榄罐头	T/CHCFA 002—2023	团标	2023.3.10	中国经济林协会
9	油橄榄蜜饯	T/CHCFA 003—2023	团标	2023.3.10	中国经济林协会
10	特级初榨橄榄油	T/SSX 006—2022	团标	2022.11.21	陕西省食品科学技术学会
11	初榨橄榄油感官评价方法	T/ZNZ 095—2021	团标	2021.12.15	浙江省农产品质量安全学会

第三节　从业人数

一、从业者规模

1. 甘肃省

一产涉及以武都区、文县、宕昌县、礼县为主的60个乡镇451个行政村52万人，二产从业人数为4500人，三产从业人数为7.8万人。

2. 四川省

（1）种植环节：凉山州冕宁县宏模镇的油橄榄现代林业园区让6800多户果农直接受益；青川县沙州镇白水关社区等5个村（社区）打造的万亩油橄榄园区，惠及种植户1万余户，共4万余人；金堂县油橄榄种植面积近8万亩，带动了大量当地村民参与种植；剑阁县开封镇鞍山村的400亩油橄榄基地，带动周边3个村80余户110余人就业增收。

（2）加工环节：冕宁县油橄榄园区年用工量达到20余万人次；青川县木鱼镇建成的油橄榄加工厂，年榨鲜果500吨，生产橄榄油50吨左右，产值达到1500万元左右；四川天源油橄榄有限公司等龙头企业，吸纳了大量人员就业。

（3）服务行业：西昌现代油橄榄产业园区通过良种推广、技术支撑、收购保障，辐射带动农户种植油橄榄20余万亩，提供就业岗位6万余个；青川县沙州镇采用"园区+旅游"发展模式，开发特色庭院、油橄榄小吃等，打造成集油橄榄采摘、乡村旅游、民俗文化等于一体的乡村旅游新模式，为当地群众提供了不少就业岗位；四川剑阁县开封镇鞍山村的油橄榄基地，计划打造自己的品牌，进行线上线下销售，并建设油橄榄加工厂，形成集种植、加工、销售为一体的油橄榄产业链，进一步增加就业岗位。

3. 湖北省

湖北鑫榄源油橄榄科技有限公司加大三产融合力度，"农文康旅"初见成效。特别是加大文旅融合力度，延伸产业链条。鑫榄源公司立足十堰得天独厚的人文地理环境优势，紧扣时代发展脉搏，积极践行创新发展理念，深度探索"产业+文化、产业+康养、产业+旅游"的多元融合模式，全力推动东方橄榄园生态田园示范综合体项目建设，在多领域取得了显著成效，为地方发展注入了强劲动力。公司以东方橄榄园田园油橄榄种植基地为依托，进一步完善了旅游配套设施，打造了更具吸引力的油橄榄文化体验项目，吸引了众多游客前来参观体验。2024年吸引游客10万人次，带动杨溪铺镇30余家农家乐、民宿、采摘园等周边景点共同发展，实现了200余户500余人就地就业，户均增收5万余元。安阳湖油橄榄产业园吸纳周边村近200名村民在园区长期务工，人均增收3万元，将当地留守村民转变为产业工人，成为油橄榄产业发展的坚定支持者和极大受益者。

二、从业者结构

年龄结构:经验丰富的中老年种植户在油橄榄种植方面有多年的实践经验和技巧,能够熟练掌握油橄榄的种植、管理和采摘等技术;年轻一代的从业者具备创新思维和农业现代化管理理念,能积极学习和应用新技术、新方法,推动油橄榄产业的现代化发展。

技能结构:专业的种植技术人员负责油橄榄的种植、管护、病虫害防治等工作,能够根据油橄榄的生长特性和环境条件,制定科学合理的种植方案和管理措施;加工技术人员掌握油橄榄的加工工艺和技术,能够确保油橄榄产品的质量和安全;此外,销售人员、研发人员、旅游服务人员等,各自在销售、研发、旅游等环节发挥着自己的专业技能和特长。

三、从业人员素质

专业技能人员素质:随着油橄榄产业的发展,越来越多的从业者通过参加培训、学习新技术等方式,提高了自己的专业技能。例如,种植技术人员能够熟练掌握油橄榄的修剪、施肥、灌溉等技术,确保油橄榄的正常生长和高产;加工技术人员能够严格按照工艺流程进行操作,保证了产品的质量和口感。

经营管理人员素质:一些规模较大的油橄榄种植基地和加工企业,其管理人员具备较高的经营管理素质,能够制定科学合理的发展规划和管理方案,提高企业的经济效益和市场竞争力。他们懂得如何进行成本控制、市场营销、品牌建设等,能够带领企业不断发展壮大。

第四节　品牌与营销

一、政府引导和扶持

国家、省级层面对橄榄油产业采取舆论引导、宣传推介、组织参展等方式予以引导和扶持。

（1）国家层面销售平台搭建。2019年，财政部和国务院扶贫办出台政策，要求预算单位采购贫困地区农副产品，并搭建了贫困地区农副产品网络销售平台（832平台）。目前，该平台正在按照党中央关于促进乡村振兴的部署进行调整优化，鼓励脱贫地区推荐产业带动能力强、增收效果好的供应商入驻，包括橄榄油供应商，面向全国预算单位销售农副产品，拓宽了油橄榄产品的销售渠道。2021年起，国家林业和草原局与建设银行联合打造林特产品线上销售平台，并将甘肃省列为首批入驻省份，优先支持甘肃等橄榄油主产省份上线销售橄榄油。这一平台为油橄榄企业提供了新的销售渠道，有助于打破地域限制，扩大市场份额。

（2）省级层面加大宣传与推介。甘肃、四川、云南、重庆、湖北等油橄榄主产区的省市政府，在其制定的油橄榄产业发展规划及扶持政策中，鼓励企业或地方发展、打造油橄榄品牌，并且在地方媒体上不断推介宣传当地橄榄油品牌，在各类商品交易会中不断推介宣传本省市的橄榄油品牌。这方面做得比较成功的是甘肃省武都区，该区与新华社签订有偿宣传协议，武都区油橄榄产业每年在国家级、省级、市级各类媒体上报道次数多达上百次，其中祥宇油橄榄公司每年被中央广播电视总台、新华社、甘肃日报社、经济日报社等20多家媒体报道达50次以上。

（3）组织和鼓励企业参加国内外展会及橄榄油大赛。以奖牌为产品质量"背书"，是大家公认的一种品牌塑造手段，我国油橄榄主产区各省市对此十分重视。主产区省市政府及相关部门大多采用免交摊位费等支持政策，组织和鼓励企业积极参展、推介自己的产品，洽谈产品交易合同。并鼓励本地企业积极参加各类大赛，在获奖后当地媒体也积极予以跟踪报道，极大地提升了本地橄榄油产品的知名度和影响力。陇南市武都区还对获奖企业给予资金奖励和项目扶持，极大地提高了企业参与国内外橄榄油大赛的积极性。以陇南市祥宇油橄榄公司为例，该公司2024年参加了第十九届中国国际中小企业博览会、第四届中国国际消费品博览会、甘肃省特色产业优势推介会、2024年川甘经贸合作发展交流对接会暨兰洽会陇南投资洽谈活动、第二十一届中国国际农产品交易会、黄河流域跨境电商博览会、青岛市市南区大鲍岛景区展览会、广州店主大会、2024年甘肃省"商务+乡村振兴"促消费暨"百强主播·打call甘味"活动等,获英国伦敦国际橄榄油大赛质量金奖——2024全球橄榄油之星、日本橄榄油奖(JOOP)国际竞赛金奖、2024第十九届中国国际橄榄油比赛中有机金奖。四川广元市"紫爵大朝"特级初榨橄榄油在2024第十九届中国国际橄榄油比赛中获"轻度口味"金奖;湖北鑫榄源"遇见武当"橄榄油在2024年世界林产品及木制品展中荣获金奖等。这些奖项进一步彰显了国产橄榄油的出色品质,提升了其在国内外市场的知名度和竞争力。

二、品牌建设

(一)区域公用品牌建设

区域公用品牌是地道农产品的产地身份标识,也是该产品获得市场认可的关键所在,但从各地的实践经验来看,我国各地普遍重视对企业品牌的打造,而忽视区域公用品牌的建设。在国家地理标志产品方面,截至2024年底,全国油橄榄主产区获批的国家地理标志产品有6个,分别是甘肃省陇南市武都区的"武都橄榄油""武都油橄榄",四川省金堂县的"金堂橄榄油""金堂油橄榄",达州市的"达州橄榄油",广元市的"广元橄榄油"。近些年,主产区地方政府越来越重视对区域公用品牌的建设,如甘肃省的"陇南油橄榄""甘味"区域公用品牌目录,湖北省十堰市郧阳区不断强化"郧阳油橄榄"区域公用品牌的建设。

(二)企业品牌建设

1.企业品牌总体情况

据不完全统计,在甘肃、四川、云南、重庆、湖北5个油橄榄主产区注册的橄榄油企业商标就达70个,其中,甘肃省注册橄榄油商标26个(不含其他橄榄油衍生产品商标,其他各省市同),四川省注册橄榄油商标14个,云南省注册橄榄油商标16个,重庆市注册橄榄油商标7个,湖北省注册橄榄油商标7个。如果加上橄榄调和油、橄榄菜、橄榄酒、橄榄醋、橄榄化妆品等系列产品的商标，估计全国油橄榄产品商标数量将超过100个。商标多而管理混乱的局面亟待改善。

2. 各省品牌建设情况

甘肃产区：注册的企业商标有"祥宇""橄榄时光""田园品位""陇湾沟""金纽带""橄榄绿洲""恩莱斯""一榄一味""陇原丹谷""陇原红""北纬33""橄榄之城""世博林""丰海""田玉""陇锦园""亿帝康""凯立鹏""阶州""奥林""御盛康""吉祥树""陇乡源""琪军""田宇"和"遇见熊猫"。其中，"祥宇"为中国驰名商标。各品牌在国内外各类赛事中荣获100多项奖，包括国际油橄榄理事会（IOC）最高奖项马里奥·索利纳斯质量金奖。

四川产区：注册的企业商标有"华欧""绿升""中泽""源泽""是歌""油橄榄庄园""中义""中义庄园""聚峰谷""Aoilio澳利欧""Mutual Beauty木都哈尼""白龙湖""紫爵""琬贵人"等。各品牌在国内外各类赛事中荣获10多项奖。

云南产区：注册的企业商标有"高原时光""久顾""康邦美味""奥力量""奥力美""德尔派""牧溪庄园""白水谷""欣源""十邦生物""滇夷""彩云榄""森泽""程海时光""糯达庄园""润甸源"等。

重庆产区：注册的企业商标有"神女峰""禄天润""金峡""渝江源""欧丽康语""三峡之巅""夔美特级"等。

湖北产区：注册的企业商标有"鑫榄源""遇见武当""京堰""兴源生"等。

三、产品营销

（一）橄榄油市场价格分析

1. 销售方式

国产橄榄油就销售方式而言，可以分为以下六种：

（1）专卖店直营销售：这是目前我国油橄榄企业普遍采用的主销售渠道。

由于特级初榨橄榄油属于高端食用油，而市场上充斥着大量从国外进口的低档低价位橄榄油，为了防止消费者上当受骗，同时为了维护企业橄榄油品牌声誉，宣传推销地道橄榄油产品，国内各生产企业大多建有直营专卖店。这种销售方式的好处是可以让消费者现场品鉴、体验，从而买到货真价实的产品，但它的劣势是销售成本较高（需要训练、配备具有橄榄油专业知识的专职销售人员，需要缴纳房租水电费用等）。例如，甘肃的油橄榄企业在北京、上海、广州、青岛、深圳、济南、兰州等地建立油橄榄直营专卖店达80多家。

（2）分销商代理销售：部分油橄榄企业为了降低营销成本，与各地信誉良好的商家签订代理销售协议，以委托销售的方式经营本企业的橄榄油系列产品，由企业直供产品，代理商与企业按照协议价结算。

（3）大型商超销售：超市销售的产品多数为大众产品，高端产品不适宜在超市销售，但超市销售的最大好处是点多面广、消费者群体广泛、宣传效果明显。如陇南市祥宇油橄榄公司近年来先后入驻盒马鲜生、本来生活、好生活、汉光百货、王府井百货、德百集团、国芳综超、利群集团等10多家大型商超，取得了不错的销售业绩。

（4）网络（电商）销售：目前，我国油橄榄企业除了建立直营专卖店，多数企业选择入驻不同的电商平台开展线上销售，一些小企业甚至将线上销售作为主销售渠道。以甘肃省陇南市祥宇油橄榄公司为例，先后在天猫、京东、淘宝、阿里巴巴、拼多多等30多家电商平台建起了祥宇旗舰店，线上销售额已达到公司营销总额的1/3，大有与线下销售平分秋色的趋势。

（5）集团采购销售：利用国家财政统购政策、国家消费扶贫政策，通过各级工会组织或各单位办公室、后勤管理部门集团采购，让橄榄油及系列产品进入各单位职工食堂或用于职工福利发放、奖品发放。

（6）渠道共享销售：与大型商贸流通企业建立合作关系，采取"销售渠道共享，销售利润均沾"的模式开展销售。这一模式的好处是各自利用现有的营销体系，销售成本低，且可以做到产品互补。例如，陇南市祥宇油橄榄公司与中粮集团签订了《战略合作框架协议》，其中有一项合作内容就是"渠道共享"合作，在中粮集团销售门店销售祥宇公司橄榄油系列产品，在祥宇公司各专卖店销售中粮集团粮油产品。

2. 市场分布

国产橄榄油就销售市场的分布而言，大体上可以分为以下三类市场：

（1）一线、新一线城市市场：这类市场主要分布在经济发达的北上广深等一线城市及新一线的副省级城市，以专卖店销售为主渠道，配以线上销售、集采销售等销售方式。由于这类市场消费者人均收入高，占橄榄油销售总量的60%以上份额。

（2）二三线城市市场：以一线、新一线城市之外的省会城市为主，以线上销售为主渠道，直营销售、商超销售为辅助渠道，这类市场占销售总量的20%左右，例如甘肃兰州等城市。

（3）原产地市场：指甘肃、四川、云南、重庆、湖北等油橄榄主产区所在市、县（区）消费市场。这类市场消费者虽然收入不高，但对橄榄油的认知度较高，因此，原产地市场占国产橄榄油消费总量的20%左右。

3. 消费群体

就消费群体而言，陇南市祥宇油橄榄公司对其产品的消费群体曾做过市场调查，结论是：就经济收入而言，橄榄油的消费者85%以上是月收入在5000元以上的人群（包括公务员、企业管理者、事业单位的高级知识分子、其他高收入人群），月收入低于3000元的人群基本不消费橄榄油；就消费者年龄结构而言，首先以35～45岁的中青年消费者为主，占50%以上；其次为10岁以下的婴幼儿群体，占25%左右；再次为60岁以上较为注重养老保健的人群，约占15%；最后为其他人群，仅占10%左右。

4. 市场价格

就国产橄榄油的市场价格而言，多数企业采用全国统一价销售，销售价格的高低与企业品牌的知名度高度关联，一般而言，被评为"全国驰名商标""省（市）著名商标"的橄榄油产品售价较高，国产特级初榨橄榄油产品的零售价变化范围为80～160元/500毫升，高价与低价相差1倍左右，个别原产地未包装的裸售橄榄油（多数为农户家中自榨）售价在50～60元/500毫升。国产特级初榨橄榄油如果与超市常见的国外橄榄油相比，价格高出近1倍，但国外橄榄油就品质而言，多数远低于国产特级初榨橄榄油，大多为精炼橄榄油、橄榄灯油，甚至是橄榄果渣油（橄榄果渣油仅作为工业用油，不宜食用）。

近年来，随着人们消费能力的提升和对橄榄油的认知增强，中国橄榄油市场呈现出显著的增长趋势，橄榄油也逐渐走进千家万户。如四川地区橄榄油每500毫升均价在80～130元，高档油每500毫升300～800元。橄榄油的价格形成机制复杂，受多种因素影响。高端产品因其生产过程中的高标准和高要求，通常价格较高，而大众市场产品因规模化生产而价格相对较低。高端产品因其独特的健康效益和品质保证，受到高收入消费者的青睐；中端产品因其性价比高，受到广大中等收入家庭的欢迎；低端产品则主要满足价格敏感型消费者的需求。

5. 销售收入

全国橄榄油生产企业，就产品销售收入而言，少者年销售额在10万～50万元，多者年销售额达到了上亿元，但多数企业年销售额为100万～2000万元。小作坊（合作社等）产品的产品类型为初级冷榨橄榄油，工艺简单，包装简易，主要在本地农贸市场、社区、旅游特产店销售，价格为50～70元/500毫升。根据市场调研，小作坊（合作社等）年销售收入为3亿～5亿元，占橄榄油销售总额20%～30%。企业产品类型包括精炼橄榄油、混合油、橄榄油附加产品等，部分产品通过了绿色食品认证，销售渠道主要为省内商超、电商平台、企业小程序等，价格在80～150元/500毫升，高端产品价格更高，该经营主体年销售收入为6亿～8亿元，占比70%～80%。陇南市祥宇油橄榄公司着眼于育苗、种植、加工、营销、研发、旅游一体发展，研发出橄榄油、护肤品、橄榄饮品、橄榄木艺品等70余种产品，2024年产值突破2.6亿元，市场份额稳居国产橄榄油前列。

（二）副产品市场现状分析

1. 副产品种类

橄榄油是我国油橄榄产业的主导产品，除橄榄油以外的其他产品均为副产品，副产品可细分为以下几大类。

（1）橄榄油护肤品：例如，陇南市祥宇油橄榄公司生产的"祥宇"牌系列化妆品（护手霜、洁面乳、眼部凝胶、护肤水、面膜、洗发水、手工皂），陇南市田园油橄榄科技开发公司生产的"田园物语"系列化妆品，湖北省鑫榄源油橄榄科技开发有限公司生产的"鑫榄源"系列化妆品等颇受消费者青睐。

（2）橄榄饮品：包括橄榄芽茶、橄榄酒、橄榄果醋等产品。

（3）橄榄休闲食品：用橄榄油制作的各类食品，包括橄榄菜、橄榄拌饭酱、橄榄锅巴、橄榄饼干、橄榄面条、橄榄火锅料等产品。

（4）橄榄保健品：具有保健功能的油橄榄产品，例如，陇南市祥宇油橄榄公司生产的"祥宇"牌橄榄岷归软胶囊，获得原国家食品药品监督管理局"蓝帽子"认证，具有显著的降"三高"功效。陇南市田园油橄榄科技开发公司生产的橄榄茶珍（橄榄叶提取物）也具有类似的保健功效。近年来，甘肃、四川、湖北等省市的油橄榄企业做了不少这方面的产品研发工作，从橄榄枝叶中提取到了有效成分，用于生产各类保健产品。

（5）橄榄木艺品：以50年以上树龄的油橄榄树干为原料，经过刨、挖、旋、磨等程序制作的工艺品，例如橄榄木盆、碗、勺、面板、梳子、擀面杖、蒜臼子等。

（6）橄榄文创产品：为满足游客旅游纪念需求而制作的工艺品，例如橄榄丝巾、橄榄胸针、橄榄耳坠等。

2. 副产品消费群体

在六大类副产品中，橄榄油护肤品的消费群体主要为一、二线城市的妇女人群；橄榄饮品的消费者多数为工薪阶层，且以青年人居多；橄榄休闲食品由于物美价廉，不同收入的消费者均有，以妇女、儿童居多；橄榄保健品消费者以高收入的老年人及疾病患者居多；橄榄木艺品及橄榄文创产品以旅游团队消费者为主。

3. 副产品消费渠道

副产品的销售渠道以直营店销售为主，其次为线上销售、商超销售。

4. 副产品市场价格

根据产品种类的不同，副产品的价格差异很大，例如，成套的护肤品系列价格多数为1000~2000元/套、橄榄芽茶的价格大约为1000元/500克、橄榄酒的价格为200~300元/500毫升、各类休闲食品的价格为15~30元/瓶（袋）、保健品的价格为300~500元/盒（瓶）等。

5. 副产品销售收入

以陇南市祥宇油橄榄公司副产品的销售为例，其销售额占公司总销售额的15%~18%，主要畅销产品为橄榄菜、橄榄拌饭酱等休闲食品，其次为橄榄护肤品。

四、市场建设与监管

（一）市场建设情况

从全国范围来看，各油橄榄主产省市均未建设油橄榄专业交易市场，主要原因是油橄榄鲜果容易腐烂变质，无法在市场上开展自由交易，同时油橄榄鲜果也不适宜在冷库中储存（油橄榄鲜果经冷库储存后，生产出的橄榄油品质及营养成分将大打折扣），一般由生产企业以"订单收购方式"随时收购、随时压榨。生产出的橄榄油多数在企业自备的专业储油罐中充氮、避光保存，仅有少量农户压榨的橄榄油流入当地的农贸综合市场开展交易。

（二）市场监管情况

从全国范围来看，橄榄油市场的监管环节还十分薄弱。各地市场监管部门虽然对市场上流通的国内外橄榄油产品不时开展抽检，但由于橄榄油的检验机构少、检验过程长，市场监管工作人员缺乏橄榄油辨识的基本常识，国内橄榄油市场鱼龙混杂，经常出现劣币驱逐良币的现象。而要彻底改变这种情况，首先我们要制定更为严格的橄榄油国家标准；其次是海关等橄榄油进口主管部门需认真把关；最后是要不断提高市场监管人员的检验业务能力和广大消费者的橄榄油辨识能力，只有管理者和消费者同时监督，才能彻底改变鱼龙混杂的局面。

第二章

油橄榄产业发展外部环境

油橄榄作为多年生木本油料树种，相比农作物，其受益迟，收益期长，因此除了产业自身的优势外，其健康发展高度依赖于有利的外部环境支撑。深入分析政策导向、市场格局、技术趋势及资源禀赋等外部要素，是明晰产业战略定位、把握发展机遇、应对潜在挑战的关键前提，这不仅关乎产业自身的市场竞争力与盈利能力，更是其有效服务国家粮食安全、乡村振兴及生态文明建设等重大战略的重要保障。

第一节　政策环境

一、国家层面

我国食用油对外依存度高，是粮食安全的薄弱环节，发展包括油橄榄在内的木本油料产业是增强我国油料生产能力的重要途径。党中央、国务院高度重视，印发了《关于加快木本油料产业发展的意见》（国办发〔2014〕68号）等一系列文件，并采取了一系列措施。一是支持各地统筹利用好退耕还林还草、岩溶石漠化治理、重点防护林体系建设等渠道资金，积极推进木本油料产业基地建设。二是印发《关于进一步利用开发性和政策性金融推进林业生态建设的通知》，将包括木本油料在内的林业产业发展纳入开发性和政策性金融重点支持范围，鼓励各地利用相关政策获取长周期、低利率的金融支持。三是将木本油料项目纳入地方专项债的重点支持范围，鼓励各地利用地方专项债等政策，促进木本油料产业基地及产业链发展。

近些年，国家越来越重视木本油料产业的发展，近10年中央一号文件均对发展木本油料产业作出战略部署。各部门均出台政策支持产业发展。

1.林业主管部门

2020年，国家林草局会同国家发改委等10部委联合印发《关于科学利用

林地资源 促进木本粮油和林下经济高质量发展的意见》(发改农经〔2020〕
1753号),对油橄榄等木本油料发展进行了全面布局和政策设计,进一步明确
了优化资源管理、产业体系、科技支撑、财税支持、金融支持等方面的支持政
策。同年,国家林草局会同农业农村部联合印发文件,将包括油橄榄在内的
经济林节庆活动统一纳入中国农民丰收节,指导、规范、鼓励各地用好这一平
台,促进油橄榄的产销对接、宣传推广品牌、扩大社会影响力。这些活动,不仅
提高了油橄榄产品的知名度,还促进了产业上下游之间的交流与合作,推动了
油橄榄产业的发展。2022年,国家林草局印发了《林草产业发展规划(2021—
2025年)》,将油橄榄列入重点领域,并明确在甘肃白龙江、四川金沙江干热
河谷、重庆长江流域等适宜区域布局油橄榄产业带,强化规模化种植和全
产业链建设。

2. 财政与金融支持

国家支持农业发展银行等政策性金融机构加大对木本油料产业扶持的力
度。鼓励商业性金融机构在风险可控的前提下,针对木本油料产业周期长、投
入大等特点,合理确定贷款期限和利率,加大信贷投入力度。推动金融产品和
服务模式创新,大力发展林权抵押贷款、农户小额信用贷款和农户联保贷款,
探索开展农村土地承包经营权抵押贷款业务试点。中央财政对符合条件的木
本油料产业贷款项目,实行据实贴息。2022年,财政部将木本油料树种纳入
农业保险补助范围,支持保险机构开展木本油料保险业务,鼓励和引导农民
投保。

3. 税收优惠

国家已经制定了一系列支持农林高质量发展的税收优惠政策,主要包括:
农产品增值税率由13%降低到9%;对农业生产者销售自产农产品免征增值税;
对企业从事农林牧渔项目的所得,可按规定免征或减征企业所得税;对个人、
个体户、个人独资企业和合伙企业从事种植业所得,不征收个人所得税;对承
包荒山、荒沟、荒丘、荒滩土地使用权用于农林牧渔生产的,免征契税;对于
直接用于农林牧渔的生产土地,免征土地使用税;对农民专业合作社与本社成

员签订的农业产品和农业生产资料购销合同免征印花税；对国家指定的收购部门与村民委员会、农民个人书立的农副产品收购合同免征印花税等。符合条件的油橄榄企业可按照规定享受有关优惠政策。

二、地方政府

（一）甘肃省

党的十八大以来，习近平总书记先后三次到甘肃考察调研，并作出重要指示。甘肃省为全面贯彻落实习近平总书记重要讲话和指示精神，将发展木本油料产业作为助推乡村振兴、实现生态产品价值和维护国家粮油安全的重要之策。

2021年，甘肃省启动"甘肃省现代丝路寒旱农业优势特色产业三年倍增计划（2021—2023）"，将油橄榄树种作为重点产业列入其中，2024年，又启动了三年巩固计划。2024年，甘肃省以省发改委的名义印发了《甘肃省油橄榄产业发展规划（2024—2033年）》，明确了甘肃油橄榄发展的目标和实现途径，提出到2033年，全省油橄榄种植面积稳定在130万亩左右，油橄榄鲜果年产量达到20万吨，初榨橄榄油年产量达到2.5万吨，油橄榄综合产值突破100亿元。

2024年《中共甘肃省委、甘肃省人民政府关于学习运用"千村示范、万村整治"工程经验 有力有效推进陇原乡村全面振兴的实施意见》中明确指出，强化粮食和重要农产品供给保障，要稳定油菜籽、胡麻、油橄榄等种植面积。2024年省政府工作报告中指出：实施优势特色产业提质增效行动，力争两年内打造10个百亿级产业大县，创建果、薯2个五百亿级和牛、羊、药、菜4个千亿级产业集群。

甘肃省财政厅将陇南市武都区油橄榄纳入产油大县进行补助，甘肃省林业和草原局设立了特色产业发展专项资金，油橄榄是重点树种，每年都能得到经费支持。陇南市武都区出台《关于加快油橄榄产业发展的决定》，支持示范基地建设和龙头企业培育。

（二）四川省

2024年，四川省人民政府、国家林业和草原局联合印发了《建设"天府森林四库"实施方案》（川府发〔2024〕18号）的通知，实施百万亩油橄榄领先工程。

（三）云南省

《云南省"十四五"林草产业发展规划》指出，省林草局将继续加大对油橄榄产业的扶持力度，提出"十四五"末油橄榄种植规模达到20万亩。

《云南省林草产业高质量发展行动方案（2022—2025年）》中的重点任务指出，推动特色经济林产业优质高效发展。多渠道拓展用地空间，按照良种栽培、规模种植、科学管理的要求，优化澳洲坚果、油茶、油橄榄、花椒、笋用竹、板栗等特色经济林主产区、重点县和产业带布局。

（四）重庆市

《重庆市"十四五"林业草原发展规划》中明确指出：以现有产业基地为基础，结合森林质量提升等生态修复工程，重点发展木本油料、特色林果等特色经济林。

重庆市林业局出台《重庆市木本油料产业发展规划（修编）》，加快油橄榄全产业链布局及发展。

（五）湖北省

《关于进一步深化农村改革 扎实推进乡村全面振兴的实施意见》提出将以油橄榄为发展重点的木本油料产业作为六大农业支柱产业来抓，将木本油料确定为重点农业产业链之一。

《十堰市突破性发展绿色食品饮料产业三年行动（2023—2025）方案》中指出：加大优质种源供应，在丹江口市、郧阳区、竹溪县分别建设油橄榄和漆树等木本油料繁育基地。

三、社会资源

（一）鲁甘合作

自从青岛—陇南两市开展东西扶贫协作以来，青岛市将海尔集团卡奥斯工业互联网赋能陇南油橄榄项目的试验点选在了祥宇公司，让祥宇公司有了"智慧农业"。两市帮助企业在青岛设立专卖店，在济南设立甘味"独一份"产品橄榄油的综合体验馆，集参观、销售于一体，让消费者在场景体验中深度感受陇南的特色产品，在感知体验中达成合作交易。在青岛市开设的全国首家橄榄油公益博物馆，可以让更多的消费者通过图片、视频、实物展示+消费体验的方式了解陇南油橄榄产业的发展情况，零距离了解橄榄油的营养价值，学习橄榄油的食用方式，带头推介、消费甘肃陇南油橄榄产品。同时，在福利采购、资源对接、渠道开拓、媒体宣传等方面为陇南油橄榄提供了帮助。近5年来，陇南祥宇油橄榄公司先后与青岛城运集团、青岛国际机场、青岛啤酒、中泰证券、青岛市立医院、青岛航空疗养院等单位达成了合作意向，使公司在山东省的产品年销售额突破了3000万元，累计销售额已达到1亿多元。

两市还设立了鲁甘合作科技项目，加强对油橄榄领域的科技支持。

（二）鲁渝合作

山东省滨州市对口帮扶、支持奉节县甲高镇建成了油橄榄初榨厂，全面助力奉节油橄榄产业升级，并在奉节县鹤峰乡协助实施橄榄鸡项目等，为奉节规范化、规模化养殖提供了示范。

（三）浙川合作

浙江温岭与阆中结对帮扶以来，聚焦阆中特色产业培育，支持台州企业投资发展油橄榄产业，打造集种植、加工、销售于一体的油橄榄产业园，园区产值突破3000万元，企业纳税超过120万元，成功带动柏垭等5个乡镇11个村、1200余户农户参与产业发展，获评"四川省就业扶贫基地""万企帮万村示范企业"，走出了一条共同发展、共同富裕的致富之路。

第二节　技术环境

一、具体技术

中国油橄榄产业在品种创制、丰产栽培、绿色加工和机械装备等方面不断取得技术突破和创新。这些技术的应用和推广，极大地提高了油橄榄的产量和质量，提升了产业的经济效益和竞争力，为中国油橄榄产业的持续健康发展提供了坚实的技术支撑，使其在实现乡村振兴和农业现代化的进程中发挥了重要作用。

（一）品种创制技术

遗传资源是良种选育的重要基础之一。油橄榄种质资源在中国各适生区虽有收集，但多停留在对资源初步调查、了解的水平，缺乏更加深入的研究，长期以来，生产上还存在广谱适应性种质资源缺乏与良种选择利用相对滞后等问题。2010年左右，国外加大对油橄榄品种资源的保护，一些新选育品种难以引种至国内，而我国又缺少本土化栽培的品种，国内才逐渐认识到种质资源收集、保存的重要性。许多科研机构在各自研究区域建立了种质资源圃。国家林业和草原局也于2016年批准成立了2个国家级油橄榄种质资源库（甘肃陇南、四川西昌）。我国以种质资源收集、保存为基础，通过引种、筛选等传统育种手段，建立了油橄榄选择育种技术体系，从最初引进的300多个品种中选育出适应国内适生区气候和土壤条件的优良品种，如'科拉蒂''莱星''钟山24号''皮瓜尔''鄂植8号'等，为油橄榄产业的发展奠定了基础。随着科技的不断进步，我国利用前沿生物技术，在油橄榄基因组解析、分子育种及抗逆性研究等领域取得系统性突破。例如，首次完成'莱星'品种T2T（端粒到端粒）完整基因组组装，为分子育种提供高质量参考基因组。油脂合成调控研究中，系统构建了果实发育全周期油脂代谢网络，揭示茉莉酸甲酯（MeJA）通过调控类黄酮与脂肪酸合成途径影响品质形成的分子机制，鉴定出10条关键代谢通路，为高油酸品种定向选育奠定理论基础。抗逆性研究方面，通过低温胁迫下多品种基因表达谱分析，筛选出低温响应关键基因簇，为抗冷种质创制提供靶点。遗传转化技术领域，建立高效愈伤诱导及遗传转化体系，攻克国内主栽品种再生技术瓶颈，支撑基因编辑与功能验证。这些技术取得的新进展，为广谱适应性油橄榄品种精准选育奠定了基础。

（二）丰产栽培技术

油橄榄丰产栽培技术方面，由于我国油橄榄产业起步相对较晚，存在栽培技术体系缺失的问题，导致产量不稳定、品质参差不齐，影响了产业的发展壮大。丰产栽培技术研究能够建立起一套适合我国国情的油橄榄栽培模式，使油橄榄种植更加科学、规范，减少因技术不当带来的风险，增强产业发展的稳定性和可持续性。研究人员通过深入探究油橄榄的需水规律，明确了其在不同生长阶段对水分的需求特点，为精准灌溉提供了依据。研究人员采用诊断施肥综合法（DRIS），确定了高产园和低产园叶片营养元素含量的差异，建立了适合我国油橄榄产区的叶片营养诊断标准，为平衡施肥提供了科学指导。研究人员通过合理控制树体的生长势，改善树冠的通风透光条件，对平衡修剪技术的研究也取得了突破，促进了油橄榄的生长和结果。研究人员对油橄榄病虫害种类与分布及发病规律和生活史进行了系统调查和分析，掌握了主要病虫害的发生动态，为有害生物绿色防控奠定了基础。综合以上技术，研究人员创新了以品种选择与授粉配置、水肥调控、平衡修剪、有害生物绿色防控为主的高效油橄榄栽培技术体系。这一技术体系的推广、应用，有效提高了油橄榄的产量和品质，降低了生产成本，增强了油橄榄产业的经济效益和生态效益，为我国油橄榄产业的可持续发展提供了有力的技术支持，有效解决了油橄榄"本土化"栽培技术体系缺失的问题，为我国油橄榄基地的提质增效提供了重要支撑。

（三）绿色加工技术

在特级初榨橄榄油加工技术方面，改进高温融合和传统三相分离工艺，发明了新型超声融合搅拌和二相离心耦合技术，解决了橄榄果组织细胞与油脂水乳分离问题，融合温度从30℃～40℃下降至10℃～20℃，果粕残油率从6%下降到3%以下，橄榄油酸度<0.8%，橄榄油多酚含量提高40%；通过对橄榄油特征风味标志物的挖掘，建立了橄榄油近红外品质鉴伪技术，通过GC-MS和Py-GC-MS创建橄榄油固有香气组分和不皂化物多酚特征图谱，建立了基于顶空气相离子迁移谱（HS-GC-IMS）的橄榄油风味指纹数据库，融合化学计量学构建"成分—风味—等级"智能鉴别模型，实现品质评价客观化、标准化，该

技术被纳入《特级初榨橄榄油》团体标准（T/SSX 006—2022），为橄榄油的品质鉴定和真伪识别提供了科学依据。

油橄榄功能活性物质利用方面，基于多靶标亲和配体垂钓技术深入挖掘油橄榄资源（油橄榄叶、果、果渣、果水等）复杂体系中的潜在活性成分，探明了油橄榄叶具有潜在治疗代谢相关脂肪性肝病的分子复方，阐明了油橄榄果中耐缺氧活性物质基础及作用机制；运用多组学联用技术，系统解析油橄榄叶中美白关键成分（橄榄苦苷衍生物）及抗光老化活性分子（羟基酪醇二聚体），通过分子对接技术揭示其抑制酪氨酸酶、清除ROS的作用靶点，填补了国内研究空白，开发出高原耐缺氧制剂、妇幼抑菌洗护产品、具有美白和抗光老化的高端化妆品、无抗饲料等系列高附加值产品；构建"材料—工艺—装备"协同优化的橄榄苦苷靶向分离新模式，首创具有自主知识产权的靶向富集材料BMKX-4-PEI，实现橄榄苦苷吸附量较国际主流技术提升50%以上，工艺时间缩短40%、溶剂消耗降低30%，三次循环即可获得纯度>80%的橄榄苦苷，技术指标达国际领先水平，在行业龙头企业规模化应用；基于分子包埋与抗氧化协同技术，设计具有双功能基团（疏水空腔-氢键供体）的专用稳定剂，解析其通过空间位阻抑制分子氧渗透、通过电子转移淬灭自由基的双重稳定机理，将活性成分保质期从5天延长至720天，攻克高纯度橄榄苦苷水溶液易氧化降解的国际难题，突破高含量橄榄苦苷在高端化妆品中应用的技术壁垒；通过该多糖-蛋白复合微囊化技术，开发可冲服橄榄油微囊粉，货架期延长2倍，生物利用度提升35%，衍生出降糖、护眼等系列大健康产品；利用橄榄油加工废物，采用微生物发酵、专用吸附树脂和高效逆流色谱联合技术，从废水废渣中富集高含量的羟基酪醇及橄榄苦苷等多酚化合物，实现了废弃物的资源化利用，减少了环境污染。通过上述技术的应用和实施，各企业有效延伸了油橄榄加工产业链，提高了油橄榄产业的附加值，促进了油橄榄产业的高效快速发展。

（四）机械装备

在机械装备制造方面，基于油橄榄扦插繁育技术的要求，研制出了适用于油橄榄扦插繁育的轻基质配比设备，为扦插育苗提供了有力支持，还引进和改进了一些农业机械，如挖坑机、施肥机等，提高了种植效率，减轻了劳动强度，降低了生产成本；由于油橄榄果实的特殊性和特殊的采收要求，研发了多种振动采收机械，有效提高采收效率，减少果实损伤，降低采收成本，确保果实的品质和新鲜度，为后续的加工提供了保障。

二、科技平台

（一）国家级平台

1.国家林草油橄榄工程技术研究中心

该中心于2015年7月获得国家林业和草原局认定，依托单位为甘肃省林业科学研究院，共建单位为中国林业科学研究院林业研究所、中国林业科学研究院林产化学工业研究所、云南省林业和草原科学院、四川省林业科学研究院、重庆市林业科学研究院、陇南市经济林研究院油橄榄研究所、陇南市武都区油橄榄产业开发办公室、四川省广元市林业科学研究院、陇南市祥宇油橄榄开发有限公司、陇南田园油橄榄科技开发有限公司，主要目的为提高油橄榄领域科技成果的工程化、商品化水平，解决科技成果转化中在工艺、装备、测试、标准及产品质量等方面的薄弱环节。

2.国家引才引智示范基地

该基地依托陇南市武都区油橄榄产业开发办公室建立，于2003年被国家外国专家局认定为"国家油橄榄引智成果示范基地"。现已形成集引种试验、良种繁育、丰产示范、科技培训为一体的多功能示范基地，成为当地乃至全国的油橄榄优良品种推广基地和技术推广中心，每年都有来自国内外的专家学者、团体、企业和党政领导来视察、考察、参观学习，先后邀请以色列希伯来大学农学部植物科学研究所、名誉高级科学家西蒙·列维教授（Shimon Lavee），国际油橄榄权威专家沃德·所罗门（Mr.Oded Salomon）、勒维·安道夫·格布瑞博士（Dr.Levin Adolfo Gabriel），意大利RAPANELLI橄榄油设备公司机械专家安吉洛先生等11个国家的30多位专家来武都实地指导。

3. 甘肃油橄榄育种及培育国家长期科研基地

该基地于2020年被国家林业和草原局认定为"第二批国家林业和草原长期科研基地",依托甘肃省林业科学研究院建立,基地位于陇南市武都区两水油橄榄场托塔山种植园,总面积为92.58公顷。该基地围绕我国油橄榄产业中的突出问题,以种质资源收集、保存为基础,以种质创制、利用为核心,以培育优良品种、集成关键技术为目标,开展科技攻关,推动成果转化,促进油橄榄产业发展。基地结合区位特征、地形地貌和土地利用现状,遵循"因地制宜、用地集约、服务配套集中"的原则,划分为三个大区:科研办公区,包括检测中心、实验室、会议中心;基地核心区,包括油橄榄引种试验区、标准化采穗圃、优良品种展示园、国家油橄榄林木种质资源库、油橄榄良种繁育圃;山地生态栽培示范区,包括山地生态栽培试验区、品种比较园、无性(子代)系测定林、名优乡土树种收集园。

(二)省级平台

1. 甘肃省油橄榄产业技术创新中心

甘肃省油橄榄产业技术创新中心依托陇南市祥宇油橄榄开发有限公司和甘肃省林业科学研究院,是在原省科技厅批准设立的"甘肃省油橄榄加工技术与质量控制工程技术研究中心""甘肃省油橄榄工程技术研究中心"基础上转建而成的。甘肃省油橄榄产业技术创新中心围绕油橄榄产业链建设任务,联合高等院校、科研院所、重点企业等多个主体,基于甘肃省油橄榄产业发展尚存重大短板及系列亟待解决的重大科学问题,以承担重大科技项目、开展科技合作、加快科技成果转化、联合培养人才等为主要任务,建立产学研深入融合的技术创新体系,解决制约油橄榄产业发展的关键共性技术问题,力争建设成为油橄榄领域的科学研究中心、创新人才培养中心、国际交流与合作中心和科技成果转化与社会服务基地,使其成为油橄榄产业共性基础技术研发活动的重要承担者和公共技术服务的重要提供者,促进新技术产业化、规模化应用,促进甘肃省油橄榄产业高质量发展。

2. 油橄榄栽培和加工甘肃省国际科技合作基地

2017年，甘肃省林业科学研究院被甘肃省科技厅认定为"油橄榄栽培和加工甘肃省国际科技合作基地"。其主要目标任务为围绕我国油橄榄产业健康可持续发展中的重大需求，加强与油橄榄世界主产国（地区）的科技合作和学术交流，利用"项目—人才—基地"国际科技合作模式，共建合作平台，增强油橄榄科学研究的实力，推动学科建设和人才培养，促进甘肃省油橄榄产业发展，平台运行成效显著，对产业的支撑作用凸显，在2024年考核中获评"优秀"。

3. 四川省油橄榄工程技术研究中心

2015年，四川省科技厅批准中泽公司在西昌组建四川省油橄榄工程技术研究中心，并在组建过程中积极探索新的管理模式和运行机制。该中心自组建以来始终坚持以油橄榄工程化、配套化、系列化开发为导向，开放式运行，并加强人才培养，努力提高油橄榄研发水平，为行业和产业发展提供技术支撑。该中心自组建以来取得了丰硕的成果，特别是在资源的收集与保存，良种的选育和成套丰产技术的攻关上处于国内行业领先水平。另外，该中心以开放的形式吸引了一大批专家学者在基地开展研究工作，支持中国林科院、华中农业大学、江南大学、四川农业大学等大专院校的专家到中心开展科研工作，同时中心注重团队建设，研发团队中有2位博士、5位硕士、2位高级工程师和1名国家林业局专家人才库专家，并建有西昌学院教育科研基地与川农大教学科研试验基地和博士工作站。

4. 重庆市油橄榄研发中心

该中心建设项目（一期）于2017年5月17日获重庆市发改委批复立项。研发中心平台配置有较好的硬件设备，涉及品种选育、植物营养快速检测、土壤养分快速检测等多个方面，配套建设的专用肥试制车间开展加工废弃物转化生产有机肥工作，苗木繁育基地开展良种苗木繁育工作。该中心正式运行后，将组建涵盖油橄榄育种、育苗、栽培、农产品储藏与加工方面的专家团队，从良种推广应用、容器苗培育应用、保果技术和加工废弃物利用等方面，对油橄榄全产业链瓶颈问题予以科技攻关、成果转化和科技支撑。

5. 湖北省油橄榄产业技术研究院

该院是由十堰市郧阳区政府推荐支持建设的省级产业创新平台,由湖北鑫榄源油橄榄科技有限公司、十堰绿鑫林业发展有限公司、武汉轻工大学等高校院所及行业龙头骨干企业共同组建,以服务油橄榄种苗繁育、种植、精深加工等全产业链发展为主,开展油橄榄产业共性技术研究、企业技术研发、科技成果转化、科技企业孵化和股权投资等创新创业活动,解决油橄榄产业的关键、共性、前沿技术问题,完善产业创新链条,提高产业附加值,打造中国油橄榄产业新高地。

三、技术协会、创新联盟

(一)中国经济林协会油橄榄分会

油橄榄分会自2007年获批成立,是首家坚持活动17年的全国行业性社会团体,为践行初心、凝聚力量、促进交流、合作共赢做了大量工作。2023年度过艰难的新冠疫情防控期后,分会逐步开始恢复工作。针对油橄榄产业发展的关键性和方向性问题,在不同的时间节点,聘请中外专家通过在主产区甘肃、云南、四川、湖北举办培训班的方式,推广油橄榄产业提质增效、病虫害防治、整形修剪等技术。

(二)产业创新联盟

油橄榄产业国家创新联盟(以下简称联盟)是2018年9月经国家林业和草原局同意成立的第一批林业和草原国家创新联盟之一,由致力于油橄榄产业发展的企业、大学和科研机构等,以自身发展的需求和各方的共同利益为基础,以提升产业链整体创新能力和综合竞争力为目标,以具有法律约束力的契约为保障而自愿组成的产业科技创新合作组织。成员单位包括中国林业科学研究院、甘肃省林业科学研究院、四川省林业科学研究院、云南省林业科学院、重庆市林业科学研究院、湖北省林业科学研究院等12家科研机构,以及陇南市祥宇油橄榄开发有限公司、丽江田园油橄榄科技开发有限公司等9家知名企业。理事长单位为中国林业科学研究院。联盟的定位是建立以企业为主体、市场为导向、产学研相结合的创新体系，提升我国油橄榄产业链的核心竞争力。重点任务是针对油橄榄产业的重大需求，加大共性关键技术研发力度，推进技术创新及系统集成示范，培育并完善产业区域创新体系。

（三）甘肃省陇南市油橄榄产业创新联合体

该联合体成立于2022年，是行业内凝聚共识、合力促发展、成果共享的新机制探索。2023年，在甘肃省陇南市委、市政府的高度重视和精心指导下，联合体分别制定了《油橄榄创新联合体项目管理办法》《油橄榄创新联合体专项资金管理办法》《油橄榄创新联合体专项资金使用方案》等管理制度。这些制度为联合体规范运行提供了有效保障。联合体开展筹措资金工作的同时，本着"有所为，有所不为，先易后难，量力而行，由浅入深，循序渐进"的原则，截至2024年底，已开展2批次的科研与成果转化项目的立项支持，为产业技术的创新和发展提供了有力支持。

第三节　市场需求

一、种苗市场分析

苗木繁殖是油橄榄产业发展的基础工作。从某种程度上来说，苗木的品种、规格、质量决定了产业发展的模式、进程，甚至成败。如果用一句话来概括当前油橄榄苗木市场现状，那就是：无特定要求的苗木供大于求；反之，特定要求的苗木却供不应求。比如4年生的、在苗圃已经定干的种苗稀缺，嫁接苗稀缺。

（一）苗木市场的演变

随着政府、行业管理者、苗木生产者、种植户对油橄榄的认识不断深入，苗木市场经历了以下几个阶段：

产业发展第一阶段：在政府的大力推动下，油橄榄苗木大部分1年生时就调拨或赊销给种植者。这时是裸根还是容器，是什么品种，定植密度，树形选择，何时定干都不考虑。

产业发展第二阶段：经过第一阶段，人们发现裸根苗成活率低，不同品种的产量、初榨油品质不同，于是开始对苗木提出要求。同时，采用嫁接手段更换不结果或产量低、抗性差的品种。

产业发展第三阶段：由于我国与原产地气候特点不同，扦插繁殖的苗木陆续表现出适应性问题，影响了果园的持续生产力。为此，一方面开始开发自己的品种，同时，尝试选择适应性强的砧木品种培育嫁接苗；另一方面采用轻基质生产根系更发达的苗木。

产业发展第四阶段：苗木生产企业按订单供苗，且提供必要的售后服务。如种植技术，特别是针对新品种的栽培技术。同时，保证苗木的可追溯性，承担相应的法律责任。

我国目前正从第二阶段向第三阶段过渡。原产地主要生产国已处第四阶段，且还在逐步完善苗木生产体系，以保障供需双方的责、权、利。

（二）苗木的供需错位

上文已经谈到苗木种类、质量与种植者的要求错位。还有一点是供需双方的利益错位，即苗木生产者无法因提供优质苗木而从种植者处得到回报，种植者也不能因苗木质量问题从苗木生产者处得到赔偿。这种错位导致二者地位的不对等。现实情况是产业发展的参与者之一——苗木生产者淘到了"第一桶金"，种植者在橄榄园里劳作几年后发现品种不对，不得不嫁接换种，默默承担由此而产生的所有损失。我国苗木生产及服务体系亟待规范化，产业的良性发展呼唤苗木生产的规范化、服务体系的完善和制度化。这也是原产地正在做的工作，如品种仲裁、苗木的追溯系统及售后服务等。苗木供需双方只是社会分工不同，共同利益体现在产业的良性发展上。

二、橄榄油市场分析

（一）消费者的需求分析

1. 多年的消费量相对稳定

据IOC统计，考虑到国产橄榄油的产量逐年增加，同期的消费量如表2-1所示，并预测2024/25作物年度的消费量为5.3万吨。除2022/23年度和2023/24年度世界橄榄油产量受自然灾害而减产，影响了市场供应，我国近几年的消费量一直在4万~6万吨之间波动。

表2-1   近16年我国橄榄油消费量统计

作物年度	2008/9	2009/10	2010/11	2011/12	2012/13	2013/14	2014/15	2015/16
万吨	1.2	1.8	3.0	4.0	3.9	3.2	3.4	3.9
作物年度	2016/17	2017/18	2018/19	2019/20	2020/21	2021/22	2022/23	2023/24
万吨	4.4	4.4	5.2	5.8	5.3	5.8	4.4	2.7

2. 消费者存在的诸多困惑

尽管越来越多的受众通过各类媒介逐步了解橄榄油的特点，自身对保持或改善健康状况，追求生活品质有迫切要求，但仍存在诸多困惑：进口橄榄油好还是国产的好？贵的就一定是好的吗？怎么鉴别初榨橄榄油品质的差异？怎么用、用多少？哪个品牌好？……

目前，我们的市场推介仍以"单打独斗"为主。每个企业都组织起自己的营销队伍，打自己的品牌，从而或多或少地产生了行业里的"内耗"。

3. 市场潜力巨大

下表反映了我国橄榄油消费的水平与其他几个主要经济体的差距。而与世界人均消费量（橄榄油年总产量按340万吨，人口按80亿计）425克相比，我们只占9%，不足1/10。

表2-2　2024年世界几个主要经济体橄榄油消费量比较*

国别	GDP（万亿美元）	人口（亿）	消费总量（万吨）	人均年消费量（克）
美国	27.4	3.4	40.8	1200
中国	18.0	14.1	5.3	38
日本	4.3	1.2	5.8	483
巴西	2.2	2.1	9.5	452
*：数据来自IOC、互联网。				

其实，提高人均消费量并不是当前开拓市场的努力方向，因为对我国百姓而言，橄榄油是新油种，且总量有限。我们需要抓住重点消费人群，研究哪些人基本了解橄榄油，哪些人最需要橄榄油，从而收事半功倍之效。

从生产的角度看，我国现有的油橄榄种植面积，如果能够达到平均亩产30千克油，就可以基本替代进口。事实上，部分地区小面积的橄榄园平均亩产可以连续多年超过60千克油。我们应总结并推广经验，使平均产量提高，种植者得到收益，产品成本降下来，市场竞争力就有了。在自由贸易条件下，"物美价廉"的商品都会有市场。

（二）油橄榄进出口贸易市场需求分析

橄榄油进口方面，据IOC发布的数据，我国近16年橄榄油进口量如表2-3所示，同时预测2024/25作物年度的进口量为4.4万吨。上一年度进口量锐减，主要是因为原产地主产国遭受严重旱灾，橄榄油大幅减产，致使价格飙升（翻番），抑制了消费。上一榨季产量回升，价格正在逐步恢复正常水平。

油橄榄出口方面，近两年，我国国产橄榄油因品质突出，已经实现出口零的突破。国产橄榄油主要满足国内需求，少量出口可以起到很好的宣传作用。

表2-3　近16年我国橄榄油进口量统计*

作物年度**	2008/09	2009/10	2010/11	2011/12	2012/13	2013/14	2014/15	2015/16
万吨	1.2	1.8	3.0	4.0	3.9	3.2	3.1	3.4
作物年度	2016/17	2017/18	2018/19	2019/20	2020/21	2021/22	2022/23	2023/24
万吨	3.9	3.8	4.6	5.1	4.6	4.9	3.4	1.9

*：数据源自国际油橄榄理事会。
**：作物年度2008/09是指2008年10月1日至2009年9月30日，其他以此类推。

第四节 国内外同行业比较优势与劣势

橄榄油与其他食用油长期共存于消费市场和百姓餐桌，既是历史沿革，也是人民生活必需，更是文化交融的体现。全世界近200个国家的广大消费者已经并正在从中受益。然而，各油种的发展是不平衡的，各自的发展轨迹也不尽相同。

一、国外油橄榄生产发展状况

1. 全球油橄榄种植情况

据可靠资料统计，截至2017年底，全球油橄榄种植面积为1151.2万公顷，其中13.4%生产餐用果，86.6%生产橄榄油，其中旱作面积占71%，可灌溉面积占29%。油橄榄界把种植园栽培模式划分为三类：传统（traditional）模式（≤100株/公顷），集约（intensive）模式（200~700株/公顷）和超集约（super-intensive，或super high density，SHD）模式（≥1500株/公顷）。后两种模式统称现代模式。全球油橄榄按此归类，三种模式分别占73.90%、21.30%和4.80%。

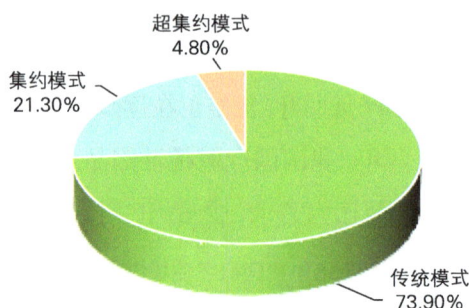

图2-1 全球油橄榄栽培模式占比

近些年，全球油橄榄种植面积每年新增16.2万公顷，以满足市场不断增长的需求，其中绝大部分为超集约栽培模式。全球有油橄榄种植园约350万个，平均每个种植园的种植面积为3.2公顷，每年生产油橄榄鲜果1700万~2200万吨，年营业额为95亿~135亿欧元。从业人员约3500万人，占世界总劳力的1.2%。

ASAJA（成立于1989年，西班牙最大的专业农业组织）报道，在过去的10年里，世界油橄榄的种植面积以每年1%的速度增长，但在2019年，出现了一个转折点，为2022年来第一次出现增速放缓，年增种植面积已经从大约15万公顷降到不到5万公顷。

从上述信息源估算，如今世界油橄榄种植面积已超1200万公顷。尽管橄榄树种植量在全球范围内不断扩大，但87%的油橄榄仍集中种植在位于地中海盆地的9个国家。其中大部分是传统橄榄园。然而，在葡萄牙，现代种植园（集约和超集约）占总面积的64%，美国和澳大利亚没有传统种植园，阿根廷（40%的集约和52%的超集约）、智利（35.1%的集约和57.2%的超集约）和摩洛哥正在改造传统橄榄园，种植高密度的橄榄园。现有55%的现代橄榄园，其中集约的占45.7%和超集约的占9.3%。

全球现有有机橄榄园138.2万公顷，约占总种植面积的1.2%，其中大部分为传统橄榄园，一小部分为现代橄榄园。有机农业尊重自然环境和生物多样性，前景广阔。面对日益苛刻的市场，有机产品更有竞争力。

2. 种质资源收集与品种选育

在国外，种质资源的保存与利用一直是产业发展的重中之重。IOC作为国际上唯一的一个以油橄榄为主题的政府间行业组织，已建有6个国际油橄榄种质资源库，分别在西班牙科尔多瓦、摩洛哥马拉喀什、土耳其伊兹密尔、阿根廷圣胡安、以色列火山研究所以及意大利农业经济研究和分析委员会，收集保存种质资源总和近3000份。

各国均重视品种的选育，每个主产国基本上都有自己的主栽品种，如：

西班牙（Spain）主栽品种为'Picual''Picudo''Empeltre''Hojiblanca''Cornicabra''Lechin de Granada''Lechin de Sevilla''Manzanilla de Sevillana''Manzanilla de Caserena''Verdial de Badajoz''Arbequina'等。

意大利（Italy）主栽品种为'Carbonella''Coratina''Frantoio''Grappolo''Lechino''Bosana'等。

突尼斯（Tunisia）主栽品种为'Chemlali''Chetoui''Oestali''Chemchali'等。

希腊（Greece）主栽品种为'Agouomanacolia''Corfolia''Koroneiki''Mastoidis''Andramitini''Konservolia'等。

土耳其（Turkey）主栽品种为'Cakir''Cilli''Edremit''Memecik''Celebi''Domat'等。

智利（Chile）主栽品种为'Azapa''Coratina''Frantoio''Lechino''Arbequina''Arbosana'等。

美国（USA）主栽品种为'Mision''Arbequina''Arbosana''Koroneiki'等。

阿根廷（Argentina）主栽品种为'Arauco''Manzanilla''Arbequina''Frantoio''Lechino''Cornicabra'等。

气候变暖和水资源匮乏是影响油橄榄产量的主要因素，即便是第一生产大国西班牙，也面临越来越大的气候异常压力。因此，近些年以耐旱、丰产、低需冷量、适合密植的品种为选育目标。

3. 苗木繁育

油橄榄产业具有给人类提供健康食品、生态屏障，促进社会稳定和经济发展的综合作用。油橄榄产业发展要求有足够的高质量的苗木。在国际上，油橄榄育苗以扦插繁育为主，嫁接繁育为辅。每年生产的苗木中，扦插苗占75%，嫁接苗占20%，其他方式占5%。从趋势上看，成规模的油橄榄大苗圃（20万~50万株/年）逐步取代家庭式的小苗圃（1万~2万株/年），成为主导力量。通常大苗圃建在环境优越的地区，有良好的设施和技术熟练的工人，采用最先进的技术。

图2-2　国外嫁接育苗（1）

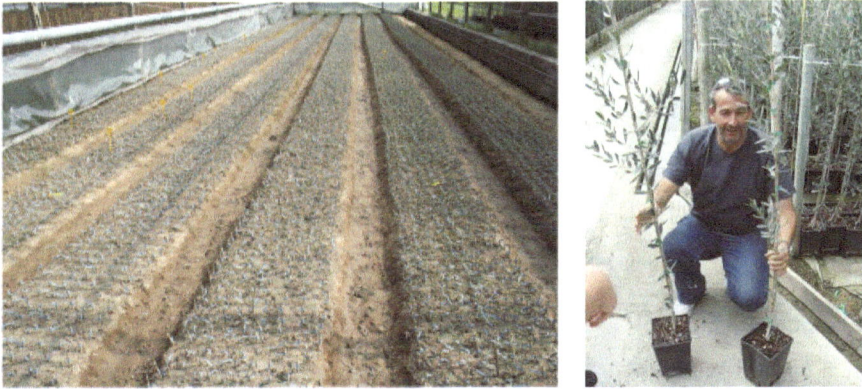

图2-2　国外嫁接育苗（2）

4. 重要橄榄油生产国的产业基本结构

　　我们对几个重要的橄榄油生产国的产业基本结构和生产力水平进行分析
（见表2-4）。表中既有栽培历史达数千年的原产地国家，如希腊；又有栽培历
史仅几百年的引种国，如美国。其中，种植面积超百万公顷的4个国家的橄榄油
单产差距明显，突尼斯最低，同时也是灌溉面积最小的国家。智利的灌溉面积
达90%，单产水平位于西班牙之后，居次席。

表2-4　几个重要橄榄油生产国的产业基本结构和生产力水平

国别	种植面积（万公顷）	旱作占比/灌溉占比	油用占比/果用占比	鲜果产量（万吨）	平均鲜果单产（千克/公顷）	平均单位面积产量（千克/公顷）	
						橄榄油	餐用油橄榄
西班牙	262.3	68% / 32%	91.7% / 8.3%	696.8	2656.5	558	2656
意大利	123.0	81% / 19%	97.3% / 2.7%	220.8	1795.1	323	1795
突尼斯	182.5	97% / 3%	97.6% / 2.4%	99.0	542.5	103	542
希腊	112.5	84% / 16%	87.3% / 12.7%	151.0	1342.2	255	1342
土耳其	77.6	70% / 30%	64.6% / 35.4%	114.7	1478.1	296	1479
智利	4.3	10% / 90%	83.5% / 16.5%	12.0	2790.7	474	2487
美国	6.0	70% / 30%	51.8% / 48.2%	12.9	2150.0	333	2147
阿根廷	12.7	44% / 56%	61.2% / 38.8%	28.6	2252.0	360	2252

从表中可以看出，传统种植国家以旱作为主。突尼斯的旱作占比最高，达到97%，灌溉占比仅3%；智利的灌溉占比最高，为90%，旱作占比仅10%。榨油是油橄榄鲜果利用的主要途径，多数国家的油用占比都较高，如西班牙、意大利、突尼斯等，均在80%以上。土耳其的油用占比相对较低，为64.6%，果用占比达到35.4%，说明土耳其鲜果除了用于生产橄榄油，还有相当一部分果用，油橄榄产业的多元化程度相对较高。智利的平均鲜果单产最高，达到2790.7千克/公顷，远高于其他国家，这体现了智利在橄榄种植技术、品种选择、灌溉管理等方面的先进性，能够在较小的种植面积上获得较高的产量。突尼斯的平均鲜果单产最低，为542.5千克/公顷，这可能与其较高的旱作占比有关，缺乏灌溉条件限制了橄榄的生长。西班牙的平均单位面积橄榄油产量最高，达到 558千克/公顷，其次是智利，为474千克/公顷，这表明在橄榄油生产方面，这两个国家具有较高的生产效率和技术水平，能够从单位面积的鲜果中提取出更多的橄榄油。而突尼斯由于灌溉条件的限制，在产量相关指标上相对较低。

以突尼斯和智利为例，以2015/16年度的橄榄油产量为基准，我们对近10年的产量波动进行比较，可以明显看到灌溉对产量的影响。

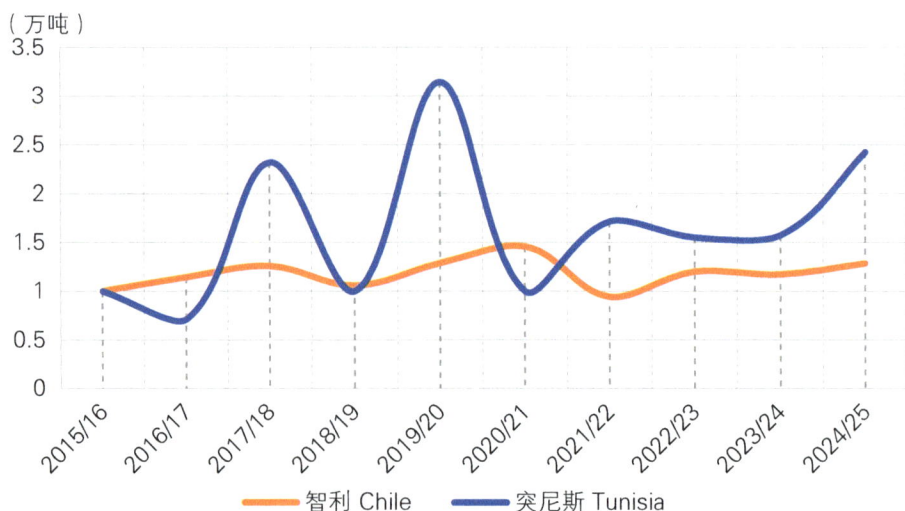

图2-3 灌溉面积对橄榄油产量波动的影响

突尼斯的变动曲线后半段比较平缓，并非灌溉面积有什么变化，而是连续几年气候反常造成的。世界气象组织(WMO)确认,2024年是有记录以来最热的一年,过去10年也都是有史以来最热的,酷热、缺水使本应大年的产量如小年。

5. 全球橄榄油产量

初榨橄榄油的提取方式从以石碾和门框压榨为主的间歇式向以离心分离为主的连续式转变始于20世纪60年代后期。后者以其降低劳动强度、节省劳力、大幅提高加工效率的优势于20世纪80年代成为主流模式,也就是所谓"三相"模式,即将粉碎、融合后的油橄榄果浆用卧式离心机分为水、油、渣三相。随着人们环保意识的增强,加工过程中添加的水无形中增加了工厂废弃物的排放量,从而使既能减少排放又能改善质量的"二相"模式应运而生,即卧式离心机只把果浆分为油、水+渣二相,加工过程中几乎不添加水,从而减轻了环保负担。如今,"二相"模式正在逐步取代"三相"模式。但是,利弊总是相伴而生,后续的果渣处理企业不喜欢"二相"模式的高含水率(50%~60%)果渣,因为将其变为干渣需要增加成本。

单就初榨橄榄油的加工而言,国外(不仅是原产地)对整个工艺流程都进行了较为细致的研究,不断有新装置、新技术推出,目的只有一个——保证油品的优质、高效。优质通常指酸度、过氧化值低,有效成分损失得少;高效指加工能力高、能耗低、劳力省。

据国际油橄榄理事会统计,过去的60年,世界橄榄油的产量增加了3倍,而过去30年,产销量同步翻番,主要原因是资源配置的优化和科技的进步,以及消费者对健康和高品质生活的追求。2021/22作物年更是达到了最高纪录的342.3万吨。

在受气候变化影响,2022/23、2023/24作物年世界橄榄油总产量连创新低(分别为276.0万吨、256.4万吨)的背景下,2024/25年度迎来了强劲反弹,预计同比增产32%以上,达到337.6万吨,进出口总量将超120万吨,消费量同比增加10%,达306.5万吨。同样原因导致餐用油橄榄上一年度减产12.4%,但2024/25年度有望增产12.4%,达到317.8万吨,恢复到往年水平。

西班牙农业、渔业和食品部披露:2024/25年度全国生产橄榄油138万吨。

虽然没有达到预期的165万吨，但已大幅超过2022/23和2023/24年度的66.58万吨、85.26万吨。

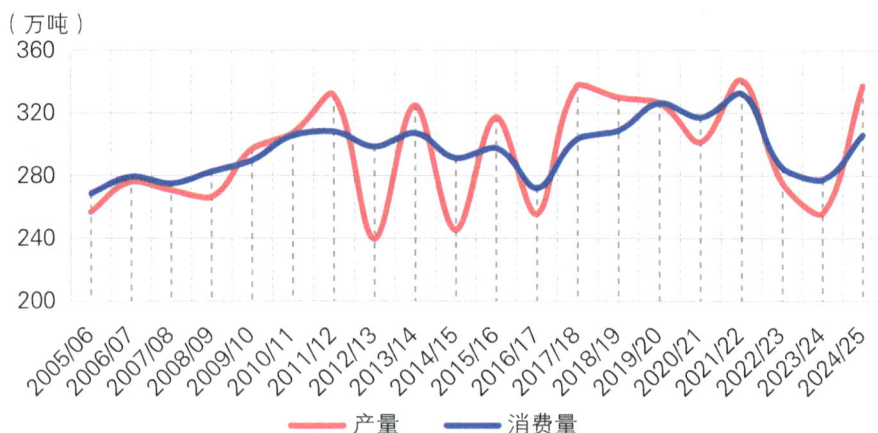

图2-4　近20年世界橄榄油产销量统计

（数据来源：IOC）

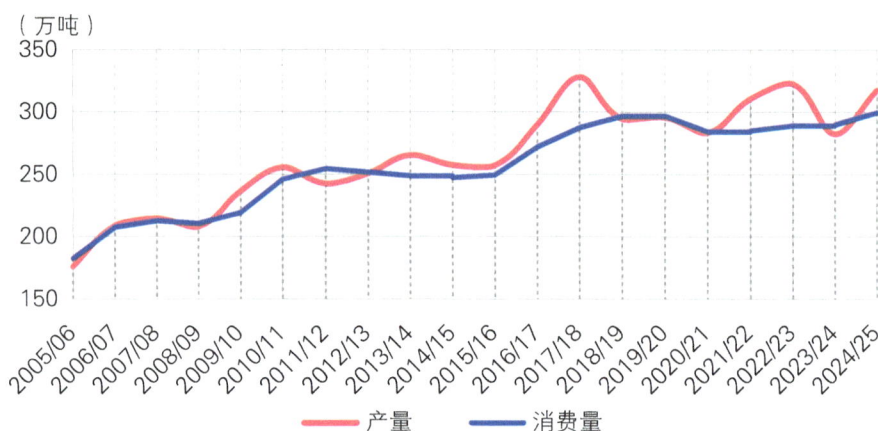

图2-5　近20年世界餐用油橄榄产销量统计

（数据来源：IOC）

从上图可以看出，橄榄油的产量呈现大幅震荡的状态，而餐用油橄榄则相对平稳得多。这主要是因为现有橄榄园中约70%是旱作，且主要为油用，降雨充分时产量就高，否则就减产。所不同的是，果用橄榄园普遍具备灌溉条件（建园的必要条件），从而产量稳定，销量也稳定。另一方面，餐用油橄榄产销两旺，20年间年均分别增长4.0%和3.2%。这既是我国油橄榄产业的一个空白，也从一个侧面体现了"水"是油橄榄产业提高产量的关键因素。

6. 国际橄榄油价格

价格与产量高度相关，受全球油橄榄鲜果价格影响，特级初榨橄榄油的价格也从2024年1月创纪录的8.988欧元/千克暴跌至2025年2月的3.933欧元/千克。而2021年、2022年的价格在3~4欧元/千克之间。显然，这对消费者是个好消息。

意大利巴里（Bari, Italy）、希腊哈尼亚（Chania, Greece）和西班牙哈恩（Jaén, Spain）是欧盟最具代表性的橄榄油市场，它们占了全球橄榄油产量的60%以上。这3个国家的价格（笔者认为是指出厂价），尤其是西班牙哈恩的价格，对其他生产国，尤其是它们打算出口的橄榄油的价格极具影响力。

从2011/2012年度到2023/2024年度的13年间，西班牙哈恩的特级初榨橄榄油有25%的时间价格低于每100千克236.1欧元，有25%的时间价格超过每100千克377.4欧元。这一时期的平均价格约为每100千克350.2欧元。最高价和最低价分别为每100千克902.5欧元（2024年1月15日）和174.3欧元（2012年2月13日）。图2-6中的最新价格为每100千克407.5欧元（2025年2月24日）。

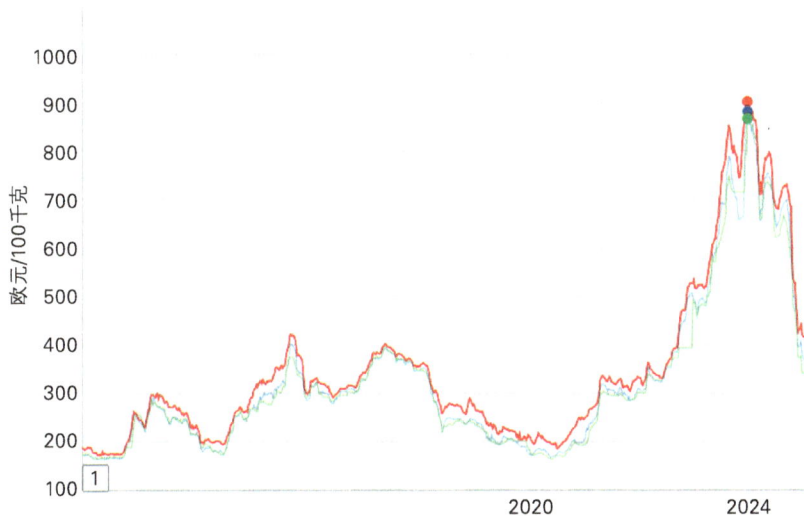

图2-6　西班牙哈恩橄榄油市场橄榄油价格日均线

7.标准体系

①橄榄油相关的国际标准化组织

国际食品法典委员会（Codex Alimentarius Commission, CAC）由联合国粮农组织（FAO）和世界卫生组织（WHO）共同创建并管理，是国际食品标准制定的核心机构。该委员会于1963年正式成立，旨在通过制定国际食品标准来保障消费者健康并促进公平贸易。CAC包括一般主题委员会（General Subject Committees）和商品委员会（Commodity Committees）两类分支机构，其中一般主题委员会有10个分支机构，负责跨领域、通用性议题的标准制定，商品委员会有16个分支机构，负责制定各种食品如谷物、油脂和乳制品等的标准和规范。总部位于意大利罗马，与FAO总部同址，负责协调全球食品相关标准的制定工作。CAC标准被世界贸易组织（WTO）认可为国际食品贸易的参考基准，对成员国无强制约束力，但广泛影响世界各国法规和标准的制定，也被视为解决食品贸易争端的科学依据。商品委员会下的油脂委员会（Codex Committee on Fats and Oils, CCFO）主要负责制定食用油脂及相关产品的国际标准，已经公布《橄榄油和油橄榄果渣油》（CXS33）、《指定的食用植物油标准》（CXS210）、《鱼油》等4项产品标准。

国际油橄榄理事会是世界上唯一一个将橄榄油和食用橄榄生产与消费利益相关者聚集在一起的国际政府间组织。1959年在联合国主持下，成立了国际橄榄油理事会（International Olive Oil Council, 简称IOOC），总部位于西班牙马德里，下设理事会、特别委员会、国际仲裁委员会、执行秘书处等，是国际油橄榄协定的执行与管理机构。2006年更名为国际油橄榄理事会，旨在实现油橄榄生产的现代化、协调油橄榄政策、加强国际贸易监管、保障油橄榄行业质量以及促进橄榄油和食用橄榄的消费。目前，IOC主要成员国为橄榄油及食用橄榄的主要生产国和消费国，截至2023年，主要成员国为阿尔巴尼亚、克罗地亚、塞浦路斯、法国、希腊、意大利、马耳他、黑山、葡萄牙、斯洛文尼亚、西班牙、阿尔及利亚、埃及、以色列、约旦、黎巴嫩、摩洛哥、突尼斯、土耳其、阿根廷、智利、乌拉圭等，欧盟作为整体参与部分合作，但成员国多为独立加入。

国际油橄榄理事会每年组织召开成员国大会（也是质量标准的年会）。这个大会是最高决策机构，是全球橄榄油行业的"风向标"，通过年度审议确保标准与时俱进，每年根据成员国和油橄榄产业情况对《橄榄油和油橄榄果渣油贸易标准》进行修订，研讨和确定油橄榄收获、运输过程的规程，橄榄油的制取和精炼等全产业链的技术标准和标识规则；努力协调国际食品法典委员会（CAC）的《橄榄油和油橄榄果渣油标准》与IOC《橄榄油和油橄榄果渣油贸易标准》趋于一致；探讨橄榄油溯源机制，研究感官评估方法；鼓励感官评定和认可的验证资质实验室不断改进和创新，积极吸纳消费国加入IOC。

②橄榄油和油橄榄果渣油的国际标准

CODEX STAN 33-1981《橄榄油和橄榄果渣油标准》：国际食品法典委员会制定了一系列的国际食品标准、指南和行为准则，其宗旨是保护消费者的健康，确保食品公平贸易。1981年，国际食品法典委员会（CAC）制定了供人类食用的橄榄油和橄榄果渣油的标准，目前CXS 33-1981最新版本是2021年修订的。该标准界定了橄榄油（olive oil）、初榨橄榄油（virgin olive oil）、特级初榨橄榄油（extra virgin olive oil）、普通初榨橄榄油（ordinary virgin olive oil）、精炼橄榄油（refined olive oil）等5种橄榄油和精炼油橄榄果渣油（refined olive-pomace oil）、油橄榄果渣油（olive-pomace oil）2种油橄榄果渣油的定义，规定了标准适用范围、基本成分和质量要求、食品添加剂要求、食品安全要求（真菌毒素、重金属、农药残留及卤化溶剂残留量）、卫生规范、标签、扦样及分析方法及附录等9项技术要素。标准的第3章基本成分和质量要求包括初榨橄榄油的感官特性（气味和滋味的感官评分）、脂肪酸组成、反式脂肪酸含量、甾醇总量及组成和三萜二醇（高根二醇和熊果醇）、蜡含量、实际与理论ECN42甘三酯含量差值、豆甾二烯、酸度、过氧化值、紫外吸光度（K270、Delta K）等技术指标。

标准的附录中列出了橄榄油和橄榄果渣油其他组成特性和质量指标。品质特性包括水分及挥发物、不溶性杂质、铜和铁微量金属元素、除初榨橄榄油之外的感官特性包括气味 、滋味 、色泽和透明度（20℃）；组成特性包括甘油三酯中 2-位饱和脂肪酸（棕榈酸与硬脂酸的总和）；化学和物理特性包括相对密度、皂化值、碘值、不皂化物、紫外吸光度（K232）；分析和扦样方法。

　　CAC制定的《橄榄油和油橄榄果渣油标准》设置的技术内容不仅全面包括了基本组成、物理化学特性、品质特性、质量指标和安全要求（见表2-5），而且采用引用的23项国际油橄榄理事会标准、ISO和AOCS标准分析方法，可以鉴别各种类别的橄榄油、油橄榄果渣油安全质量。

表2-5　CODEX STAN 33-1981《橄榄油和橄榄果渣油标准》

范围：本标准适用于供人类食用的橄榄油和橄榄果渣油。	
定 义	1.橄榄油包括初榨橄榄油（特级初榨橄榄油、 普通初榨橄榄油）、精炼橄榄油和混合橄榄油。 橄榄油是仅取自油橄榄树（*Olea europaea* L.）果实，不包括使用溶剂浸提或再酯化处理获得的油脂或其他种类的混合油。 ①初榨橄榄油：在一定条件下，特别是在温和的条件下，油橄榄鲜果仅经过清洗、滗析、离心和过滤等机械或其他物理手段处理得到的、未改变油脂性质的油品。 特级初榨橄榄油：初榨橄榄油游离酸的含量，以油酸计，不超过0.8g/100g，其他特性应符合该类别的相关规定。 初榨橄榄油：初榨橄榄油游离酸的含量，以油酸计，不超过2.0g/100g，其他特性应符合该类别的相关规定。 普通初榨橄榄油：初榨橄榄油游离酸的含量，以油酸计，不超过3.3g/100g，其他特性应符合该类别的相关规定。 ②精炼橄榄油：由初榨橄榄油通过精炼得到的不改变初始甘油结构的橄榄油。精炼橄榄油游离酸的含量，以油酸计，不超过0.3g/100g，其他特性应符合该类别的相关规定。 ③橄榄油（混合橄榄油）：由精炼橄榄油和初榨橄榄油组成的适合人类食用的混合油。橄榄油游离酸的含量，以油酸计，不超过1g/100g，其他特性应符合该类别的相关规定。 2.油橄榄果渣油包括精炼油橄榄果渣油、混合油橄榄果渣油。 橄榄果渣油是采用除卤化溶剂之外的溶剂对油橄榄果渣的浸出，提取油脂或通过其他物理手段处理得到的油类，不包括通过再酯化处理或与其他油类混合得到的油类。 ①精炼橄榄果渣油：由粗提橄榄果渣油通过精炼得到的不改变初始甘油结构的油类。精炼油橄榄果渣油游离酸的含量，以油酸计，不超过0.3g/100g，其他特性应符合该类别的相关规定。 ②油橄榄果渣油（混合油橄榄果渣油）：由精炼油橄榄果渣油和初榨橄榄油组成的混合油。混合油橄榄果渣油游离酸的含量，以油酸计，不超过1g/100g，其他特性应符合该类别的相关规定。

续表

基本成分和质量指标	感官评分（气味和滋味）	果味特征中值：特级初榨橄榄油、初榨橄榄油和普通初榨橄榄油Me > 0 缺陷中值：特级初榨橄榄油Me = 0，初榨橄榄油0 < Me ≤ 2.5 普通初榨橄榄油2.5 < Me ≤ 6.0		

基本成分和质量指标	橄榄油和油橄榄果渣油13种脂肪酸组成的范围（%） 　　　　C14：0　　0.0 – 0.05 　　　　C16：0　　7.5 – 20.0 　　　　C16：1　　0.3 – 3.5 　　　　C17：0　　0.0 – 0.3 　　　　C17：1　　0.0 – 0.3 　　　　C18：0　　0.5 – 5.0 　　　　C18：1　　55.0 – 83.0 　　　　C18：2　　3.5 – 21.0 　　　　C20：0　　0.0 – 0.6 　　　　C20：1　　0.0 – 0.4 　　　　C22：0　　0.0 – 0.2 　　　　C24：0　　0.0 – 0.2			
	反式脂肪酸（%）	初榨橄榄油	橄榄油 精炼橄榄油	油橄榄果渣油 精炼油橄榄果渣油
	C18：1T	0.0 – 0.05	0.0 – 0.20	0.0 – 0.40
	C18：2 T+C18：3T	0.0 – 0.05	0.0 – 0.30	0.0 – 0.35

甾醇（甾醇组成及总量）和三萜二醇（高根二醇和熊果醇），豆甾二烯含量的范围：
①橄榄油（包括初榨橄榄油、精炼橄榄油和混合橄榄油）甾醇总量 ≥1000 mg/kg
②橄榄油中甾醇和三萜烯二醇（高根二醇和熊果醇）组成（单位：占甾醇总含量的百分数）其中：
胆甾醇≤0.5%，菜籽甾醇≤0.1%，菜油甾醇≤4.0%，豆甾醇＜菜油甾醇，–7–豆甾烯醇≤0.5%，β–谷甾醇+–5–燕麦甾烯醇+–5–23–豆甾二烯醇+赤桐甾醇+谷甾烷醇+–5–24–豆甾二烯醇的总和 ≥93.0。
③橄榄油中高根二醇和熊果醇含量（单位：占甾醇总含量的百分数）≤4.5%。
④特级和优级初榨橄榄油中豆甾二烯含量≤0.05 mg/kg，普通初榨橄榄油中豆甾二烯含量≤0.10 mg/kg。

蜡含量：初榨橄榄油≤ 250mg/kg，橄榄油、精炼橄榄油≤ 350mg/kg，
　　　精炼油橄榄果渣油和油橄榄果渣油> 350mg/kg

实际与理论ECN42甘三酯含量差值的最大量：初榨橄榄油0.2，橄榄油、精炼橄榄油0.3，油橄榄果渣油0.5

酸价的最大量：特级初榨橄榄油0.8g/100g，初榨橄榄油2.0g/100g，普通初榨橄榄油3.3g/100g，精炼橄榄油0.3g/100g，混合橄榄油1.0g/100g，
精炼油橄榄果渣油0.3g/100g，混合油橄榄果渣油1.0g/100g。

续表

附录	品质特性：水分及挥发物、不溶性杂质、过氧化值、铜和铁微量金属元素，除初榨橄榄油之外的感官特性包括气味、滋味、色泽和透明度（20℃）、紫外吸光度（K270、ΔK和K232）； 组成特性：甘油三酯中2-位饱和脂肪酸（棕榈酸与硬脂酸的总和）； 物理、化学特性：相对密度、皂化值、碘值、不皂化物。	
食品添加剂	初榨橄榄油产品不允许使用任何添加剂。精炼橄榄油、橄榄油、精炼油橄榄果渣油和油橄榄果渣油允许添加α-生育酚，但最终的浓度不得超过200mg/kg。	
污染物	应符合《食品和饲料中污染物和毒素通用标准》（CODEX STAN 193—1995）规定的最高限值。规定了毒素、农药残留、卤化溶剂残留量（单种卤化溶剂的最高含量、所有卤化溶剂总量的最高含量）的最高限值。	
卫生规范	1.《国际食品卫生通则》（CAC/RCP 1—1969, Rev.3—1997）相应部分； 2. 微生物指标执行食品微生物标准（CAC/GL 21—1997）。	
标签	应遵循《预包装食品标识通用标准》。在任何情况下，"橄榄油"这一名称都不能用在油橄榄果渣油产品上。	
取样和分析方法: 引用了24项分析及扦样方法标准，其中扦样标准1项，分析方法标准23项，均为IOC、ISO和AOC标准方法。		

COI/T.15《橄榄油和油橄榄果渣油贸易标准》是由IOC的化学和标准化委员会负责制定的与橄榄油产品相关的质量指标、检验方法、认证和标签等标准，是全球橄榄油行业最权威的参考依据。这些标准旨在改进质量控制，以提高橄榄油、橄榄果渣油和食用橄榄国际市场的透明度，进而促进消费。标准中的指标和限量值的定期更新是依据成员国的科研机构（如林业、农业、食品、营养学等领域）对橄榄油成分、品质等的研究成果，生产工艺革新和检测技术的升级，推动标准中的理化指标、感官评价等科学化。

目前，橄榄油和橄榄果渣油的最新版贸易标准（COI/T.15/NC No 3/Rev.19—2022）是于2022年11月通过的。该标准规定了标准的适用范围，以及目前在国际上交易的6种橄榄油（Virgin olive oils-Extra virgin olive oil、Virgin olive oil、Ordinary virgin olive oil、Lampante virgin olive oil、Refined olive oil、Olive oil composed of refined olive oil and virgin olive oils）和3种橄榄果渣油（Crude olive pomace oil、Refined olive pomace oi、Olive pomace oil composed of refined olive pomace oil and virgin olive oils）的定义、纯度要求、质量要求、食品添加剂和食品安全要求（重金属、农药残留和卤化溶剂残留量）、卫生规范、包装、灌装、标签、扦样及分析方法等11项技术要素。其中，纯度要求包括脂肪酸组成、反式脂肪酸、甾醇（甾醇组成及总量）和三萜二醇（高根二醇和熊果醇）、蜡含量、实际与理论ECN42甘三酯含量差值、豆甾二烯、甘三酯–2位饱和脂肪酸（棕榈酸和硬脂酸之和）含量、不皂化物等8项技术指标；质量要求包括气味、滋味、感官评分、色泽、透明度、酸度、过氧化值、紫外吸光度（K270、Delta K、K232）、水分及挥发物、不溶性杂质、闪点、铜、铁、脂肪酸乙酯、酚类含量等15项技术指标，具体如表2–6所示。

表2–6　COI/T.15《橄榄油和油橄榄果渣油贸易标准》主要内容

范围：本标准适用于国际间互惠贸易或食品援助贸易的橄榄油和油橄榄果渣油。			
橄榄油及相关产品定义	橄榄油是指以油橄榄 (*Olea europaea* L.)树的果实为原料，排除用溶剂浸提或重酯化过程获得的油，不应掺杂其他油类，浸提或再酯化处理获得的油脂或其他种类的混合油。	初榨橄榄油是采用机械压榨等物理方式直接从油橄榄树果实中制取的油品。在榨油过程中温度等外界因素不应引起油脂成分的改变。仅可采用清洗、倾析、离心或过滤工艺对原料进行处理。包括①可直接食用的初榨橄榄油和②不适合直接食用的初榨橄榄油。	
		①可直接食用的初榨橄榄油	特级初榨橄榄油：初榨橄榄油其游离酸含量，以油酸表示，每100g油中不超过0.8g，且其他理化指标和感官特性符合本标准规定的范围。 初榨橄榄油：初榨橄榄油其游离酸含量，以油酸表示，每100g油中不超过2g，且其他理化指标和感官特性符合本标准规定的范围。 普通初榨橄榄油：初榨橄榄油其游离酸含量，以油酸表示，每100g油中不超过3.3g，且其他理化指标和感官特性符合本标准规定的范围。
		②不适合直接食用的初榨橄榄油	初榨油橄榄灯油指初榨橄榄油其游离酸含量，以油酸表示，每100g油中超过3.3g，且其他理化指标和感官特性符合本标准规定的范围。该油主要用做精炼或其他技术用途。
		精炼橄榄油：由初榨橄榄油通过精炼得到的不改变初始甘油结构的橄榄油。精炼橄榄油游离酸的含量，以油酸计，不超过0.3g/100g，且其他理化指标和感官特性符合本标准规定的范围。	
		橄榄油（混合橄榄油）：由精炼橄榄油和初榨橄榄油组成的适合人类食用的混合油。橄榄油游离酸的含量，以油酸计，不超过1g/100g，且其他理化指标和感官特性符合本标准规定的范围。	

油橄榄果渣油及产品定义	油橄榄果渣油是采用溶剂浸出或其他物理方式从油橄榄果渣中获得的油品，不包括通过再酯化处理或与其他油类混合得到的油类。	油橄榄果渣油可根据下列名称和定义进行市场交易。
		粗提油橄榄果渣油：主要用做精炼后食用或其他技术用途油橄榄果渣油的原料，其理化指标符合本标准规定的范围。
		精炼油橄榄果渣油：以粗提橄榄果渣油为原料，通过精炼得到的不改变初始甘油结构的油类。精炼油橄榄果渣油游离酸含量，以油酸计，不超过0.3g/100g，且其他特性应符合本标准规定的范围。
		油橄榄果渣油（混合油橄榄果渣油）：由精炼油橄榄果渣油和可直接使用的初榨橄榄油组成的混合油。混合油橄榄果渣油游离酸的含量，以油酸计，不超过1g/100g，且其他特性应符合本标准规定的范围。此混合油在任何情况下都不能称作"橄榄油"。

橄榄油和油橄榄果渣油13种脂肪酸组成的范围，见表2-5。

反式脂肪酸（%）	初榨橄榄油	橄榄油精炼橄榄油	油橄榄果渣油 精炼油橄榄果渣油
C18:1T	0.0~0.05	0.0~0.20	0.0~0.40
C18:2 T+C18:3T	0.0~0.05	0.0~0.30	0.0~0.35

纯度要求

甾醇（甾醇组成及总量）和三萜二醇（高根二醇和熊果醇），豆甾二烯含量的范围见表2-5。

蜡含量，见表2-5。

豆甾二烯

甘三酯-2位饱和脂肪酸（棕榈酸和硬脂酸之和）含量见表2-5。

实际与理论ECN42甘三酯含量差值的最大量：初榨橄榄油0.2，初榨油橄榄灯油、混合橄榄油和精炼橄榄油0.3，粗提油橄榄果渣油0.6，精炼油橄榄果渣油和混合油橄榄果渣油0.5

不皂化物

质量要求

感官评分（气味和滋味）：果味特征中值：特级初榨橄榄油、初榨橄榄油和普通初榨橄榄油Me> 0
缺陷中值：特级初榨橄榄油Me = 0，初榨橄榄油0 <Me≤ 2.5
普通初榨橄榄油2.5 <Me≤ 6.0

酸度

过氧化值

紫外吸光度（K270、Delta K、K232）

水分及挥发物

不溶性杂质

闪点

续表

质量要求	金属元素（铜、铁）
	脂肪酸乙酯
	酚类含量
食品添加剂	规定了初榨橄榄油不允许使用任何添加剂，允许在精炼橄榄油、橄榄油、精炼油橄榄果渣油和油橄榄果渣油添加α–生育酚，但最终产品中α–生育酚的浓度不得超过200mg/kg。
污染物	卤化溶剂 每种卤化溶剂的最高含量 0.1mg/kg 所有卤化溶剂总和的最高含量 0.2mg/kg
卫生规范	本标准条款所涉及产品的制备和处理应符合《食品卫生总则》（CAC/RCP 1–1969）相应条款，以及其他包括卫生操作规范和守则在内的法典文本。产品应符合《食品微生物标准制定与实施原则和准则》（CAC/GL 21–1997）设定的各项微生物学标准。
包装	按照《国际推荐操作规范–食品卫生总则》(CAC/RP 1–1969, Rev.3–1997) 的有关部分以及《卫生操作规范》和《操作规范》等其他法典委员会有关规范文本在容器中进行包装。 可使用的容器包括： ①适于橄榄油、油橄榄果渣油批量运输的罐、瓮、桶； ②质地优良、密封性能好、内部涂有适合的清漆的金属桶； ③全新的、密封的，内部涂有适合的清漆的金属听和罐； ④细口瓶、玻璃瓶和适合的高分子材料制的瓶。
容器灌装限制	当容器容量大于 >1L时，橄榄油、油橄榄果渣油的容量必须至少达到容器容量的90%； 而当容器容量小于≤ 1L时，橄榄油、油橄榄果渣油的容量必须至少达到容器容量的80% (容器容量等于20℃时盛满蒸馏水的体积)。
标签	1.每个集装箱上的标签应标明所装产品的具体名称（即分类名称），并在各方面均符合本标准的有关规定。 ①直接销售给消费者的容器标签要求：橄榄油产品名称要求，包括特级初榨橄榄油、初榨橄榄油、普通初榨橄榄油、精炼橄榄油混合橄榄油。橄榄渣油的名称要求，包括精炼油橄榄渣油、混合油橄榄渣油。 ②其净含量应按体积标识并在公差范围中。 ③还应标明制造商的名称和地址，包装商、分销商、进口商、出口商或销售商的名称和地址。 ④原产国要求，如产品在第二个国家进行大量加工，进行加工的国家应视为标签原产国。 ⑤原产地的地理标志和名称要求，一是初榨橄榄油是专门在上述国家、地区或地方生产、包装和原产的标签可以注明其产品的地理标志。二是特级初榨橄榄油的标签，可根据其起源国所规定的条款获得并授予原产地名称(国家、地区或地方)时，这个特级初榨橄榄油原产地名称，只是在上述国家、地区或地方生产、包装及原产地名称。 ⑥批次号，生产日期和储存条件标识规定。 2.运输要求，食用油运输包装除了在注明的要求和细节之外，还应包括数量和类型的容器包装。 3.允许大量运输橄榄油和橄榄油的集装箱，每个容器上的标签应包括：产品名称、净内容、申报制造商、经销商或出口商的名称和地址、应申报出口国名称。

　　国际油橄榄理事会（IOC）每年收获期既要对主产区的油橄榄鲜果的亩产量和总量进行统计和测评，也要对当年限定的时间内生产的初榨橄榄油进行评价，IOC的成员国和其他油橄榄种植地的橄榄油加工企业均可参加。生产的特级初榨橄榄油产品在完成质量安全指标检测并达到法定标准的前提下，再进行IOC官方认证的感官评审小组的测试。

　　品尝小组需要在特定的环境里，使用专业的品评工具对橄榄油进行品评。经过感官评审小组评定为特级初榨橄榄油的样品，须在IOC验证资质实验室或总部的样品室、冷藏室（应保持8℃以下）储存。IOC组织的感官评审小组评定的结果仅仅对送来的橄榄油样品负责，不能代表整个加工企业的商品初榨橄榄油。

图2-7　初榨橄榄油品尝实验室

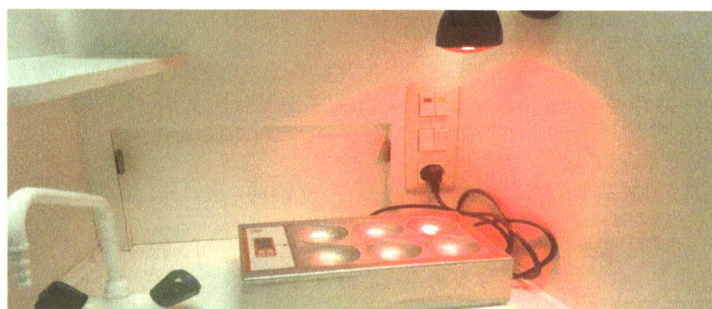

图2-8　初榨橄榄油品尝实验台和专用设备

图2-9　在8℃的冷藏室中储存的品尝前后的初榨橄榄油样品

IOC制定的标准是贸易标准,由成员理事会协商一致通过,成员理事会成员国将这些标准引入各国法规中以便标准实施。这些标准旨在改进质量控制,以提高橄榄油、橄榄果渣油和食用橄榄国际市场的透明度,进而促进消费。标准中的限量值根据专家组和其他标准化机构进行的研究和环形测试的结果定期进行更新。

8. 技术创新

①人工智能的利用(AI)

当前,AI一词的热度极高,油橄榄界也不例外。在国外,油橄榄科技工作者已经使用AI为产业服务。

特级初榨橄榄油真实性的检测:2022年,意大利的一个研究团队设计出了一种确定特级初榨橄榄油真实性的新方法。他们的研究发表在《食品化学》杂志上,详细介绍了这种方法,包括训练人工智能根据特级初榨橄榄油的酚类化合物和甾醇,来识别橄榄油的来源。研究人员对来自意大利西北部利古里亚(Liguria)的塔吉亚斯卡(Taggiasca Ligure)特级初榨橄榄油进行了判定,准确率达100%。

确定最佳采收期:西班牙安达卢西亚的研究人员表示,他们正在开发一种新工具,可利用人工智能来确定橄榄果最佳采收期。研究橄榄油技术的非营利性组织西托利瓦(Citoliva)表示,估计将在两年内,人工智能设备投入商业使用,新技术将使农民能够准确预测油橄榄鲜果的最佳采摘期,而无需重复前往橄榄园采样耗费时间,该组织相信基于人工智能的预测模型可以提高产量，降低生产成本。

功能成分开发利用：大脑内及其周围蛋白质的异常积累是阿尔茨海默病的主要特征之一，到2050年，因为老年人数量的增加，以及饮食和生活方式的不良，老年痴呆症的发病率将增加两倍。2023年，《人类基因组学》杂志上的报道说，利用机器学习算法，在特级初榨橄榄油中鉴定出了10种化合物，它们似乎与已知的药物类似，可以对抗大脑中菌斑块的形成，这些化合物，可以预防和治疗阿尔茨海默病。来自耶鲁大学公共卫生学院、伦敦帝国理工学院和雅典大学的研究人员表示，他们已利用人工智能对特级初榨橄榄油可能有助于预防和治疗阿尔茨海默病开展了研究，这些化合物可能会成为未来临床研究的主题。

②可持续性方面

原产地具有战略眼光的专家越来越关注温室效应、经营管理模式对有着数千年栽培历史的油橄榄种植区的影响。

案例一：

欧洲土壤—油橄榄项目，由欧盟资助，主要研究诸如集约化农业实践、土地退化、生物多样性丧失和功能减退等挑战，旨在通过各种多学科和跨学科的项目来解决这些挑战。

该项目将评估地中海主要橄榄生产地区大规模橄榄林土壤的环境状况。项目团队研究污染和土地退化如何影响橄榄林土壤，调查土壤健康与橄榄油质量和安全之间的联系，实施有效的土壤改良和生态恢复措施，并为健康的欧洲橄榄园建立严格的生态阈值。为顺利完成项目任务（共7个任务包），在国际油橄榄理事会和欧盟联合研究中心（JRC）支持下，项目团队成立了国际高级学术联盟，汇集来自多个研究领域的研究人员，如环境科学、生物科学和生态学、农业和林业，除西班牙哈恩大学（University of Jaen）的油橄榄和橄榄油研究系（the Olive and Olive Oil Research Department）外，来自葡萄牙、意大利、希腊、波兰、德国、瑞士和摩洛哥的数10个研究机构也参与了该项目。

项目已经完成了第一阶段任务，在对来自西班牙、希腊、葡萄牙、意大利和摩洛哥的52个农场的500多个土壤样本进行了分析后,对地中海橄榄林进行了土壤诊断。结果显示,土壤健康的关键指标是"可以改善的土壤图",特别是在土壤紧实度、铜积累、侵蚀率、有机质含量、肥力和土壤呼吸等方面,这代表了土壤中所包含的生物多样性。同时,研究人员选择利用生物炭(一种由橄榄树林的生物质残留物生产的高质量木炭)与菌根(荷兰一家公司提供的接种物含有丛枝菌根真菌的活孢子,与大多数植物的根建立有益的共生关系)的协同作用改善土壤结构和提高植物对干旱等非生物胁迫的抵抗力。这项研究的结果将为制定橄榄园可持续管理战略提供有价值的信息,以改善土壤健康状况、作物生产力和盈利能力。

项目的下一个阶段旨在提供解决方案,以改善橄榄园土壤的状况,推动使用生物炭、堆肥或接种微生物,如丛枝菌根真菌等微生物。

案例二:

植物生长需要17种基本元素,但冯·李比希确定了3个最重要的元素——氮、磷和钾。虽然这3种必需营养素和其他14种营养素都是通过生物过程在土壤中自然存在并产生的,但它们的含量和存在的形态是土壤肥力的限制因素。施用氮磷钾肥打破了这些限制,但产生了许多意想不到的后果。这些肥料的重复施用意味着作物可以年复一年地在同一块土地上生长。然而,自然生态系统却退化了。

集约化农业消除了以前存在的植物根系和土壤微生物之间的共生关系。再加上气候变化的影响,这种不平衡导致自1990年以来全球昆虫数量减少了25%。生物多样性的丧失,加上施用氮磷钾肥的作物中营养物质的非自然含量,导致了害虫的增加和益虫的减少。

联合国粮农组织估计,全球农作物产量的40%——价值约2900亿美元——因虫害而损失,由于气候变化,这一问题预计将恶化10%~25%。

一些研究发现,与传统橄榄园相比,这些橄榄园会对生物多样性产生负面影响,从而影响土壤健康状况。

哈恩大学专门研究油橄榄种植的农业研究员罗伯托·加西亚·鲁伊斯

（Roberto García Ruiz）说：许多高密度和超高密度橄榄园的种植者——据估计高达90%——尝试在橄榄树行之间种植自然植被，并取得了不同程度的成功。

地中海盆地是气候变化的热点地区之一，而油橄榄树是该地区面临风险最大、潜在风险最大的作物之一。联合国估计，1立方米的土壤可以储存超过250升的水，并指出，在海洋之后，土壤是最大的碳储存区，因此，恢复它是至关重要的，因为它能够确保粮食安全。

来自安达卢西亚农业和渔业研究与培训研究所（IFAPA）以及格拉纳达大学的数据显示，安达卢西亚约有495400公顷的橄榄林，种植在坡度超过20%的斜坡上，占该地区总橄榄林面积的29.6%。陡峭的地形、海拔差异大和不易抵达是陡坡橄榄林的主要特征。陡坡橄榄林往往存在土壤质量差、营养物质缺乏的缺点，导致农民每年都要施肥。

研究人员评估了分布在西班牙最重要的橄榄种植区的6种栽培系统——有机土壤耕作、有机自然覆盖、传统的、传统且免耕、已废弃和正在废弃中的，揭示了其生态足迹。他们还对植被群落和鳞翅目（包括飞蛾和蝴蝶在内的）昆虫的生物多样性进行了深入、详细的评估，发现传统的耕作方式更具侵蚀性，并导致土壤退化。相反，以种植保护性植被覆盖为特征的生态学方法，在生态系统健康和橄榄林的盈利能力方面都取得了最好效果。

与原产地相比，我国的油橄榄产业尚在初级阶段。但我们应把这个产业做成良性运作、优质高效的产业。未雨绸缪，我们需要站得更高，看得更远。

二、与茶油行业比较分析

油茶是我国特有的木本油料树种，栽培历史约2000年。油茶的种子可榨油，是优质高端的食用油。据《中国林业和草原统计年鉴》统计，2022年、2023年我国油茶林面积分别为6802.55万亩、7219.61万亩，油茶籽产量分别为294.62万吨、336.96万吨，茶油产量分别为64.92万吨、76.37万吨。我国南方百姓长期食用茶油，是无可替代的主要食用油之一。在政府推动和市场需求的双向拉动下，我国的油茶产业呈现快速发展态势。2023年比2022年，面积增加6.1%，油茶籽产量增加14.4%，茶油产量增加17.6%。

茶油的脂肪酸成分与橄榄油相似，但前者是种子油，后者是果肉油；前者加工时需加热，后者则是在室温下提取的。这决定了各自的特性，两者营养成分不同，口感不同，保质期不同，可以预见食用效果也会不同。目前，尚未见这方面的研究报告。

三、与棕榈油、大豆油行业比较分析

棕榈油是从油棕树上棕榈果中压榨出来的油脂。油棕树原产于非洲，为多年生植物，四季开花结果，常年可收获，一般种植后2~3年可开始收获，经济寿命可达二三十年。油棕是目前世界上产油效率最高的植物，每公顷可生产约4吨油脂，单产是油橄榄的4倍、大豆的8倍左右。

棕榈油是世界上消费量最大的植物油之一，2024年全球产量在8000万吨左右。每年我国消费约600万吨，因为国内没有量产，几乎都依靠进口，即对外依存度为100%。

我国是全球最大的油料油脂生产国，是全球最大的食用植物油消费国，产销均居世界第一。国家粮油信息中心的数据显示，2022/2023年度我国食用油的食用消费量为3678万吨，工业及其他消费量为418万吨，植物油总消费量为4096万吨，大豆油占总消费量的约40%，是第一大油品，消费量为1620万吨。据海关总署统计，2015—2024年我国大豆油的平均对外依存度为87%。2023年、2024年我国分别进口大豆10172万吨、10504万吨。虽然我国大力扶持国产大豆，目前年产已超2000万吨，但迫于耕地红线限制等因素，难以改变大局。当前我国橄榄油的对外依存度为80%左右，具有大幅降低对外依存度的潜力。

2023年，我国食用植物油人均年消费量为29.1千克，超过全球平均的26.2千克。相比之下，日本为21千克，印度为16.8千克，俄罗斯为26.0千克，美国为56.7千克，墨西哥为24.5千克，欧盟为21千克。人均消费水平高虽反映出我国居民的生活水平不断提高，但也反映了摄入过量的问题。今后，我们应立足满足人民群众多元化、营养化、个性化的消费需求来发展食用油产业，橄榄油是个极好的选择。

油橄榄主要种植在丘陵、山地，不与粮食争夺有限的耕地。橄榄油被尊为"植物油皇后"，品质超群，正契合当前乃至今后食用油市场追求质优、限量的趋势。因此，我们建议将其视为"战略资源"来发展。

第三章

油橄榄产业发展
重点区域

油橄榄作为世界著名亚热带木本油料植物，其鲜果榨取的橄榄油被誉为"液体黄金""植物油皇后"，对助力国家粮油安全、优化食用油供给结构、促进山区林区群众稳定增收意义重大。中国引种油橄榄60余年，经历了引种试验、示范推广、产业开发和创新驱动四个阶段。近年来，在习近平生态文明思想指引及多方支持参与下，适生区各级党委、政府加大政策支持，强化各环节工作，产业发展成效显著。甘肃白龙江等沿岸低山河谷区、云南和四川的金沙江干热河谷地带等地，因独特地理气候条件，已成为油橄榄产业发展的重点区域，有望推动我国油橄榄产业迈向新高度。

第一节　甘肃

一、政策资金支持

（一）出台政策

自20世纪70年代油橄榄入甘以来，近50年的发展历程中经历了引种试验（1975—1988年）、示范推广（1989—1995年）、产业开发（1996—2010年）和创新驱动（2010—2024年）四个阶段。实践证明，陇南山地是中国油橄榄的最佳适生区之一，已成为全国橄榄油核心产区。历届甘肃省委、省政府始终高度重视油橄榄产业发展，将其纳入全省经济社会发展与生态保护修复大局，高位推动。在国家有关部门支持下，全省坚定扛起生态保护与产业发展的政治责任，为油橄榄产业发展注入强大动力。

2024年，《中共甘肃省委、甘肃省人民政府关于学习运用"千村示范、万村整治"工程经验　有力有效推进陇原乡村全面振兴的实施意见》中明确指出，强化粮食和重要农产品供给保障，要稳定油菜籽、胡麻、油橄榄等种植面积。

2024年1月5日，中共陇南市委办公室、陇南市人民政府办公室印发了《陇南市13条产业链2024年工作方案的通知（油橄榄产业链）》（陇办发〔2024〕1号），制定了油橄榄产业发展年度目标、分解了工作任务、确定了责任单位。

2024年6月，陇南市制定印发了《陇南市贯彻落实甘肃省油橄榄产业发展规划（2024—2033年）任务分工方案》。

（二）资金保障

为了保障产业资金投入，甘肃省于2024年组织12家油橄榄企业申报特色山地农业引导发展资金249.5万元、中央财政林业贴息资金626.6万元，撬动民间投资2.95亿元。

（三）编制规划

2024年1月18日，国家林草局规划院在北京召开了《甘肃省油橄榄产业发展规划（2024—2033年）》专家论证会，该规划2024年3月18日由甘肃省发改委印发，提出到2033年，全省油橄榄种植面积稳定在130万亩左右，油橄榄鲜果年产量达到20万吨，初榨橄榄油年产量达到2.5万吨，油橄榄综合产值突破100亿元。油橄榄一二三产深度融合、三链同构，实现生产基地规模化、产品加工精深化、自主品牌名优化、产业水平国际化的目标。

二、基地建设

（一）全省基地建设情况

2024年，甘肃省油橄榄种植面积达到117.35万亩（挂果面积64万亩、盛果期22万亩），约占全国种植总面积的55%，年鲜果产量、产油量、惠及农户数量和综合产值均位居全国首位，甘肃省成为中国油橄榄主要种植区和橄榄油核心产区之一。种橄榄树、采橄榄果、榨橄榄油、酿橄榄酒、品橄榄茶、吃橄榄菜，已成全省油橄榄产业发展的新业态，经济、生态和社会效益显著。

全省的油橄榄主要种植在南部的陇南市和甘南州舟曲县，主要分布在白龙江流域、白水江流域、嘉陵江流域和西汉水流域（以下简称"三江一水"）。2000年以前，陇南只有武都区种植了油橄榄，2001年油橄榄种植区沿白龙江河谷向西北扩展到宕昌县沙湾镇，向东南扩展到文县。在甘肃省星火计划项目

《陇南市油橄榄扩区驯化试验研究与示范推广》支持下，油橄榄种植区域向西汉水流域的礼县、西和县、成县、康县等县拓展，特别是实施油橄榄三年倍增行动计划以来，全省油橄榄种植基地规模快速扩大，新造油橄榄面积连年超过5万亩，仅武都区、文县、宕昌县3县区种植面积达到92.23万亩，占全省总面积的87.9%。全省油橄榄种植面积大于2万亩的乡镇有1个，种植面积在1.5万~2万亩的乡镇有3个，种植面积在1万~1.5万亩的乡镇有4个，种植面积在0.5万~1万亩的乡镇有5个，种植面积在0.5万亩以下的乡镇有34个。

1. 白龙江流域产业带

本区包括陇南市武都区、文县、宕昌县和甘南州舟曲县4县（区）46个乡（镇）的白龙江干流及支流海拔1600米以下的河谷、半山地带，是全省主要的油橄榄种植区和橄榄油产区。近些年，该区挖掘新增油橄榄种植面积的潜力，以油橄榄为主要树种，实施白龙江干流及北峪河、福津河、拱坝河等流域荒山荒坡绿化，持续扩大油橄榄基地面积，推进流域水土流失综合治理。技术上大力推广高接换优、综合管理技术，加强低产园改造，建设丰产园。合理布局早、中、晚实品种。配备有小型采果机、旋耕机、刨盘施肥一体机、割草机和山地单轨运输机等机械设备。

2. 白水江流域产业带

本区包括陇南市文县13个乡（镇）的白水江干流及支流海拔1600米以下的河谷、浅山、低山地带。该区适宜种植油橄榄的荒山荒坡面积较大，光热水资源丰富，油橄榄发展潜力大。该区以扩大油橄榄种植规模，推进重点乡镇规模化种植基地建设为重点，大力推广'莱星''科拉蒂''皮瓜尔''鄂植8号'等高抗丰产良种及'柯基''豆果'等早实丰产优良品种。

3. 西汉水流域产业带

本区包括武都区、成县、康县、西和县、礼县5县（区）27个乡（镇）的西汉水干流及支流海拔1400米以下的河谷、浅山丘陵、低半山地带。随着油橄榄种植逐步向西汉水流域拓展，本区已成为全省重要的油橄榄种植扩面区。该区属大陆性季风气候，受暖湿东南季风和西南季风相互影响，气候温和，雨量充沛，推广'莱星''科拉蒂''皮瓜尔''鄂植8号'等高抗丰产良种,油果用与叶用品种合理配置,推行丰产栽培技术,加强水肥管理、树体经营、花果培管和病虫害防治,促进开花挂果,增加油橄榄资源总量。

4. 嘉陵江上游产业带

本区包括徽县3个乡(镇)的嘉陵江干流海拔1300米以下的河谷、浅山丘陵、低半山地带。该区油橄榄种植的适宜性相对较差。现有油橄榄种植面积小,仍处于驯化试验阶段。

(二)重要科研基地

1. 武都区两水镇大湾沟油橄榄示范基地

武都区两水镇大湾沟油橄榄示范基地是我国第一个国家级标准化油橄榄栽培丰产示范园,是我国油橄榄发展史上的里程碑。1988年,中国林科院油橄榄专家徐纬英、邓明全等在陕西汉中考察油橄榄发展时,意外发现武都县生产的油橄榄果送至陕西汉中榨油,并且出油率高,油品质量好,于是她们组成专家组深入武都白龙江沿岸进行实地考察论证,最后确定武都白龙江沿岸1300米以下为全国油橄榄最佳适生区。经徐纬英、张崇礼、邓明全等专家向国家计委汇报争取,1989年,国家计委下达"发展甘肃武都油橄榄生产"项目——中国林科院徐纬英、邓明全等提供项目技术支撑,陇南市武都县人民政府负责项目实施,项目建设地点位于武都区两水镇大湾沟,建设了我国第一个国家级标准化油橄榄栽培丰产示范园,总面积104亩,共栽植'佛奥''莱星''皮削利''皮瓜儿'等18个品种和实生品系2500株。为切实加快示范园建设,夯实技术支撑基础,提高工作效率,1990年,武都县政府组建了武都县油橄榄工作站,具体负责油橄榄引种试验、科技创新、技术推广等工作。通过引进和推广国外先进智力技术成果、承担国家油橄榄科研课题、强化科技创新等项目的实施,筛选认定省级油橄榄良种6个,国家级油橄榄良种2个,推广实用技术18项,总结出了一套科学合理的栽培管理技术,培养了一批产业发展亟需的技术骨干队伍,为全区乃至全市的油橄榄基地建设起到了示范与支撑作用,先后获得"中国油橄榄之乡""中国地理标志保护产品""国家引才引智示范基地""国家油橄榄林木良种基地""全国科普惠农先进单位""全国油橄榄标准化示范基地"等荣誉称号。

经过30多年的发展，武都区大湾沟油橄榄示范园的"星星之火"不仅将油橄榄树种活，而且选育出了符合国内发展、推广的高产油橄榄良种，同时压榨出了符合国际油橄榄理事会标准的高质量特级初榨橄榄油。曾经的泥石流沟道变成了绿油油的橄榄林，荒山也绿了，实现了经济效益和生态效益双赢。武都区油橄榄产业的发展还推动了陇南，乃至四川、云南、重庆等地正在逐步形成的油橄榄产业发展的"燎原"之势。武都区已成为国内油橄榄品种选育、技术研发、标准制定、人才培训、对外合作交流的重要基地和桥梁，也为国际油橄榄界了解中国作出了特殊贡献。

2. 甘肃省林业科学研究院油橄榄科研基地

甘肃省林业科学研究院油橄榄科研基地位于陇南市武都区两水镇段河坝村，总面积为1388.74亩，于2020年被认定为油橄榄育种及栽培国家长期科研基地。基地运行有"油橄榄国家林木种质资源库""国家林业草原油橄榄工程技术研究中心""甘肃省油橄榄工程技术研究中心""油橄榄栽培及加工甘肃省国际科技合作基地""甘肃省油橄榄良种繁育及丰产栽培科技特派员创新创业示范基地"等平台。

基地建设以"大地增绿、农民增收"为目标，坚持"面向需求、立足科研、开放共享、服务生产"的原则，围绕油橄榄产业发展中遇到的突出问题，以资源收集、保存为基础，开展优良品种繁育及高效绿色栽培技术的科学研究、技术开发利用、成果示范推广、科学普及教育，为促进乡村振兴战略、筑牢国家西部生态安全屏障及"双碳"目标的实现提供服务和支撑。

目前，基地建有油橄榄种质资源收集区173亩，栽培技术试验示范区1100亩，收集和保存从意大利、西班牙、希腊、土耳其、法国、苏联、阿尔及利亚等国家及国内选育的品种、品系、优株等185份，并配备有智能温室实验室、检验室、标本室、档案室等。基地完成了国家级、省部级、地（厅）级项目30多项（其中国家自然科学基金项目2项），获省部级科技奖励8项、地厅级奖励5项，选育国家级良种6个，制定林业行业标准5项、甘肃省地方标准4项，开发产品2个，出版专著2部，拍摄科教电影1部，培训各类人员5000人次。

三、精深加工

近年来，甘肃省的油橄榄种植面积和挂果面积不断增加，鲜果产量上升，加工能力提升很快。陇南市建成橄榄油精深加工厂22家，成套生产线32条，年加工能力达9万吨以上，占全国初榨橄榄油生产线的50%以上，其中进口设备占75%，国产设备占25%。

截至2024年底，陇南市油橄榄种植面积为117.35万亩，鲜果产量达6万吨，总产值超45亿元。陇南祥宇油橄榄开发有限公司被评为国家级农业产业化重点龙头企业、国家级林业重点龙头企业、中国好粮油生产企业，陇南田园油橄榄科技开发有限公司、陇南丰海油橄榄科技开发有限公司等6家公司被认定为省级农业产业化重点龙头企业。陇南市祥宇油橄榄开发有限公司年油橄榄鲜果加工量占全市鲜果量的70%。

图3-1　油橄榄鲜果

图3-2　鲜果质量检测

图3-3　橄榄油冷榨设备

图3-4　出油

图3-5　万吨食品级储油库

图3-6　标准化灌装车间

目前，陇南市已研发出了初榨橄榄油、餐用橄榄果、橄榄保健品、橄榄护肤品、橄榄木艺品、橄榄饮品、橄榄休闲食品等10大类80多种油橄榄系列产品。

四、产业融合及经营模式

甘肃省通过推行"政府引导、部门协调、规划引领、资源整合、示范带动、多方参与"的模式，引导油橄榄产业发展，并重点抓工业，突出抓招商，着力抓环境，推动传统优势工业绿色转型升级。2024年，甘肃省油橄榄产业第一产业（主要包括鲜果、苗木、油橄榄叶三部分）产值为8.58亿元，占比19.1%。第二产业（油橄榄加工产品主要包括特级初榨橄榄油、精炼橄榄油、橄榄油系列食品、日化用品、油橄榄果渣及橄榄叶提取物）产值约30.64亿元，占比68.1%。第三产业（主要包括与油橄榄相关的冷链物流、餐饮旅游、技术服务、休闲服务、产品销售以及劳务收入等）产值约5.78亿元，占比12.8%。

甘肃省产业融合及经营模式主要有"龙头企业"带动型（公司+基地+合作社+农户）和"合作经济组织"带动型（专业合作社+农户）。

1."龙头企业"带动型

以油橄榄龙头企业为主导，重点围绕油橄榄系列产品的生产、销售，与生产基地、合作社组织、农户实行有机联合，进行一体化经营，通过"订单农业"链接，形成"互惠互利、合作共赢"的利益共同体。目前甘肃省以二产加工为主导的一三产融合发展模式（231模式）基本上都采用这种模式。它们以"油橄榄产品+科技文化服务"为引领,推进一二三产业融合发展,主要由二产带动一产和三产发展,实现从油橄榄产品加工→油橄榄特色文创产品开发→油橄榄文化传承的发展模式。如以祥宇、甘肃时光等公司为代表的几家龙头企业,基本都采取这种经营模式。

陇南祥宇公司创造了油橄榄产业三产融合发展的成功经验。经过多年发展,祥宇公司现已发展成集油橄榄良种育苗、集约栽培、规模种植、精深加工、科技研发、市场营销、旅游体验为一体的全产业链综合性企业。就一产来讲,公司拥有种植基地3处1.35万亩,同时整合武都区各油橄榄合作社种植资源46.3万亩,并与青岛卡奥斯联合打造了陇南第一家数字农业示范基地,实现了农业数字化、信息化、智能化管理;就二产来讲,公司建有具有国际先进水平的油橄榄加工基地,先后引进了三条原装进口冷榨生产线,日加工能力达560吨,配套建设了两条自动化灌装生产线,日灌装能力达到15万瓶,建成了国际标准化的充氮隔氧、恒温避光的万吨储油库;就三产来讲,公司不断探索产业融合发展模式,走产业文旅相结合的道路,于2022年成功申报为"国家AAA级工业旅游景区",同时2023年10月成功申报为"国家工业旅游示范基地",实现年接待游客达1.2万人次以上,旅游收入十分可观。

2. "合作经济组织"带动型

以由农民自办或政府引导兴办的油橄榄专业合作社、油橄榄专业技术协会为依托,以组织产前、产中、产后诸环节的服务为纽带,联系广大油橄榄种植户而形成的种养加、产供销一体化的利益共同体。这种组织具有明显的群众性、专业性、互利性、自助性等特点,实行民办、民管、民受益三原则,成为我国油橄榄产业化经营的另一种重要类型。以一产为主导的二三产融合发展模式(123模式)基本上都采用这种模式。它们以油橄榄原材料生产为驱动力,推进一二三产业融合发展,主要由一产带动二产和三产发展,形成了从特色农产品→加工→服务体验(旅游观光、休闲及度假、互联网应用、物流仓储、销售等)的全产业链发展模式。例如,甘肃省陇南市多数油橄榄产业合作社及油橄榄农场的发展模式就属此类,甘肃省陇南市武都区召林良种苗木种植农民专业合作社就是这种经营模式。

五、品牌建设

近年来，全省在油橄榄品牌建设方面做了大量富有成效的工作，一是通过加大政策扶持、扩大栽植规模、延长产业链条、拓展销售渠道等举措，不断提升油橄榄产业发展质效。二是建立评价模式和认证指标，开展气候品质分析和溯源体系建设，提供有针对性的全程化、精细化气象服务，助力油橄榄品牌建设。三是在北京、广州等城市举办橄榄油推介会、油橄榄论坛等活动，宣传推介陇南油橄榄，并积极参加国际大赛，获得了美国纽约国际橄榄油比赛、西班牙科尔多瓦国际橄榄油竞赛、希腊雅典娜国际橄榄油大赛等多个国际大奖，赢得了好口碑，提升了品牌知名度。陇南市被命名为"国家油橄榄示范基地"，武都区被命名为"中国油橄榄之乡"。

多年来，甘肃省坚持以品牌效应提升油橄榄产业核心竞争力，建立油橄榄全产业链质量安全追溯体系，成功注册"武都油橄榄"和"武都橄榄油"地理标志保护品牌，武都橄榄油被国家质检总局评审认定为"地理标志保护产品"，拥有4个甘肃省著名商标，"陇南油橄榄"入选"甘味"区域公用品牌目录，陇南油橄榄荣获国家级"气候好产品"称号。甘肃省注册了"武都橄榄油"地理标志证明商标和"祥宇""田园品味""橄榄时光"等商标43件，共有有机认证企业2家，绿色食品认证企业4家，无公害产地认证14项。"祥宇"被认定为中国驰名商标，入选"新华社民族品牌工程"。"武都橄榄油"为甘肃省著名商标，入选中国农产品区域公用品牌（产业）10强。"陇南油橄榄"入选"甘味"区域公用品牌目录，"祥宇""陇锦园"等入选"甘味"企业商标品牌目录，祥宇油橄榄工业旅游景区被评为"国家AAA级旅游景区"和"国家第二批工业旅游示范基地"。祥宇、田园等公司生产的特级初榨橄榄油获得世界橄榄油大赛金、银、铜奖100多项，被誉为"北半球最好的橄榄油"。线上、线下相结合的市场营销体系不断完善，祥宇、田园、时光等公司在北京、上海、广州、青岛、长沙等城市建立油橄榄专卖店、体验店80多家，建立网店1000多家，"甘味"橄榄油系列品牌的国内外影响力不断上升。陇南市每年都会举办油橄榄节和油橄榄产业发展论坛，并与新华社经济信息中心联合定期发布油橄榄产业高质量发展指数。橄榄油远销韩国、意大利、西班牙等国家和地区，2024年油橄榄产品实现电商销售额逾3亿元。

武都区与新华社中国经济信息社共同编制并连续发布了我国油橄榄产业领域指数——新华·中国（武都）油橄榄产业高质量发展指数，成为引领国内油橄榄产业高质量发展的"晴雨表"和"风向标"。2024年1月25日，《新华·中国（武都）油橄榄产业高质量发展指数报告（2023）》发布，报告全面揭示了2023年武都区油橄榄产业发展和品牌影响力状况。随着武都区油橄榄产业三年倍增行动计划有力推进，武都区油橄榄产业稳步发展，其产业规模、效益、质量稳步提升，产业发展动能激增，武都区油橄榄产业沿着高质量发展的路线大踏步前进。通过这些措施，甘肃省陇南市油橄榄产业的品牌影响力不断扩大，已经成为陇南乃至甘肃的"金字招牌"。

图3-7　武都区获奖（1）

图3-7　武都区获奖（2）

图3-8　中国国际橄榄油大赛有机金奖　　图3-9　德国橄榄油大赛金奖

六、科技创新与产业支撑

甘肃省油橄榄产业在国家和省政府有关部门多年大力支持下,遵从习近平总书记"绿水青山就是金山银山"生态观,以"创新、协调、绿色、开放、共享"五大新发展理念为引领,坚持"把油橄榄产业做到全国最强"的奋斗目标,创造了中国油橄榄产业发展的多个第一,奠定了甘肃在中国油橄榄产业发展中的领先地位,具备了全产业链创新驱动的坚实基础,引领了中国油橄榄产业的未来走向和发展趋势,在脱贫攻坚、乡村振兴和生态环境建设中发挥着重要作用。通过持续实施科技创新驱动战略,陇南市油橄榄的基地面积、鲜果产量、加工能力、初榨油产量和经济效益位居全国第一。

国家林业和草原局批准甘肃省依托甘肃省林业科学研究院建立了国家林业草原油橄榄工程技术研究中心、油橄榄国家林木种质资源库、甘肃油橄榄育种及培育国家长期科研基地3个国家级科技创新和服务平台。在省级层面上,甘肃省发改委、甘肃省科技厅、甘肃省林业和草原局都重视油橄榄产业的科技创新和技术服务,甘肃省发改委批准甘肃省林业科学研究院成立了"甘肃省木本油料工程研究中心",并依托陇南市祥宇油橄榄开发有限公司成立了"甘肃省油橄榄废弃物资源化利用工程研究中心";甘肃省科技厅支持甘肃省林业科学研究院创建了全国唯一一个油橄榄专业省级创新团队——"油橄榄丰产栽培及产业化创新团队"，甘肃省科技厅依托甘肃省林业科学研究院建立了甘肃省油橄榄技术创新中心、油橄榄栽培与加工甘肃省国际科技合作基地、甘肃省引进国外智力成果示范推广基地、油橄榄良种繁育及丰产栽培技术科技特派员基地等创新平台，依托陇南市祥宇油橄榄开发有限公司、甘肃省林业科学研究院成立了"甘肃省油橄榄产业技术创新中心"；甘肃省林业和草原局批准甘肃省林业科学研究院成立了内设机构"油橄榄研究所"，设立了林业和草原创新专项和林果产业发展项目，给予油橄榄产业倾斜支持。

陇南市委、市政府发起成立了中国油橄榄产业创新战略联盟和全国市级油橄榄专业研发机构，组建了陇南橄榄油品油师协会。

甘肃省开展油橄榄产业开发中关键性技术课题的基础研究、应用研究、开发研究和技术创新，已收集、引进油橄榄品种185份，选育国家及省级良种13个，培育出一批本地化品种。摸清油橄榄在我国北亚热带气候条件下对水、肥、光的需求规律，破解扦插生根周期长、成苗率低的技术难题，建立了绿色橄榄油加工及质量控制体系。发布12项技术标准，获甘肃省科技进步一等奖等各类成果奖励30余项，科研成果丰硕。通过核心技术研发，有力支持了油橄榄产业发展。

七、社会服务组织

（一）中国油橄榄产业创新联盟（中国油橄榄产业协同创新平台）

中国油橄榄产业创新联盟是2016年由甘肃省陇南市人民政府、甘肃省林业厅、四川省林业厅、云南省林业厅、中国林科院、中国农科院、新华社中国经济信息社、四川农业大学、中国经济林协会油橄榄专业委员会、中国林业产业联合会木本油料分会等60多家从事油橄榄技术创新、产品研发的科研院所及种植、加工、销售企业和油橄榄产业主管单位共同发起成立的行业性社会组织，隶属中国产学研促进会，2022年根据民政部要求，将其更名为"中国油橄榄产业协同创新平台"。

（二）甘肃省陇南市油橄榄产业创新联合体

甘肃省陇南市油橄榄产业创新联合体是由陇南市科技局、工信局、林草局、财政局等部门协作支持成立的，联合体由链主企业祥宇公司牵头，江南大学、青岛农大、西北师大、甘农大、陇南师专、中国林科院林研所、林化所、中科院兰化所、兰州海关技术中心、甘肃省林科院、陇南市经济林研究院、武都区油橄榄产业办以及田园、甘肃时光、金纽带、陇源丹谷、陇锦园公司等18家单位共同组建，汇集油橄榄全产业链相关的12家科技支撑单位和市内6家重点油橄榄企业。目前，联合体拥有油橄榄种植示范基地11处，建有国内最大的油橄榄种质资源库，收集国内外油橄榄品种171个，拥有油橄榄加工厂6座，引进德国福乐伟、意大利贝亚雷斯等国际先进油橄榄加工生产线9条，现有技术专家、研究人员共90人。陇南市油橄榄产业创新联合体成立以来，围绕攻关制约油橄榄产业发展的关键核心技术，凝练论证油橄榄产业科技项目8项，主要完成了油橄榄特级初榨橄榄油的团体标准制定、28个陇南及其他产地橄榄油中多酚含量测定及分析、35份种质分析及167份基因组重测序、油橄榄果渣生物有机肥发酵中试研究等工作。其中"油橄榄果及提取物地方特色食品来源原料申报与产品研发"所取得的阶段性研究成果，已提请省卫健部门对油橄榄果食品安全地方标准予以立项，以解决油橄榄果作为食品原料的市场准入问题，拓展油橄榄果的适用范围。

（三）甘肃省陇南市油橄榄产业协会

甘肃省陇南市油橄榄产业协会成立于2008年3月15日，位于甘肃省陇南市武都区祥宇生态产业园，法人为刘玉红。该协会的经营范围包括油橄榄技术培训、业务指导、品牌推广、新产品研发推广。

2023年12月13日，在市委、市政府的正确领导和关心推动下，由陇南市林草局主办、市经济林研究院承办，陇南市油橄榄产业协会举行了换届选举大会。大会审议通过了《陇南市油橄榄产业协会章程》，选举了协会理事会理事，并召开理事会第一次会议。祥宇油橄榄开发有限公司董事长刘玉红再次当选为陇南市油橄榄产业协会会长。

第二节　四川

一、政策资金支持

2024年9月19日，四川省人民政府、国家林业和草原局联合印发了《建设"天府森林四库"实施方案》（川府发〔2024〕18号）的通知，提出加强区域性油橄榄良种选育，推进扩面增产，提升橄榄油及养生、保健、美容等产品精深加工能力。

2024年，《四川省林业和草原局办公室关于开展第二批"天府森林粮库"建设项目遴选工作的通知》（川林办产〔2024〕15号）中，"青川县油橄榄和毛叶山桐子产业建设项目"入选四川省第二批"天府森林粮库"建设项目，建设周期为3年，共补助1000万元资金。

2024年，阆中市油橄榄现代产业园区入选四川省2024年首批"天府森林粮库"现代产业园区。

二、基地建设

四川省主要油橄榄种植区域为川西南山地集中发展区、盆中丘陵集中发展区、川东北集中发展区3个区域。

（一）川西南山地集中发展区

1. 西昌现代油橄榄产业园区

西昌现代油橄榄产业园区位于西昌市中部，安宁河沿岸，河谷平原区，整体地势较平坦，土地连片沿安宁河呈带状分布，涉及经久乡和西溪乡两个乡。规划区总面积为4545亩，其中经久乡3045亩、西溪乡1500亩。园区以油橄榄为主导产业，油橄榄产值占园区总产值的90%以上。

油橄榄基地以"一园两心一基地"为中心，建设了中泽油橄榄庄园、园区管理服务中心、加工物流中心、油橄榄标准化示范基地。"一园"指中泽油橄榄庄园,是西昌现代油橄榄产业的核心标杆,集种植科研、文化体验与乡村旅游于一体,主要位于西昌市西溪乡,占地面积1570亩,划分为种植观光区(占比60%)、科研生产区(20%)、文旅服务区(20%),形成"前田后厂"的复合业态,拟打造中国首座以油橄榄树种为主题的AAAA级旅游观光、度假康养景区。该园区以促进生态发展、传播油橄榄文化、推广橄榄油系列产品健康理念为宗旨,集"产、学、研""林、文、旅"一二三产业于一体。功能分区主要包括生态康养橄榄园、油橄榄观光基地和科技文化园。"两心"指园区管理服务中心和加工物流中心,位于西昌市经久乡,设有展览综合楼、生产厂房、物料仓库等。以油橄榄初加工与精深加工为主,配套包装、冷链物流、分拣、电商销售等功能;提供园区公共管理、景区综合管理、乡村人才培训等功能服务,形成集政务服务、景区管理、金融服务、商贸物流、信息服务、公共服务和社会化服务等于一体的综合服务中心。功能分区主要包括油橄榄初加工基地与精深加工基地、冷链物流中心、园区综合办公大楼、研发中心和专家大院等功能板块。

"一基地"指油橄榄标准化种植示范基地,位于西昌市经久乡。依托国家级油橄榄林木种质资源库、国家级油橄榄良种基地平台、现代化油橄榄育苗基地,打造智慧化水平高、设施先进,集有机循环、生态体验、休闲观光等于一体的特色林业产业园。

2. 冕宁现代油橄榄产业园区

冕宁现代油橄榄产业园区依托安宁河谷独特的地理禀赋,阳光充足、日照长、昼夜温差大的大自然生长环境,孕育出纯净天然油橄榄精华,形成了"种植—加工—文旅"深度融合的全产业链格局,实现了"中国油橄榄看四川,四川油橄榄看冕宁"的目标。

该园区以宏模镇为中心,集中连片种植1.5万亩油橄榄,占全县栽培总面积的60%,是国内最大的矮化密植油橄榄基地,并辐射泸沽镇、河边镇、漫水湾镇、石龙镇等5个乡镇25个行政村。先后打造高标准油橄榄产业园2.5万亩(核心园区面积1.12万亩,辐射带动2021年新建基地1.38万亩)。该园区自2012年开始栽培油橄榄600亩,2013年首次挂果,经检测果实品质达到国际顶级标准。

2018年基地面积突破1万亩，2021年生产特级初榨橄榄油200吨（产值约6000万元），2023年增至260吨。随着园区投产面积增加，产量将呈几何级数增长，园区全面投产后，年产量可达2000吨以上，年产值在6亿元以上。同时，该园区以油橄榄为载体，围绕"生态、生活、生命、生产"主线，坚持走建基地"兴一产"、深加工"接二产"、农文旅融合"连三产"之路，不断拓宽产业发展融合途径，带动乡村全面振兴。园区以油橄榄文化特色为主体，在宏模镇打造了"橄榄小镇"，为国家AAA级景区，实现了集多元功能于一体的农文旅融合。

（二）盆中丘陵集中发展区

1. 金堂县油橄榄现代林业园区

金堂县油橄榄现代林业园区是成都市三星现代林业园区，是以油橄榄为林业主导产业，配套发展林下种养、森林康养等产业的综合产业园区。园区规划总面积10万亩，现有油橄榄种植面积近8万亩，形成了从品种选育、栽植管理、加工销售到特色旅游的全产业链，涉及淮口街道、栖贤街道、竹篙镇等7个镇（街），核心区面积为3万亩，重点覆盖淮口龚家村、淮口帽顶村、三星四方村等7个村（社区），目前已建成油橄榄基地7万余亩，其中规模连片种植7760亩，位于淮口街道龚家山片区。园区以油橄榄产业为林业主导产业，配套发展森林康养、林下种养、花卉苗木等，大力推广油橄榄套种中药材、羊肚菌、蔬菜等产业的生产方式。园区立足油橄榄产业发展战略前沿，强化科技与市场引领，全面构建集现代化种植、技术研发、精深加工、商贸物流、休闲观光、生态康养于一体的全产业链。2020年园区主导产业产值为40267.8万元（其中，第一产业产值10982.4万元、第二产业产值13325.4万元、第三产业产值15960万元），占园区总产值47351.7万元的85.04%。2024年鲜果产量达12575吨，榨油量约1232吨，产业复合产值突破5.8亿元。

2. 阆中市油橄榄发展区

阆中市油橄榄发展区主要依托中义油橄榄开发有限公司，位于阆中市柏垭镇、玉台镇，涉及5个乡镇11个村，重点打造规模化油橄榄园区。园区以"公司+基地+农户"的模式，与当地村民紧密合作，已流转土地5200余亩建设油橄榄种植基地。同时，还引导村民自主种植油橄榄3000多亩。该种植区以油橄榄为依托，并在林下套种蜜本南瓜，2023年套种南瓜1600亩，亩产约4000斤，新增总收入达160万元。

3. 营山县油橄榄现代林业园区

营山县油橄榄现代林业园区核心区覆盖东升镇黄岭村、木顶乡兴旺村、新店镇千坵村，园区规划总面积10000亩。园区由东升镇黄岭村、木顶乡兴旺村、新店镇千坵村和县城油橄榄加工厂组成。园区形成了以"油橄榄+"为主导的产业循环经济模式，建有油橄榄种质资源收集圃、良种繁育圃、科技示范区、采摘体验区、林下种养殖区、科普教育区、农耕体验区等多功能分区，是一个集农业产业、旅游观光、休闲体验、生态教育及生态文化品鉴为一体的现代林业园区，形成了以地养地、以短养长、立体复合式循环经济发展模式。

（三）川东北集中发展区——开江县油橄榄现代林业园区

开江县油橄榄现代林业园区是四川省乃至全国油橄榄产业的重要示范基地，其发展历程、产业布局及综合效益在川东北地区具有显著代表性。园区面积达10000亩，核心区油橄榄基地有6200亩，特色水果及珍贵用材林基地有3800亩。核心区由中华橄榄园4000亩、罗山槽橄榄园和油橄榄加工厂2200亩组成，集中分布在永兴镇和普安镇，涉及3个贫困村。核心区配备水肥一体化自动浇灌系统、土壤水分监控装置等现代化设施，是园区技术研发和产业升级的核心载体。园区形成了以"油橄榄+"为主导的产业循环经济模式，建有种质资源收集圃、良种繁育圃、标准化示范区、采摘体验区、林下种养殖区、科普教育区、农耕体验区等多功能分区，是一个集农业产业、旅游观光、休闲体验、生态教育及生态文化品鉴为一体的现代林业园区，年接待游客超20万人次，形成了以地养地、以短养长、立体复合式循环经济发展模式。园区油橄榄鲜果的亩产量为350～400千克，亩产值为2800～3200元，林下白茶、金花葵等副产品的亩产值约为400元。园区周边土地每亩年综合产值为1500元，园区每亩年综合产值超出当地平均水平113%。

三、精深加工

（一）川西南山地集中发展区

1. 冕宁县油橄榄园区

冕宁县油橄榄园区在加工生产线与精深加工产品领域形成了"国际技术本土化+全链增值创新"的发展模式。冕宁县建成1.7万平方米的橄榄油加工厂区，已安装橄榄油加工生产线3条，日总处理鲜果180吨，年加工能力约5.4万吨，并配有300平方米恒温仓储间（24个储油罐），自动化库容量为1100立方米，储存量为500吨，将橄榄油的保质期延长至24个月，较传统工艺提升50%。两条灌装、包装设备生产线与储油相连，可实现自动泵油灌装。

园区建有副产物处理系统，配套建设有机肥生产线——将枝条、果渣等废弃物转化为有机肥料，实现园区内循环利用，年处理废弃物超5000吨。建立"种植—加工—检测"全流程溯源体系，采用近红外光谱快速检测技术，对每批次产品的23项指标进行检测，确保产品100%合格。

园区形成了从"液体黄金"到高附加值的生态链，主打的"Aoilio澳利欧"橄榄油，分为家庭装（500ml）、礼盒装（250ml×2）等规格，该产品已出口意大利、泰国等国家。开发的橄榄叶提取物（橄榄苦苷纯度97.6%），用于化妆品原料，2024年与台湾企业合作研发橄榄叶抗肿瘤药物，已进入临床试验阶段。

园区有机肥加工厂已建设完成，可以将油橄榄基地生产的枝条、果渣等残余物，通过生物技术处理、发酵，生产供油橄榄等经果林使用的新型有机肥料。新型有机肥生产线于2019年4月底投入使用，剩余（废弃）物资源回收处置综合利用率达95%以上。

2. 西昌油橄榄园区

西昌油橄榄园区引进日处理2吨鲜果的意大利贝亚雷斯全自动生产线，年加工能力约750吨，实现从鲜果筛选、清洗、破碎到冷榨的全流程自动化，生产周期控制在24小时内，确保橄榄油酸度≤0.3%，达到欧盟特级初榨标准。该生产线采用氮气密封保鲜技术，配合恒温仓储间，将橄榄油保质期延长至24个月，较传统工艺提升50%。园区配套建设有机肥生产线——将枝条、果渣等废弃物转化为有机肥料，年处理废弃物超5000吨，实现园区内循环利用。2024年投产的成凉工业园油橄榄加工基地新增1条每小时处理2吨鲜果的生产线，设计年加工量为900吨，橄榄油年产量约100吨，进一步提升了产能。

园区主打"源泽""中泽"橄榄油，分为家庭装（500ml）、礼盒装（250ml×2）等规格，出口意大利、泰国等国家，电商渠道占比40%。园区开发出了橄榄叶提取物（橄榄苦苷纯度97.6%）用于化妆品原料，并开发出橄榄酒、橄榄茶、橄榄皂、橄榄果脯等衍生产品。

（二）四川盆地集中发展区

金堂县建有油橄榄加工厂3家，每小时可加工油橄榄鲜果4.3吨。目前，金堂县农产品精深加工基地一期建设完成并启动二期建设，已投产企业11家（其中规模以上企业5家）。金堂县主导产品初加工量为9152吨，产地初加工率达100%，榨油量为832.84吨，加工转化率为9.1%。金堂县秉承产业循环发展理念，通过生物发酵、废枝还田等，深入推进园区农（林）业废弃物资源化综合利用，林产业生产废弃物总量为13582吨，林产业生产废弃物资源化利用及回收处置量为13183吨，利用及回收处置率达到97.07%。

营山县建有油橄榄全自动生产线1条，可实现清洗、分选、粉碎、初榨、包装、冷藏、橄榄渣再利用等系列初深加工，初加工设备完善，鲜果日加工量可达30吨，年加工能力达3000吨，产地初加工率达100%。营山县还对油橄榄初加工产品进行了精深加工，开发出橄榄油、橄榄叶精华素化妆品、橄榄茶等深加工产品，目前年产橄榄油160吨，橄榄附属产品6000套。橄榄油加工产生的残渣、废水全部制作为有机肥，用于基地种养殖业，真正实现了有机循环利用，其剩余物综合利用率达100%。

（三）川东北集中发展区

达州市开江县园区内加工厂建有油橄榄冷榨全自动生产线，可实现自动清洗、分选、粉碎、初榨、包装、冷藏等加工流程，日处理鲜果能力达120吨，目前年产橄榄油200吨，年加工橄榄油能力可达3600吨，产地初加工率达100%。其橄榄酒生产线利用油水分离后的橄榄汁通过发酵工艺制成橄榄果酒，年产规模达4000吨，目前年产橄榄酒300吨。在副产物综合利用方面，将橄榄油加工产生的残渣、废水及酿酒剩余残渣，全部制作成饲料、有机肥，用于基地种养殖业，真正实现有机循环利用，其剩余物综合利用率达100%，高出评价指标30个百分点。

四、品牌建设

冕宁县油橄榄的主要品牌是"Aoilio澳利欧"，开发和主要经营的产品有澳利欧特级初榨橄榄油、澳利欧橄榄手工皂、澳利欧橄榄精油、澳利欧方便装特级初榨橄榄油、木都哈尼特级初榨橄榄油。其中，申请的"Aoilio澳利欧"特级初榨橄榄油商标通过了国家商标局的认定，并获得有机产品认证和绿色食品认证，连续8次获得"中国（广州）国际食用油及橄榄油产业博览会金奖"，2018年获全球最大规模橄榄油竞赛——洛杉矶特级初榨橄榄油比赛金奖，2023年获以色列地中海国际橄榄油比赛金奖。目前，以"Aoilio澳利欧"特级初榨橄榄油为主体的园区品牌产品的产量占园区总产量的85%以上。"Aoilio澳利欧"系列产品获得"四川扶贫"集体商标、"大凉山"品牌认证，同时该产品还申报了"冕宁橄榄油"地理标志证明商标。

西昌市油橄榄的主要品牌是"源泽""彝山橄榄"，产品涵盖橄榄油、橄榄茶、橄榄护肤品、橄榄小食等60余种产品。中泽新技术开发有限公司生产的"源泽"牌特级初榨橄榄油在2019年美国纽约国际橄榄油大赛和意大利索伦托国际橄榄油大赛中斩获两项金奖，成为国内油橄榄品牌的标杆。

金堂县有"金堂橄榄油""阿贝基娜""聚峰谷""英菲园"等12个油橄榄本土商标，覆盖橄榄油、橄榄茶、橄榄茶饮等品类，建有全国唯一的B2C高端电商平台"中国油橄榄商城"——集中销售金堂县橄榄油及衍生产品。"金堂橄榄油"已成功注册地理标志证明商标，南国花园公司的橄榄油通过双有机认证。其中，"聚峰谷"橄榄油荣获日本橄榄油大赛金奖、银奖，美国纽约橄榄油大赛两项银奖。金堂县获中国油橄榄生产加工示范基地、四川省特色农产品优势区等称号,2024年产业复合产值达5.7亿元。

开江县油橄榄系列产品现已开发7大系列63个品种。其主产品油橄榄果、橄榄油均获有机认证,生产的"绿升"牌特级初榨橄榄油、橄榄酒先后荣获"中国驰名商标""四川名牌""四川省著名商标""绿色食品""达州橄榄油地理标志保护产品"等殊荣,"曼莎尼娅"系列化妆品已进入中国产品质量电子监管网。园区内获得县级及以上品牌认证登记的品牌占园区销售品牌的100%。

阆中市油橄榄的主要品牌是"中义""中义庄园"。阆中市油橄榄种植基地已获有机认证。其品牌产品在广博会获优质产品奖和广博会十佳品牌奖,并获四川省诚信产品奖、中国著名品牌等奖项,以及第十五届广州国际食用油及橄榄油产业博览会组委会的"优质产品金奖"和"十佳品牌奖"。

营山县油橄榄的主产品油橄榄果、橄榄油均获有机认证,目前已注册商标"琬贵人""贵大姐""溢香春""古株"等,"琬贵人""古株"(橄榄油系列、橄榄油手工皂系列)获批"四川省扶贫商标"集体商标标识,"圣禾"油橄榄被授予四川省"诚信产品"。园区系列产品取得了南充市"好充实"区域公共品牌,园区内获得县级及以上品牌认证登记的品牌占园区销售品牌的100%。"琬贵人"特级初榨橄榄油获"第三届四川生态旅游博览会"金奖、"2022第107届美国巴拿马万国博览会"特等金奖,"圣禾"(橄榄油系列)获第十八届中国国际农产品交易会"最受欢迎农产品"称号。

五、产业融合及经营模式

达州市开江县建设有1个橄榄新村,5户"橄榄人家",重点打造恩来科普园,开展全民科普教育活动,建成亲子休闲体验区,开展采摘、农耕、榨油、饲养等农业生产体验活动,实现多产互动,多业融合,旅游配套设施、设备完善。园区每年举办2~3次油橄榄采摘节、农民丰收节、乡村旅游节等节会,开展3~4次全民科普教育活动。目前,该县在成都、重庆、西安等地设有油橄榄产品营销办事处,共有直销门市234个,直销网络已初步形成。该县在园区内成立了开江县特色农产品电商运营中心,通过淘宝、京东、微信小程序等电子商务渠道进行油橄榄系列产品网络平台销售，电商销售率超22.0%，高出评价指标2个百分点。该县积极打造"油橄榄庄园"，发展森林康养、采摘体验等业态，2023年举办油橄榄节吸引游客10万人次，带动周边餐饮、住宿收入超2000万元。

冕宁县园区以冕宁元升油橄榄产业科技示范基地为主体，将园区周边山林、景观综合规划利用，集产业园区观光体验、绿色生态旅游、休闲康养等多元功能于一体，目前年接待游客人数在2万人次以上。如果按照总体规划全面实施完成，年可接待游客3万人次以上。园区内每年举办鲜果采摘体验、橄榄油品尝节3次以上，建有以系列橄榄油产品销售为主营业务的"小林家油站"淘宝专卖店。同时，园区以村为单位，分别建有电商橄榄油销售渠道，实行线上线下同步营销。园区还建立了以经营品牌"Aoilio澳利欧"为主体的互联网平台，网址为www.aoilio.com。

金堂县聚焦探索农旅、林旅深度融合发展新路径，推动乡村旅游发展，布局发展森林康养、乡村旅游、精品民宿、电商物流、数字经济等新业态，建设金堂大道乡村旅游示范轴，围绕赏花、运动、休闲、康养等"农（林）业+"产业新业态培育，不断提升景区登山步道、民宿、公厕、旅游标识等设施的服务水平。该县培育建成龙泉山聚峰谷、玉皇养生谷油橄榄特色省级森林康养基地2个，并建有森林康养步道300公里，完成了龚家山观景平台、旅游栈道、油橄榄大道、油橄榄加工体验中心、特色民宿、橄榄树餐厅等项目建设。每年举办油橄榄采摘节、乡村旅游节等节会活动4次，年接待游客人数15万余人次。该县以企业为主体，成功注册全国唯一的B2C橄榄油品牌宣传与营销平台——"中国油橄榄商城"电商平台，入驻淘宝、微盟和"田岭涧生活"微商城等电商平台，产品电商销售率达25.1%。另外，该县成立有金堂油橄榄专家工作站、金堂油橄榄技术服务队、金堂油橄榄产业协会等围绕油橄榄生产关键环节各类农业社会化服务组织21家，主导产业社会化服务组织覆盖面达70%以上。

西昌市依托中泽公司所属的北河油橄榄基地进行建设，以"油橄榄"为核心，发挥油橄榄资源优势，将乡村生产生活与休闲娱乐观光、研学旅游相融合，打造了西溪里花园餐厅、灯塔书屋和恩来栈道等观光旅游地,并建成油橄榄种植观光区、科研生产区、油橄榄主题花园餐饮区、民宿体验区、油橄榄博物馆展示区等功能区,年接待游客超20万人次,将"园区变景区"。当地结合彝族文化与航天科普,打造"油橄榄+康养+研学"特色旅游线路,如西溪里花园等项目,推动三产联动发展。西昌市开发了以橄榄油、餐桌橄榄为主的食品类,以橄榄油手工皂、护手霜、精油为主的洗护类,以胸针、项链、手提袋为主的文创类,以私人订制为主的礼品类产品。这些"西昌造"橄榄系列"网红"产品,远销北京、上海、广州、深圳等地,成为西昌名片,西昌市还搭建了"中国油橄榄商城"电商平台,入驻京东、淘宝等主流平台,电商销售占比达25%以上。

六、科技创新与产业支撑

冕宁县引进高密度矮化密植技术,使油橄榄树高度控制在2.5米左右,较传统种植提前4—5年进入丰产期,并显著提高单位面积产量,在矮化密植园内,确定了'阿贝基娜''克罗莱卡''阿布桑娜'3个优良品种为基地发展的主栽品种,良种使用率为100%。同时引进了以色列滴灌技术,结合测土配方施肥,肥料利用率提升30%以上,全园推行有机肥使用,果渣等残余物转化为有机肥,实现绿色循环生产。该县的技术团队研究出了以"营养基质+控温、控湿、调光+控根"为核心的油橄榄优质苗木快繁技术。采用国际领先的冷榨生产线,确保橄榄油品质达到特级初榨标准,产品多次在国际竞赛中斩获金奖,如"澳利欧"橄榄油连续7年获广州国际油博会金奖。研发橄榄叶提取物护肤品、保健品等衍生产品,填补国内空白,形成六大系列产品线,提升了产业链附加值。设立了院士专家工作站,组建科技特派员服务队,成立了"春风新农人培训中心",培养种植、加工、旅游服务等复合型人才,开展无人机植保、智能灌溉等技术培训,年均培训农户超5000人次,从业人员培训率达到100%。其自主编制的《油橄榄丰产栽培技术手册》已翻印5万册以上。冕宁元升农业科技有限公司建立了独立的生产技术研发部门,并在有关部门的支持协调下,与国家林科院林业研究所、四川省林业科学研究院签订了科技合作协议。同时,还聘请川农大、省林科院及从事油橄榄科研生产的专家、技术人员组成了"油橄榄产业创新联合体"。制修订地方标准1项，获四川省科技进步二等奖和三等奖各1项，申请油橄榄相关实用技术专利16项。

西昌市以中泽公司为依托，在西昌建立了国家级油橄榄种质资源库和国家重点林木良种基地，收集全球203个油橄榄品种，占全球品种的1/6，并筛选出14个高含油率、高抗逆性的良种，形成自主"种业芯片"，开展了太空育种和分子标记辅助育种研究，获得了6个国家发明专利和2个实用新型专利，以及7个外观设计专利，制定了2项油橄榄技术规程，进一步规范了油橄榄的种植和管理。自主研发了油橄榄温床扦插专用轻基质和容器育苗专用营养土技术，创建了温床轻基质扦插与容器育苗相结合的"两段式"育苗技术体系，育苗周期比常规方法缩短50%，成苗率提高35%，定植后3~4年即可达到丰产。当地拥有"中国—以色列油橄榄国际合作中心""国家级油橄榄国际科技合作专家服务基地"等多个合作平台，先后与以色列、西班牙、希腊、意大利、土耳其等国家的油橄榄行业协会和企业建立了长期合作关系，先后派出40余人次到这些国家考察、学习油橄榄种植与加工技术，并聘请以色列著名油橄榄专家西蒙教授、俄德教授、左哈教授作为项目组的常年技术顾问，先后有11个国家的领事、油橄榄专家、油橄榄从业者100余人次参观了西昌油橄榄基地。

金堂县积极开展林产业良种选育试验和推广应用，已建基地7.73万亩，'阿贝基娜''莱星'等良种种植面积达7.34万亩，良种使用率达95%。该县积极推进以油橄榄为主导产业的林产业标准化、集约化高效生产，推广智能化设施设备、绿色精深加工，在全省率先与京东集团合作建成集现代农业综合管理服务中心、物联网服务平台和质量安全溯源系统等高科技设施系统于一体的"京东农场油橄榄示范基地"，先进实用配套技术推广应用率达到99%，主导产业新型经营主体培训全覆盖，培训比重占从业人员的100%。该县坚持科技创新引领，与西班牙科尔多瓦大学、西班牙马德里理工大学、中国林业科学院、四川省林业科学研究院、四川农业大学、成都市农林科学院等科研院所共建油橄榄产业研究院,在品种选育、种植管理、园区建设、产品研发等方面开展深入合作;构建"四级"技术服务体系,邀请邓明全、李聚桢、俞宁、周立江、严代碧等国家、省、市专家成立金堂县油橄榄专家工作站,同时聘请甘肃陇南油橄榄技术能手组建县级油橄榄技术服务队;组织编制了《油橄榄建园技术》《成都市油橄榄扦插育苗技术标准》《油橄榄果园田间管理技术规范(试行)》和《油橄榄扦插繁育苗木质量等级(试行)》等技术规范。

达州市开江县依托四川天源油橄榄有限公司,全县在油橄榄产业发展上主要选择'阿贝基娜''莱星''科拉蒂''柯基''鄂植8号''佛奥''克罗莱卡'等良种,良种使用率达85%以上。该产区为油橄榄产业传统发展区,对新品种、新技术、新成果需求较强。四川天源油橄榄有限公司先后与四川省林业科学研究院、成都大学、四川省食品发酵研究院等单位建立了长期合作关系,建立了产品技术研发机构,成立了院士(专家)工作站,创立了一套从良种选育、建园到标准化与深加工的技术体系,组织编制了《油橄榄栽培技术规程》等4个地方标准和《油橄榄加工技术规程》等2个企业标准,参与起草了《橄榄油和油橄榄果渣油》等3个国家标准,取得2项发明专利、8项实用新型专利,获得了科技成果登记证、四川省科技进步二等奖、达州市科技进步三等奖各1项。该县还建立了"田间学校",年均开展技术培训50余场,培训农户2000人次,推广"高接换优""病虫害绿色防控"等技术,使单产提升30%。

七、社会服务组织

冕宁县园区建设主体冕宁元升农业科技有限公司和当地村民共同成立的冕宁元升油橄榄种植专业合作社获2021年国家级示范社称号。元升、元华两家油橄榄专业合作社都是省级、州级示范社。

金堂县突出龙头企业示范带动作用,加强涉林经营主体培育,截至2020年,已培育省级林业产业化龙头企业5家(其中涉及主导产业4家)、市级龙头企业1家(油橄榄),培育省级涉林示范农民合作社3家、家庭农场1家,市级涉林示范农民合作社2家、家庭农场2家。为加快推进"新农民"的培育工作,该县组织开展新型职业农民培训会、实用技术培训会等，累计培育新型农（林）业职业经理人1759人，实现主导产业基地新型职业农民全覆盖。

第三节　云南

一、政策资金支持

云南省地处我国西南边陲，气候类型丰富多样，从热带季风气候到高原山地气候一应俱全，得天独厚的自然条件孕育了极其丰富的木本物种资源。作为典型的山区省份，其山地面积占比超过90%，这种特殊的地理环境为发展木本油料产业提供了无可比拟的资源禀赋和产业优势。经过多年精心培育，云南省木本油料产业已形成规模效应，种植总面积突破5000万亩，稳居全国木本油料生产基地首位，成为区域特色农业的重要支柱。云南省委、省政府始终将林草产业作为生态文明建设和乡村振兴的重要抓手，先后出台《关于加快木本油料产业发展的实施意见》等文件，省政府与国家林业局签订了建设云南木本油料产业示范区合作备忘录，省林草局印发了《关于促进林草产业高质量发展的实施意见》。2013年，为进一步调整产业结构、改善丽江市金沙江干热河谷地区生态环境，推进特色产业发展，丽江市委、市政府作出了大力发展油橄榄的决定，提出"着力把油橄榄产业培育成丽江市重要的生态产业，全市发展350000亩油橄榄，把油橄榄打造成百亿元产业"的奋斗目标，通过特色产业培育实现生态效益与经济效益的双赢。

二、基地建设

云南省油橄榄主要种植区域为油橄榄一级适生区金沙江干热河谷冬凉地区，主要是楚雄州永仁县，丽江市玉龙县、古城区和永胜县，迪庆州德钦县和香格里拉市，玉溪市易门县和峨山县。截至2024年底，全省油橄榄种植面积约26万亩，鲜果产量约4080吨。

2012年在云南丽江注册成立的丽江田园油橄榄科技开发有限公司,立足于丽江市玉龙县大具乡油橄榄产业园,先后在大具乡流转石漠化严重的荒山荒坡地12000余亩,按照"有机、可机械化采收作业"的标准,建设完成6000亩油橄榄种植示范基地。公司采取"专业合作社+农户"的发展模式,建立了公司和农户之间稳定、合理、长效的利益联结关系。公司通过为群众发放优质油橄榄苗木,为群众油橄榄种植提供技术服务等方式,辐射带动玉龙县发展油橄榄种植面积60000余亩,已居云南省各县、区油橄榄种植面积之首。同时,公司与玉龙县政府签订了在玉龙县发展15万亩油橄榄基地及精深加工项目的合作战略协议,按不低于8元/千克的保护价收购玉龙县境内的油橄榄鲜果,成立了"油橄榄专业技术服务队",为参与油橄榄产业的群众提供长期的技术指导与服务,确保群众的油橄榄树"种得活、长得好、效益高"。公司依托丽江独特的土壤、气候、人文、旅游等优势资源,高起点、高标准谋划建设油橄榄产业发展体系,规划设计了国内首个集橄榄油生产加工、油橄榄生物资源提取、油橄榄餐用橄榄果生产、油橄榄文化展示、油橄榄产品展示销售、休闲旅游观光于一体的复合型油橄榄主题产业园。目前,产业园基础设施建设初具规模,2024年投入1820万元进行升级——打造集独特自然景观、地域文化资源、民族元素、油橄榄产业观光体验为一体的三产融合"田园综合体"。

楚雄欣源生物科技有限公司位于"中国阳光城、云南北大门、绿色生态县、彝族赛装源"的永仁县。该县是我国油橄榄栽培的一级适生区。公司集油橄榄种植、加工、销售为一体,专门从事油橄榄综合开发和利用,利用金沙江干暖河谷的自然优势,乘着《云南省油橄榄发展规划》和《永仁县十万亩油橄榄产业发展规划》的东风,围绕永仁县委、县政府发展"两树一羊"的宏伟蓝图做好油橄榄产业,已建成标准化示范园区6000余亩,所产的"欣源"牌庄园级特级初榨橄榄油在意大利举行的EVO IOOC国际橄榄油比赛中,荣获金奖一枚。公司以"公司+科研单位+基地+农户"的现代化发展模式,以有偿提供优良种苗、无偿提供技术支持、保底价回收产品的形式,与周边农户及辐射范围农户签订种植销售协议,有效带动全县油橄榄产业向集约化、规模化发展,促进永仁县油橄榄产业持续、健康、稳定发展。

玉溪市峨山彝族自治县认真贯彻落实省政府领导和市委主要领导调研时的工作要求，2015年以来，围绕全市"一中心、三带"林产业发展布局，协同推进易门—峨山油橄榄产业发展带，充分利用资源优势，按照"规划先行、政府引导、企业种植、群众参与"的油橄榄产业规划发展思路，先后引进8家企业（凉山州中泽新技术开发有限公司、玉溪市润泽农业科技发展有限公司、玉溪润玉油橄榄开发有限公司、云南玉溪云源投资有限公司、峨山县茂源经济作物种植有限公司、峨山县恒艺农林科技开发有限公司、峨山县国城万弘农林科技有限公司、峨山荣华工贸有限公司）落户甸中镇发展油橄榄产业，倾力打造"云南省木本油料基地县"和"油橄榄小镇"。截至目前，累计种植油橄榄面积达2.21万亩。

三、精深加工

目前，云南省油橄榄的加工产品以特级初榨橄榄油为主，建有生产能力达0.25～4.5吨/小时的橄榄油加工生产线15条，总生产能力为24.15吨/小时。其中，玉龙县4条，永胜县2条，香格里拉市1条，德钦县1条，永仁县4条，嵩明县1条，峨山县1条，易门县1条。

云南油橄榄大健康产业创新研究发展有限公司已初步在丽江市构建起了"基地+公司+研发+市场"的油橄榄全产业链体系。目前，通过科研团队全力攻关，该公司已在保健和化妆品等领域成功研发出系列油橄榄产品。该公司针对云南油橄榄良种选育滞后、加工出油率偏低和橄榄油营养与品质不稳定等制约油橄榄产业高质量发展的短板，拟选育出适合云南种植环境的油橄榄新种质，完善云南油橄榄繁育和栽培技术体系，为突破云南省高品质油橄榄瓶颈提供资源支撑。同时，通过创新高出油率、高品质橄榄油加工关键技术，为云南省油橄榄产业提质增效提供技术支持，着力打造云南高原特色现代农业和"丽系"品牌，助力乡村振兴。

四、品牌建设

在品牌建设方面,云南省以企业品牌为主,主要包括云南永仁欣源油橄榄开发有限公司的"悦榄",丽江田园油橄榄科技开发有限公司的"高原时光",丽江三全油橄榄产业开发有限公司的"久顾",玉龙县温润农业科技开发有限公司的"润月皇后",永仁太谷农业发展有限公司的"牧溪庄园",峨山县茂源经济作物种植有限公司的"遇榄云谷",易门榄源林业科技开发有限公司的"彩云榄",丽江森泽林业科技发展有限公司的"森泽""程海时光",永仁共享油橄榄发展有限公司的"糯达庄园"等企业品牌。

五、科技创新与产业支撑

云南省林业和草原科学院"云南省木本油料研发创新团队"长期以来一直致力于油橄榄相关研究工作,同时搭建有"高原木本油料种质创新与利用国家地方联合工程研究中心""云南省木本油料技术创新中心""云南省木本油料工程技术研究中心""云南省木本食用油工程研究中心""国家林业局经济林产品检验检测中心(昆明)"等平台,依托科技部重点研发子课题"油橄榄选择育种技术与高产广适良种选育"、林业行业公益专项"油橄榄优良种质资源收集保存、品种区域化试验与丰产栽培技术研究"、国家林业和草原局"948"项目"油橄榄优良种质材料与培育技术引进""油橄榄水肥精准控制技术引进"、国际合作"油橄榄良种引种及集约化栽培技术研究"、云南省科技攻关计划"油橄榄新品种引进、栽培技术示范和产品开发技术研究"、云南省重点新产品开发计划"油橄榄良种选育"、云南省重大科技专项课题"油橄榄抗逆性品种选育技术研究与示范"、林木种苗工程中央预算内专项资金(国债)"金沙江干热河谷永仁油橄榄良种繁育基地建设"等项目的研究工作,在油橄榄种质资源收集、良种选育等方面做了大量的研究工作。从理化指标(单果重、果肉率、含油率、油酸含量)、早实性、丰产性、连续结果能力、抗病性等5个评价指标对油橄榄种质进行了表型变异和多样性研究。基于ISSR和SSR标记对78份油橄榄品种进行了遗传多样性研究。为拓宽现有油橄榄种质资源的遗传基础，以油橄榄优良品种'佛奥'为母本、近缘野生亚种尖叶木樨榄作父本人工进行亚种间杂交并成功获得3株优良单株，亚种间杂交种真实性得到SSR分子鉴定的支持；其中'云杂3号'于2014年以'金叶佛樨榄'命名并获批云南省植物新品种登记，又于2023年获得云南省林木良种认定。采用二代（Illumina、MGI）和三代（Nanopore）测序平台结合Hi-C技术，组装了尖叶木樨榄的全基因组，其大小为1.2 G，contig N50和scaffold N50分别为5.33 Mb和50.46 Mb，共预测出43511个蛋白质编码基因。在云南省楚雄州永仁县建立的419亩油橄榄种质资源库，收集、保存国内外引进品种、杂交种、优株、无性系、近缘种等种质共计338份，并选育出适宜发展的国家级良种4个，省级良种10个，新品种1个。云南省还制定了《油橄榄品种选育技术》《油橄榄种质资源记载规程》《油橄榄采穗圃营建技术规程》《油橄榄丰产栽培技术规程》等4项云南省地方标准，实现良种区域化、优势化，进而推进油橄榄产业的结构调整和优化升级，不断增强其国内外市场的竞争力。

随着消费者对健康饮食的关注度不断提高，橄榄油市场需求逐年增长。同时，橄榄油在化妆品、医药等领域也有广泛的应用前景。相比一些橄榄油生产大国，我国的油橄榄加工技术、设备及综合利用水平还有不小的差距。"云南省永仁县油橄榄产业科技特派团"立足当地丰富的油橄榄资源，从橄榄油精深加工、果渣和叶综合利用等方面开展技术攻关，构建油橄榄全产业链安全控制和质量保障体系，以促进当地农业产业结构的调整，推动传统农业向现代农业转型。同时，以油橄榄精深加工和综合利用带动当地相关产业的发展，促进三产融合，提高行业整体效益。

油橄榄果保鲜时间短，鲜果不适合长时间运输及贮存，无形中提高了其产品的消费成本，限制了其消费市场，加之功能食品消费结构的变化调整，对云南油橄榄加工产业的发展提出了新要求。目前，油橄榄加工以橄榄油加工为主，属于初级产品，延伸加工产业链与深加工产品欠缺，功能性产品更是缺乏。为此，研究油橄榄高附加值产品不仅可以有效解决产品种类单一不能满足市场需求的问题,而且可以解决油橄榄不耐贮存的应用问题。开发油橄榄功能饮品及保健茶产品有助于促进油橄榄深加工产业的快速发展,拉长油橄榄产业链条,优化油橄榄产业结构,提高油橄榄产业整体效益,保证油橄榄产业持续、健康、快速发展,对于推动油橄榄产区产业化及林业升级、农民增收和农业增效有重要意义。

"云南省永仁县油橄榄产业科技特派团"通过分子标记技术(SSR)和杂交育种(如油橄榄与尖叶木樨榄杂交),选育出适应云南酸性土壤的抗逆良种(如'金叶佛樨榄'),解决了油橄榄品种混杂、适应性差等问题。同时,遗传多样性分析为品种鉴定和亲缘关系研究提供科学依据,助力精准育种,提升产量和油质。建立油橄榄科技示范基地(如永仁小尖山的500亩基地),推广整形修剪、精准水肥管理、病虫害综合防控等技术,使油橄榄鲜果产量提升20%以上,品质显著改善。水肥一体化、有机肥施用等措施有效缓解了土壤贫瘠和缺水问题,增强了树势和抗病能力。通过脂肪酸、多酚、角鲨烯等关键成分检测,筛选出高功能活性成分的油橄榄品种,为生产优质特级初榨橄榄油提供依据。制定《油橄榄果渣发酵饮品加工规程》等团体标准,规范加工流程,提升产品质量,满足消费者对健康植物饮品的需求。开发油橄榄果罐头、蜜饯、果渣发酵饮品、叶茶等高附加值产品,突破传统单一榨油模式,延伸产业链。发明专利"油橄榄果保绿加工方法"解决果色维护难题,推动工业化生产,激发产品市场潜力。云南油橄榄产业通过科技创新、品种优化、标准化生产和全链开发,实现了从低效种植向高效生态产业的转型,不仅提升了产品质量和市场竞争力,还带动了地方经济、生态保护和农民增收,为云南乃至全国木本油料产业发展提供了重要经验。

六、产业融合及经营模式

德钦康邦油业有限公司依托迪庆高原金沙江干热河谷独特的土壤、气候、人文、旅游等优势资源,高起点、高标准谋划建设油橄榄产业发展体系,规划、设计了金沙江干热河谷首个集橄榄油生产加工、油橄榄生物资源提取、油橄榄餐用橄榄果生产、油橄榄文化展示、油橄榄产品展示销售、休闲旅游观光于一体的综合型油橄榄主题产业园。目前，产业园区基础设施建设初具规模，2017年建成投产年处理油橄榄鲜果4000吨的橄榄油生产线1条；2021年建成油橄榄生物提取生产线1条；2022年配套建成年可灌装120万~150万瓶橄榄油的全自动灌装线；2025年计划投入1000万元进行升级，打造集独特自然景观、地域文化资源、民族元素、油橄榄产业观光体验为一体的三产融合"产业综合体"。

经营模式主要包含两部分内容。一是以亚马逊国际跨境电商平台、天猫自营旗舰店为依托，以短视频、抖音、今日头条营销推广为模式，创建"线上"产品推广营销模式。二是充分利用丽江旅游资源优势及品牌效应，以产品区域代理、三级经销商体系构建"线下"产品营销网络。

七、社会服务组织

云南省长期组织油橄榄林业科技专家组和选派省级科技特派团、特派队、特派员，持续开展油橄榄种质创制、良种培育、山地高效栽培、病虫害绿色防控、系列油橄榄产品开发等先进实用技术的应用与推广，并在全省范围内进行油橄榄科技指导、技术培训等科技赋能产业发展工作。云南油橄榄大健康产业创新研究发展有限公司致力于食用橄榄油向功能性橄榄油的转化及开发，以油橄榄药用、食用、日用、肥用、饲用为突破口，着力在丽江市构建"基地+公司+研发+市场"的油橄榄全产业链体系。

第四节　重庆

一、政策资金支持

《重庆市"十四五"林业草原发展规划》中明确指出：以现有产业基地为基础，结合森林质量提升等生态修复工程，重点发展木本油料、特色林果等特色经济林。

2023年9月印发的《重庆市林业草原改革发展资金管理实施细则》中明确指出:国土绿化支出用于退耕还林还草、草原生态修复治理、油茶发展、造林(含油橄榄、核桃、花椒等木本油料营造)、森林质量提升等,促进全市林业生态产业化发展。

重庆市林业局出台《重庆市木本油料产业发展规划(修编)》,要求加快油橄榄全产业链布局及发展。

重庆市油橄榄研发中心建设项目(一期)于2017年5月17日获重庆市发改委批复立项,将于2025年投入使用。

二、基地建设

现阶段,重庆市油橄榄产业主要集中在以奉节、万州为核心的长江三峡低山河谷地带以及以合川为核心的龙多山地区,全市种植面积约16.5万亩。其中,奉节县油橄榄栽培种植面积最大,全县发展面积约13万亩,部分乡镇以油橄榄为重点发展产业,2024年,产油橄榄鲜果约1000吨;其次是合川区和万州区,当地均有龙头企业和合作社进行较大规模的引种栽培和橄榄油加工;此外,南川区、璧山区、云阳县、巫溪县等区县也有小规模的种植。

根据《重庆市木本油料产业发展规划(修编)》,重庆市规划、发展的重点区域为奉节县、合川区和万州区;到2025年,在全市建成油橄榄基地22.5万亩,重点布局在奉节县和合川区。

三、精深加工

现阶段,重庆市油橄榄加工产品以初榨橄榄油为主,产品附加值有限,仅合川区油橄榄企业生产有橄榄菜,缺乏对橄榄醋、橄榄酒、橄榄茶和橄榄化妆品等系列产品的开发与利用,需加快延伸加工产业链,提高油橄榄加工综合效益。

目前,重庆市内共有油橄榄榨油生产线6条,其中,合川区1条国外进口生产线；万州区1条国产生产线；奉节县2条国外进口生产线，2条国产生产线。

四、品牌建设

目前，重庆市内共有特级初榨橄榄油品牌5个：合川区江源油橄榄开发有限公司（渝江源特级初榨橄榄油、欧丽康语特级初榨橄榄油），万州区禄丰天润油橄榄开发有限公司（神女峰特级初榨橄榄油），奉节县红蜻蜓油橄榄开发有限公司（三峡之巅特级初榨橄榄油、夔美特级初榨橄榄油）。

与其他油橄榄发展大省相比，重庆市缺乏具有知名度的橄榄油品牌，产品市场认知度低，营销网络未建立，橄榄油"养在深山人未识"，亟须与国内各大营销企业、网络电商合作，借船出海，打通销售渠道。

五、产业融合及经营模式

目前，重庆市油橄榄种植主要以"龙头企业+专业合作社+农户"的模式。市内合川区、万州区和奉节县油橄榄龙头企业，均建设有榨油生产线，初步形成了"基地+加工生产线+品牌橄榄油"的产业发展模式，对全市油橄榄产业带动效果较好。此外，2023年，重庆市林投公司与江源油橄榄开发有限公司开展合作，在合川区隆兴镇流转了1万余亩油橄榄种植基地，并助力隆兴镇油橄榄产业成功纳入国家储备林项目，助力合川区隆兴镇油橄榄产业迈上了新台阶。在市林投公司和重庆江源油橄榄开发有限公司紧密合作下，隆兴镇8个油橄榄专业合作社持续发展壮大，农户以土地入股分红的形式，形成"公司+合作社+农户"的模式，农户每年可依靠油橄榄产业获得土地流转租金和劳务收入。

六、科技创新与产业支撑

目前，重庆市油橄榄产业的主要科技支撑力量来自重庆市林业科学研究院油橄榄团队，该研究团队现有成员6人，其中高级工程师2人，工程师4人，承担着全市油橄榄新品种引进、试验研究、示范推广、技术培训、合作交流等工作。近年来，油橄榄团队依托市级科研项目和中央推广示范项目，在油橄榄良种选育、高效栽培、苗木繁育、病虫害防治、低效林改造等方面取得系列成果，在奉节、万州、合川等区县合作建立了科技示范基地，引进30多个油橄榄品种，申报了2个国家级审定良种，申报了3个省级审定良种，取得了省级科研成果12项，发表科技论文10余篇。随着重庆市油橄榄研发中心平台投入使用，油橄榄研究团队将通过产学研和院企合作开展技术创新，继续开展良种选育及引进、油橄榄山地及丘陵高效栽培、品种改良、水肥一体化高效栽培、油橄榄加工副产物高效利用等关键技术科研攻关，引领产业创新发展，全面助力乡村振兴。

此外，西南大学园艺园林学院果树团队，在油橄榄新种质创制方面，取得新的研究进展，开发了油橄榄InDel分子标记，采用流式细胞术结合染色体观测的方法，自油橄榄开放授粉的后代中筛选出了三倍体（$2n=3x=69$），同时，利用化学试剂诱导油橄榄染色体加倍，获得了油橄榄四倍体（$2n=4x=92$）材料。

重庆第二师范学院和重庆工商大学，在油橄榄精深加工方面，也开展了系列研究，取得了一定的成果；重庆师范大学生命科学学院昆虫研究团队，在油橄榄授粉相关研究中取得积极进展，将为油橄榄品种配置及高效授粉提供重要理论基础。

七、社会服务组织

2021年以来，重庆市林业局持续组织油橄榄市级林业科技专家组和选派市级科技特派员，开展油橄榄良种培育、病虫害防治等先进实用技术的应用与推广，并在全市范围内进行油橄榄科技指导、技术培训等帮扶工作。

第五节　湖北

一、政策资金支持

湖北省十堰市是湖北省油橄榄产业的主要发展区域。十堰市委、市政府高度重视油橄榄产业发展，认真贯彻落实《湖北省关于加快推进绿满荆楚行动的决定》和《关于进一步深化农村改革　扎实推进乡村全面振兴的实施意见》，提出将以油橄榄为发展重点的木本油料作为六大农业支柱产业来抓，将木本油料确定为重点农业产业链之一。各县市区政府成立油橄榄产业链工作专班，由各地政协主要负责同志担任链长，制定木本油料产业发展实施方案，大力推进郧阳区、丹江口市、郧西县油橄榄产业发展的战略部署。湖北省十堰市财政每年拿出1000万元重点支持发展以油橄榄为主的木本油料产业，对油橄榄重点发展乡镇、企业或大户主要采取以奖代补政策，推动产业发展。郧阳区区委、区政府把油橄榄产业、香菇产业、设施渔业列为全区农业产业化三大支柱产业，先后投入资金1.2亿元，重点在资金扶持、农业保险扶持等政策方面，由区级统筹整合资源予以全力推进，郧阳油橄榄规模化种植已初步形成。2024年，丹江口市争取地方政府专项债资金1700万元，重点支持标准化基地建设。

二、基地建设

自2009年以来，湖北省十堰市油橄榄企业和科研单位共引进50多个油橄榄品种进行栽培，建立油橄榄示范种植基地6000余亩，新建种质资源圃100余亩。从2020年至今，湖北省十堰市郧阳区、丹江口市、郧西县高度重视油橄榄产业发展，积极探索破解油橄榄产业发展的瓶颈问题，推动了油橄榄基地建设。截至2024年底，十堰市在丹江库区20个乡镇42个村建立了油橄榄基地，基地总规模达到12.5万亩。到"十四五"末，十堰市培育油橄榄专业合作社（市场主体）100个、沿汉江十堰段各乡镇新建产业示范园1000亩、培育油橄榄产业发展示范户10000户，逐步实现汉江沿岸适生区油橄榄全覆盖。届时，湖北省十堰市沿汉江流域栽培油橄榄面积超20万亩，年产鲜果5万吨，产出初榨橄榄油0.5万吨，年产值过15亿元（加工产值10亿元），直接带动就业超过3万人。

三、精深加工

在发展油橄榄产业的过程中，湖北省逐步形成了"龙头企业+基地+农户"

的产业布局,调动了市场主体的积极性,增强了发展油橄榄的信心。湖北省现有1家国家级林业龙头企业(湖北鑫榄园油橄榄科技有限公司),8家油橄榄省级林业龙头企业,21家合作社,近百个种植大户。先后在郧阳区、丹江口市建有12条橄榄油加工生产线和自动灌装生产线。其中,郧阳区鑫榄源公司2024年建成全国首家1万平方米油橄榄精深加工智慧工厂,新建生产线9条,包括新建智能鲜果筛选生产线1条,新建口服油灌装生产线及配套设施1条,新建喷雾型油灌装生产线及配套设施1条,极大提高了公司生产不同包装形态的橄榄油的能力与效率;新建化妆品生产线及配套设施6条,进一步丰富了产品品类,拓宽了产业发展路径。

四、品牌建设

现有1家国家级林业龙头企业(湖北鑫榄源油橄榄科技有限公司)、8家油橄榄省级林业龙头企业(湖北鑫榄源油橄榄科技有限公司、十堰绿鑫林业发展有限公司、湖北联胜油橄榄科技开发有限公司、郧阳区振林生态农业开发有限公司、湖北省十堰市龙峰农业开发有限公司、十堰泽盟农业开发有限公司、丹江口市兴源生橄榄油科技发展有限公司、十堰金橄榄生态农业有限公司),注册有鑫榄源、遇见武当、京堰、兴源生、安阳湖、橄榄梦工坊、均州金橄榄等商标。鑫榄源公司在北京、武汉、西安和十堰4个城市搭建了郧阳区油橄榄生活体验馆;泽盟公司已注册"安阳湖""橄榄梦工坊""安阳山""安阳岛"及"武当顶"等多个不同类别的品牌商标,申请了"领鲜橄榄油、就选安阳湖"的版权保护及相关专利和软著15项,在武当山机场推出"领鲜橄榄油、就选安阳湖"品牌广告,开发了线上商城。

五、产业融合及经营模式

湖北鑫榄源油橄榄科技有限公司是一家以油橄榄元素为主体,集种苗培育、种植、加工、销售、农文旅于一体的国家级三产融合模式示范民营企业,其投资5亿元打造的田园综合体,集"油橄榄产业+休闲旅游+文化体验+科普+创意教育+艺术酒店+民宿"于一体，一期项目已建成1700亩国家ＡＡＡ级旅游景区，二期项目"遇见汉江"原生态康养休闲基地现已完成信息备案。2024年，公司吸引游客10万人次，带动杨溪铺镇30余家农家乐、民宿、采摘园等周边景点共同发展，实现了200余户500余人就地就业。安阳湖油橄榄产业园吸纳周边村近200名村民在园区长期务工，人均增收3万元，将当地留守村民转变为产业工人。

六、科技创新与产业支撑

从20世纪60年代起，湖北就加入了全国油橄榄协作组，进行油橄榄研究与推广。湖北省林业科学研究院等单位围绕油橄榄品种适应性试验及经济性状测定、栽培技术、繁殖技术及品种改良等方面进行研究，筛选出'九峰1号''九峰4号''九峰6号''九峰7号'等油橄榄优质资源，制定了湖北省油橄榄栽培区划，选育出了具有完全自主知识产权的国审油橄榄良种'鄂植8号'，合作选育的'莱星''皮瓜尔''科拉蒂''钟山24'通过国家林业和草原局林木品种审定委员会审（认）定，相关研究成果曾获1978年全国科学大会奖，1982年获湖北省科技进步二等奖。

近年来，在国家和省政府等有关部门多年的大力支持下，湖北省油橄榄产业初具规模，发展前景较好。2021年由湖北省林业局、湖北省十堰市人民政府共建的湖北省林科院（十堰）木本油料研究院挂牌成立。湖北省油橄榄产业技术研究院于2023年8月28日在郧阳区成立。湖北省油橄榄产业技术研究院拥有一支多专业融合的人才队伍，由院长何东平及中国工程院李培武院士等22位专家组成专家委员会，以副院长朱瑾艳、张小明等专业涵盖园艺学、植物保护、食品加工、市场营销等领域的12人为管理人员，形成了全方位支撑油橄榄产业发展的专业布局。

目前，湖北省十堰市已初步形成涵盖种苗、种植、精深加工、技术服务等各方面的产业体系。近年来，湖北省林业有关科研单位和有关企业主持农业综合开发项目、中央财政推广项目等油橄榄项目10余项，收集了油橄榄品种和优异资源50余份,围绕品种选育、高效栽培、产品精深研发及加工开展产学研融合,申报的湖北省地方标准《油橄榄容器育苗技术规程》《油橄榄生态种植技术规程》和湖北省团体标准《湖北省油橄榄丰产栽培技术规程》获批立项,授权国家发明专利、实用新型专利50余项,发表有关研究论文30余篇。这些成果有力地支撑了湖北省油橄榄产业的发展,并取得了良好的经济效益、社会效益和生态效益。

七、社会服务组织

2022年5月,湖北省十堰市郧阳区油橄榄市场主体联合发起成立郧阳区油橄榄产业联盟,建立了"产业链党委+产业链主"双链式"链长制"工作机制,形成了"产业链党委+链主企业+产业联盟+农户"组织体系,重点在油橄榄种植技术、苗木选优繁育、产品加工、区域公共品牌打造、市场信息、政策支持等方面实现资源共享、合作共赢。

第六节　几点启示

(一)种质资源创新是产业突围的核心抓手

我国油橄榄种植版图正突破传统适生区界限,呈现"核心产区辐射化"发展趋势。典型案例显示,甘肃陇南将种植海拔上限提升200米仍保持丰产特性,四川非最佳适生区实现经济栽培,东南沿海重启引种计划。这昭示着通过系统化种质创新,可深度挖掘油橄榄的生态适应性潜力。当前亟须构建"资源评价—良种选育—区域适配"创新链条,既要科学筛选现有300余种质资源的区域适配品种,更需运用杂交育种、分子标记等现代技术培育抗逆新品种。

(二)技术集成应用是提质增效的关键路径

五大产区示范园单产数据揭示了油橄榄产业的潜力:陇南最高亩产1100千克,冕宁稳定在820千克。但"示范高产与普遍低效"的剪刀差现象突出,这暴露出现有技术体系推广不足的短板。破解路径在于构建"四化"技术体系：栽培管理精准化（智能水肥系统）、抗逆技术体系化（旱季保墒方案）、果园管理数字化（物联网监控平台）、采后处理标准化（鲜果品质分级）。我们需重点突破季节性干旱应对、营养精准调控等技术瓶颈。

（三）政府顶层设计是产业培育的核心动能

从五个重点省份油橄榄产业的发展历程来看，当地政府均对油橄榄产业给予了高度重视，从省级层面、适生区当地政府及行业主管部门均出台了许多政策来支持产业发展。政府的重视是优势产业成长的重要条件。油橄榄作为外来树种，作为一个新生事物，在群众对树种特性、产品特性、市场前景等方面缺乏充分认识的情况下，当地政府的扶持显得非常重要。甘肃武都区的创新实践表明，政府主导的"三级联动"机制（省级战略—市县专班—乡镇落实）能有效破解产业培育初期的市场失灵问题。其"链长制"管理模式通过专项扶持、园区建设、龙头培育等组合拳，两年内带动企业形成了产业集群。这启示我们，油橄榄产业后发地区需构建"政策护航体系"。

（四）全链协同发展是产业跃升的根本保障

油橄榄产业是对加工依赖性高的产业，油橄榄鲜果必须经过专业设备加工才能变成产品，且产品加工对采摘的鲜果有时效性的限制，要在规定时间段内及时加工，加工企业的发展和运行状况对油橄榄产业的发展很关键。橄榄油在我国作为新生油品，目前国内消费认同度不高，企业在销售上存在一定困难，且参与油橄榄产业开发的企业多为民营企业，这些企业基本上是中小企业或小微企业，抗风险能力弱，或企业运行不良。油橄榄企业一旦出现问题，将会导致鲜果没人收购、加工，这将对前端种植业产生毁灭性影响。当前各产区加工环节呈现"小散弱"特征，亟须构建"三位一体"协同机制：前端推行订单农业稳定原料供给，中端发展化妆品基油等高附加值产品，后端建立质量追溯体系培育消费信任。典型案例表明，实施品牌提升工程可使产品溢价。

第四章

油橄榄产业发展
重点企业

作为联合国粮农组织重点推广的"地中海膳食模式"的核心载体，油橄榄承载着从传统油料作物向战略健康产业升级的时代使命。其产品特级初榨橄榄油因富含单不饱和脂肪酸和抗氧化物质，享誉全球高端食用油市场，被誉为"液体黄金"。我国自1964年引种油橄榄以来，历经半个多世纪的探索，构建三大产业带，国产橄榄油更在纽约国际橄榄油大赛等顶级赛事中斩获金奖，实现了从"产业跟跑"到"品质并跑"的跨越式发展。这背后是众多油橄榄加工企业的不懈努力。这些企业凭借卓越的运营管理、先进的技术创新和敏锐的市场洞察力，成为产业领军者，在生产、加工、销售环节发挥关键作用，推动我国油橄榄产业可持续发展。本章将聚焦全国部分油橄榄重点企业，展现它们的成长路径及对产业发展的贡献。

第一节　甘肃

一、陇南市祥宇油橄榄开发有限公司

（一）公司基本情况

陇南市祥宇油橄榄开发有限公司成立于1997年，目前已发展成为集油橄榄良种育苗、集约栽培、规模种植、科技研发、精深加工、市场营销、产业旅游为一体的综合性企业，董事长是刘玉红。"祥宇"二字取自周总理字"翔宇"的谐音。2014年，占地180.86亩，总投资达6.82亿元的祥宇生态产业园（陇南市武都区汉王镇）开工建设，产业园包括农业科技产业园、橄榄文化博览园、科技研发示范园、阳光工厂体验园、健康主题休闲园五大组成部分，全面建成后公司综合产值将达到8.2亿元，利税将达到1.06亿元，新增就业岗位500多个。一期工程"阳光工厂"已于2015年投入生产。

（二）公司发展情况

1.油橄榄基地规模

公司以联农带农为己任，采用"公司+协会+基地+合作社+农户"的合作方式，实施"订单农业"，有效整合了武都区油橄榄种植面积56.3万亩，带动种植户7.6万户约35万人发展油橄榄，多年来向农户提供了五方面的帮助：一是免费提供技术指导，二是免费提供良种苗木，三是以高于市场价优先收购原贫困户的鲜果，四是多方面争取项目扶持资金，五是筹集资金为困难农户修建园区道路等。在脱贫攻坚期间，公司累计带动建档立卡贫困户4817户21678人实现了稳定脱贫，2021年，祥宇公司被国务院原扶贫办确定为"全国脱贫攻坚考察点"，刘玉红董事长被评为"全国脱贫攻坚先进个人""全国三八红旗手"。公司积极推进"十百千橄榄枝行动计划"实施，举办实用技术培训班20多场次，培训果农1500多人次，发放油橄榄管护手册2000多册，向参加培训的果农发放了修剪工具、有机肥料等农资，极大地提高了种植户的积极性。同时，公司还对武都区外纳镇锦屏村、外纳村、崖角村等地共计2500亩低产低效油橄榄园区开展了整形修剪、高接换优等提质增效工作，为油橄榄园提质增效和果农增产增收打下了坚实的基础。公司成立至今已累计向果农支付收购款18亿元。

2.加工基地情况

公司建立有"阳光工厂"，安装了3条原装进口橄榄油冷榨生产线，日加工油橄榄鲜果560吨；建成了国际标准化充氮隔氧、恒温避光的万吨储油库，有效隔绝了紫外线和空气对橄榄油的氧化，最大限度地保留了橄榄油中的活性成分；建有2条日灌装能力为15万瓶的灌装生产线；配备了专业的质检团队，全天候实时质量监控，严格控制每道生产工序。

公司重视管理，通过卓越绩效管理模式的全面诊断、组织培训、改进实施，转变了企业管理的理念，提高了效率；高度重视产品质量与服务流程，通过规范操作设计、实施与改进，不断提升产品质量和服务水平；多次派优秀员工外出学习橄榄油品鉴方法和先进的生产技术，已有8名员工取得了国际品油师资格证书。公司已连续多年取得了质量、食品安全、环境、HACCP等多项管理体系认证,实现了标准化、系统化的全面质量管理。

3.科技支撑与产品开发

公司的主要产品有特级初榨橄榄油、原生护肤品、橄榄饮品、橄榄休闲食品、橄榄保健品、橄榄木艺品等六大系列,其中祥宇橄榄岷归软胶囊填补了国内油类保健品的空白,取得了发明专利。公司高度重视科技研发和创新突破,2015年被国家林业局批准为"国家林业局油橄榄工程技术研究中心产品研发基地",2016年被甘肃省科技厅批准为"甘肃省油橄榄加工技术与质量控制工程技术研究中心",2018年经省院士专家工作领导小组批准设立了油橄榄行业首个院士专家工作站。2022年,在陇南市委、市政府的大力支持下,公司牵头成立了中国首个"油橄榄产业创新联合体",开创了科技创新的新路径。2023年,公司和甘肃省林业科学研究院共同作为依托单位被甘肃省科技厅认定为"甘肃省油橄榄技术创新中心"。公司已荣获甘肃省"科技进步一等奖"1项,省部级其他奖励4项;目前拥有国际发明专利1项、国家发明专利13项、实用新型专利27项、外观专利13项。公司在产业链延伸方面取得新突破,实现产品多元化发展。2024年,研发团队经过不断探索,又开发出橄榄油凝胶糖果等延伸产品,增加了产品的多样性,满足了不同消费者的需求。

图4-1　有机单果特级初榨橄榄油

图4-2　白玉瓶有机单果特级初榨橄榄油

图4-3　喷雾型特级初榨橄榄油

图4-4　橄榄菜、橄榄芽茶等

图4-5　橄榄岷归软胶囊

图4-6　橄榄油护肤品

图4-7　橄榄休闲食品　　　　　　　　图4-8　橄榄文创系列

4.品牌建设

公司十分注重品牌建设，2013年"祥宇"商标被国家工商总局认定为"中国驰名商标"，2021年被甘肃省质量协会、甘肃日报社评为"甘肃好品牌——最具影响力品牌"。该公司的典型做法主要有以下几点。

一是狠抓质量管控，奠定品牌基础。公司上下牢固树立"质量就是生命"的经营理念，在生产经营的每一道关口全面推行"全员质量管理"制度，实现了"层层把关，相互监督"，形成了从鲜果收购、包材入厂到生产加工、入罐储存，再到包装出厂、市场回抽的完整的质量监管体系，做到了"道道有监测检验、环环有记录分析"，一旦出现质量问题，可追溯到具体环节、具体人员，建起了"查漏补缺、整改完善"的预警机制和"产品质量奖""合理化建议奖"等激励机制，提升了全员的质量管理能力。

二是注重科技赋能，提升品牌内涵。在采用世界先进技术的基础上，公司与国内外大学研究院所合作，进行多项技术的自主创新和改进，获得国际发明专利1项、国家发明专利10项、实用新型专利25项、外观专利12项，制定和备案企业标准10多项，建起了适合中国主栽品种的特级初榨橄榄油生产加工技术规范和体系，多项技术国内领先、国际一流。公司大力开展科技合作：邀请国内知名食品专家朱蓓薇设立了院士专家工作站；公司自主建成了标准化检测实验室，配有专业技术人员10人、国际品油师8人，在生产全过程严格控制每道工序。公司还聘请国际橄榄油质量控制专家、IOC资深品油师帕布罗先生为技术顾问，长期开展质量管控技术培训和业务指导。

三是参加国际大赛，做好品牌"背书"。2017年在纽约国际橄榄油大赛上，祥宇公司生产的特级初榨橄榄油从27个国家910份样品中脱颖而出获得金奖，当时的《纽约时报》报道说："今年的橄榄油大赛惊喜不断，但是最令人惊喜的是来自中国的'祥宇'牌橄榄油竟然获得了一枚金奖。"2020年在油橄榄故乡希腊雅典娜举行的国际橄榄油大赛中，祥宇橄榄油以最高分获得了双金奖，并被评为全球最佳有机特级初榨橄榄油，同时获得最佳单品种奖、最佳展示奖。在希腊获得双金奖后，"新华信用""新华社客户端""新华网""中国驻希腊大使馆""新甘肃客户端""CCTV-7"《人民日报》等官媒和经济类多媒体均作了报道，影响巨大，其中仅"新华社客户端"的阅读量就达126万之多。2024年，公司先后派员参加了第十九届中国国际中小企业博览会、第四届消博会、甘肃省特色优势产业推介会、黄河流域跨境电商博览会、第二十一届中国国际农产品交易会等10多次展会，荣获金奖3枚。截至目前，祥宇牌特级初榨橄榄油在美国、日本、以色列、意大利、西班牙、希腊等10多个国家的国际橄榄油赛事中累计荣获金、银、铜奖88枚，品牌影响力不断提升。

四是大力宣传推介，提升品牌知名度。2019年10月，经过积极争取，祥宇橄榄油成为中国人民解放军海军70华诞国宴用油；2019年11月，祥宇品牌故事《五十五载耕耘　祥宇如您所愿》荣获第七届全国品牌故事大赛全国总决赛三等奖；2019年12月1日，祥宇橄榄油广告在CCTV-1、2、13频道黄金时段播出；2019年12月13日，祥宇橄榄油入选"新华社民族品牌工程"；2020年1月，《让世界爱上中国橄榄油》报道在《甘肃日报》刊载；2020年3月，《以创新为动力，以品牌担使命》在全国50多家报纸同时刊载。近年来，新华社、中央广播电视总台、甘肃广播电视台等多家媒体，不断报道公司榨季生产、疫情防控、联农助农、奉献爱心、荣获金奖的新闻，极大地提升了祥宇橄榄油的社会知名度，公司产品出现了产销两旺的局面。与此同时，公司还通过抖音、快手、微信、直播带货、公众号等渠道，广泛宣传企业文化，塑造了良好的社会形象。公司宣传部门积极开展各类宣传工作，宣传内容涵盖油橄榄科普、营养价值、烹饪应用、产品推荐、品牌故事、研学活动、新闻报道等，提升了公司知名度与美誉度。

5. 荣誉

祥宇公司曾两度受邀参与橄榄油国家标准的起草和修订；2013年"祥宇"商标被国家工商总局认定为"中国驰名商标"；2014年被国家林业局确定为"首批国家林业重点龙头企业"；2016年被国家农业部、财政部、国家发改委等八部委审定为"农业产业化国家重点龙头企业"；2019年荣获"第六届甘肃省人民政府质量奖"，同年获得中国首张特级初榨橄榄油认证书，并被国家粮食和物资储备局评定为"全国放心粮油示范工程示范加工企业"；2020年先后获得省级、国家级"绿色工厂"称号；2021年被国家粮食和物资储备局确定为"国家粮食应急保障企业"；2022年被省委、省政府授予"甘肃省先进企业突出贡献奖"，刘玉红董事长被评为"甘肃省优秀企业家"，祥宇生态产业园区被批准为"国家ＡＡＡ级工业旅游景区"；2023年祥宇工业旅游景区被文旅部批准为国家级"工业旅游示范基地"；2024年公司荣获"甘肃省质量强国建设领军企业"称号。

6. 社会责任

公司在不断发展壮大的同时，不忘应承担的社会责任，始终热心于各项公益事业。在助力乡村振兴上，每年吸纳周边农户4000~5000人次入园务工，2021年为武都区蒲池乡、坪垭乡2个村各捐赠1万元产业发展资金，在"光彩会宁行"活动中为会宁老区发展经济捐款10万元，2022年为响应"万企兴万村"活动，向两个帮建村武都区磨坝乡曹家湾村、裕河镇凤屏村分别捐赠10万元、20万元现金。在支持教育事业上，公司自2013年起在陇南市一中设立了"祥宇"橄榄奖助学金，每年捐助10万元，12年来祥宇捐助的橄榄奖助学金已资助学生数百名。在疫情防控上，2020年新冠疫情期间累计捐款捐物75万元，2022年向青岛市捐赠了价值19.6万元的抗疫和生活物资，向武都区捐赠了13万元的防疫物资，向汉王镇捐赠了4万多元防疫物资。在抢险救灾上，为武都区桔柑镇陈家坝村暴洪灾害损毁道路及河堤灾后恢复重建捐款7万元，为河南省暴洪灾害捐款1万元。截至目前，祥宇公司已累计捐款、捐物达1640多万元。

祥宇以"产品就是人品"的理念,坚定不移地走品质之路、品牌之路,始终秉承"打造一个品牌,带动一个产业,造福一方百姓"的初心,铭记"产业报国,敬天爱人"的企业宗旨,以让国人吃上国际品油师认可的特级初榨橄榄油、让世界爱上中国橄榄油为使命,持之以恒地打造国际一流油橄榄全产业链企业,让世界看到了中国原产橄榄油的匠心制造、国际品质,为油橄榄产业助力乡村振兴注入了新动能。

二、陇南市金纽带油橄榄科技有限公司

(一)公司基本情况

陇南市金纽带油橄榄科技有限公司成立于2019年8月,注册资本为1亿元。公司坐落于甘肃省陇南市武都区桔柑镇大岸庙村陇南供销智慧冷链物流园内,占地面积51.15亩,总投资1.52亿元。作为陇南市供销合作社联合社的直属企业,公司秉承"让用户更健康、让果农更富裕、让员工更幸福、让乡村更美丽、让企业更兴旺"的发展理念,在"供销社+龙头企业+科研院所+专业合作社+基地+农户"的模式下,立足本土实际,充分发挥供销行业优势,以"为农、务农、姓农"为宗旨,积极发展油橄榄特色产业,整合社会优质优势资源,以"收购价格的稳定器、市场价格的调节器"为企业定位,打造"为农姓农国家队,乡村振兴排头兵"。

针对陇南油橄榄产业发展初期基础条件较差、产业发展成本高、品牌效应不强、精深加工水平低等问题短板,在2016—2018年间,陇南油橄榄鲜果一度出现每千克低于3元,甚至有不收果子的现象,让陇南"独一份"的油橄榄产业发展陷入了困境,出现果贱伤农、果农砍树的现象,在较大程度上挫伤了果农种植的积极性。这些问题引起了陇南市委、市政府的高度重视,多次召集林草、农业农村、乡村振兴、供销等部门进行专题研究部署。为了尽快破解陇南油橄榄产业发展中遇到的瓶颈难题,围绕全市油橄榄产业发展现状,从供销工作实际出发,市供销社提出了"保障果农利益、拓展销售渠道、发展壮大产业"的工作思路。2019年,在市委、市政府的指导支持下,市供销社开始谋划建

设陇南市供销智慧冷链物流园区项目，并于同年8月组建了陇南市金纽带油橄榄科技有限公司，注册了"金纽带"橄榄油商标，逐渐开始打造陇南发展油橄榄产业的"国家队"。

（二）公司发展情况

1.油橄榄基地规模

在"供销社+龙头企业+科研院所+专业合作社+基地+农户"的模式下，公司协同旗下14家加盟合作社，已成功签约2.9万亩油橄榄种植基地，其中3200余亩已签订土地承包租赁合同，有效带动了东路片区多个村镇3000余户油橄榄种植户共同发展。

近年来，随着市委、市政府进一步加大对外宣传的力度，陇南橄榄油逐步获得市场的认可。同时，陇南油橄榄三年倍增计划的实施，也为产业发展注入了新的活力。在这些因素的共同作用下，油橄榄鲜果价格由2018年的3元/千克增长至2023年的8元/千克，呈现出可喜的发展态势。这一变化引发了民营企业对油橄榄鲜果的争抢收购，极大地提振了广大果农对发展陇南油橄榄特色产业的信心与决心，形成了企业、合作社、农户、市场和社会多方共赢的局面。金纽带公司发挥出了市场价格调节器的作用，成为果农增强信心的稳定器。截至2023年底，公司已累计带动5000户农户参与油橄榄产业，支付收购款达3500余万元，为地方经济发展作出了积极贡献。2024年，金纽带公司积极履行社会责任，面向全市果农保价兜底收购，应收尽收，保证果农利益。在武都区油橄榄指导价6元/千克的基础上，金纽带公司坚持以6.7元/千克的价格向旗下专业合作社收购油橄榄鲜果，并要求旗下合作社向农户收购不得低于6元/千克。

2.加工基地情况

2019年，在陇南市委、市政府的指导下，市供销社筹划建设陇南市供销智慧冷链物流园区并交由陇南市金纽带公司承接运营。目前，园区已建成加工量达5.8吨/小时的特级初榨橄榄油生产线2条，总储量达500吨的双层保温储油罐25个，建成橄榄油灌装生产线1条，远期计划将特级初榨橄榄油生产线增至5条，油橄榄鲜果年加工能力将达5万吨，储存量达1.2万吨。项目于2021年1月正式开工建设,2023年7月底,该项目已完成竣工验收,资产已全部移交金纽带公司。2024年,金纽带公司对现有两条生产线实施改造,将原二楼的上果环节调整至一楼,并在一楼增设行业首创的鲜果预清洗工艺,建设鲜果预清洗设备两套,将原有的单次鲜果清洗流程升级为两次清洗,进一步提升橄榄油的质量。

3. 品牌打造及销售渠道

（1）营销推广

一是持续在抖音、淘宝、小红书、微信视频号等知名线上平台推广金纽带特级初榨橄榄油,在完成多平台多账号的矩阵搭建的基础上,进行每日不间断的作品发布宣传,持续丰富线上宣传资料。二是通过与中国乡村振兴促进会的深入合作,利用其抖音账号"中国社会帮扶网"拥有的庞大粉丝客户群体,组织开展多次抖音直播活动,助力乡村振兴战略的深入实施,为农村发展注入新动力。三是参加"甘味出陇·青春赋能"农民丰收节直播助农活动,在活动现场开展"甘味"农产品溯源直播销售,公司主播在活动中被聘为"陇南市青春助农推荐官"。四是推出新产品"轻盈油你金纽带特级初榨橄榄油原浆"并在全平台宣传推广。公司还与优优（广州）科技有限公司达成合作,在其"企叮咚"平台上架产品,利用其优秀分销机制,宣传销售橄榄油。

（2）产销对接

2024年,公司积极参加各类产销对接活动,进一步拓宽了产品外销渠道。1月,公司参加了由市政府相关单位联合举办的陇南市房交会及年货节活动。5

图4-9　金纽带公司产品

月16日，公司参加了由陇南市政府在成都举办的招商引资活动农产品展。7月6日，公司参加了第三十届中国兰州投资贸易洽谈会。8月12日，公司参加了"美丽官鹅·供销甄品"2024年首届陇南供销特色农产品官鹅沟景区促销活动。8月23日，公司参加了第32届广州博览会，在广博会甘肃展位现场布展销售。9月23日，公司参加了由市供销社、共青团陇南市委、陇南市电子商务发展局联合主办的"甘味出陇·青春赋能"农民丰收节直播助农活动，开展"甘味"农产品溯源直播销售，公司主播被聘为"陇南市青春助农推荐官"。9月26日，公司赴北京参加招商及产销对接活动，与中青企协对接交流，整合陇南农产品资源，拓展发展思路，带动陇南电商产业全方位发展。10月11日，公司参加了由中国乡村发展志愿服务促进会在北京主办的"第二届中国乡村特色优势产业发展大会"的展销活动。10月18日，公司参加了由国家粮储局在武汉主办的第六届中国粮食交易大会。11月1日，公司参加了在甘肃省兰州市国际会展中心举办的"央地携手·富民兴陇"央企消费帮扶聚力行动，持续宣传陇南油橄榄产业及金纽带公司产品，提升品牌影响力，进一步拓展市场份额。11月29日，公司参加了由共青团中央青年发展部、中国青年报社主办，陇南市相关单位承办的陇南专场"青耘中国"直播助农活动。

金纽带公司申报了省供销社农产品展销中心建设项目，项目计划建设占地总面积625.60平方米的农产品展示展销和管理中心，集中展示展销陇南特色农产品，并通过网络平台进行销售。陇南市金纽带油橄榄科技有限公司农特产品展示展销中心建设项目自2024年5月正式启动。

4. 获奖情况

金纽带公司选送的由'莱星'和'科拉蒂'两个单果品种压榨而成的两款金纽带特级初榨橄榄油，于2023年先后参加了5个顶级国际橄榄油比赛并全部喜获大奖。2023年4月11日，在美国纽约国际橄榄油比赛（New York IOOC）中，参赛的两款金纽带特级初榨橄榄油双双荣获金奖。2023年4月26日，在西班牙科尔多瓦国际橄榄油竞赛（EVOOLEUM Top 100）中，金纽带特级初榨橄榄油成功入选世界上最好的特级初榨橄榄油TOP 100榜单。2023年5月22日，在希腊雅典娜国际橄榄油大赛（ATHENA IOOC）中，金纽带特级初榨橄榄油再次斩获两项金奖。2023年6月14日，于伦敦国际橄榄油质量竞赛（London IOOC）中，金纽带特级初榨橄榄油荣获一项铂金奖和一项金奖，值得一提的是，金纽带公司是中国唯一荣获该竞赛最高铂金奖的油橄榄企业。2023年6月27日，在以色列国际橄榄油大赛（Terra Olivo）中，金纽带特级初榨橄榄油再获一项最高荣誉金奖和一项金奖。

2024年，针对国内橄榄油国标只有理化指标未加入感官评价、大量国外劣质橄榄油充斥国内市场挤压本土企业生存空间的现状，金纽带公司联合15家国内企业及机构，牵头制定了特级初榨橄榄油行业流通标准，目前已报送中华全国供销总社审批。

三、陇南市奥利沃生物科技有限公司

（一）公司基本情况

陇南市奥利沃生物科技有限公司成立于2023年2月，是青岛籍人士为响应东西协作的号召，在陇南投资的一家集油橄榄生产、研发、加工、销售为一体的综合性科技公司，位于甘肃省陇南市武都区马街镇马安新区高新技术产业园1期C4栋，负责人为黎伟。

公司在前端橄榄油生产加工过程中，发现一些制约陇南油橄榄产业发展的问题：由于橄榄叶提取工厂技术门槛高、投入大、本地未有加工企业，外地企业联手压低橄榄叶收购价格，影响了种植户的积极性；橄榄油生产企业每年的果渣未能及时处理，造成环境负担；甘肃省内多所高校和科研院所对油橄榄的综合利用进行了深入研究，但在产地尚无企业能够承接这些科研成果的转化。基于以上几点，公司为实现农户增收、解决企业生产污染问题、推动科研成果落地、满足产业升级的需求，于2023年投资5600万元，在陇南市武都区马安高新技术产业园建设了油橄榄叶及橄榄果渣有效成分提取生产线项目，成立了陇南奥利沃生物科技有限公司。

（二）公司发展情况

公司将当地油橄榄特色优势资源与我国橄榄油巨大的市场潜力相结合，立足当地丰富的油橄榄鲜果资源优势，以农户油橄榄种植基地为依托，以"绿色、天然、环保"为理念，对油橄榄这一独特优势产业进行全方位的发展，形成了贸、工、农、研一体化，产、加、销一条龙的格局。公司的成立惠及广大油橄榄种植户，切实推动了当地农民增收、农业增效，并实现了资源充分利用，把资源优势转变为经济优势。

1. 基本情况

该项目占地6000平方米，建筑面积为8000平方米，已建成年处理油橄榄干叶5000吨和9000吨果渣的提取物生产线各1条，可生产出提取物300吨，主要产品为橄榄苦苷、橄榄黄酮、齐墩果酸、山楂酸，提取物主要具有抗氧化、降血糖、降血脂、杀菌、消炎抗肿瘤的效果，广泛用于食品、药品、保健品和饲料添加。项目的实施直接增加就业岗位60余个，带动5000余农户增收。

2. 产品利用与开发

公司自研的油橄榄果渣三脱（脱水、脱核、脱脂）工艺，从果渣内提取山楂酸，其中脱核和脱脂是公司自主研发、国内首创的技术。

3. 品牌建设及销售渠道

一是通过科技背书与讲好陇南油橄榄的品牌资源故事，借助图文与短视频社交媒体进行线上宣传。二是通过专卖店线下体验、生产工厂实地考察等线下模式进行宣传推广 。三是通过在国内外对口参展进行品牌宣传。四是通过线上各平台对外销售，线下专卖店宣传销售。五是通过参展联系优质客户进行销售。

四、陇南市陇锦园油橄榄开发有限公司

（一）公司基本情况

陇南市陇锦园油橄榄开发有限公司成立于2016年7月8日，注册资本达1200万元，法人是王金平，公司位于武都区吉石坝街道上黄社区，品牌为"陇锦园"。公司是一家集油橄榄良种育苗、集约栽培、规模种植、科技研发、精深加

工、市场营销为一体的专注于油橄榄产业开发的综合性民营科技企业。主要产品为特级初榨橄榄油。作为国家高新技术企业和省级农业龙头企业，公司秉承"绿色、天然、环保"的发展理念，经过多年发展，已成为陇南地区油橄榄产业的重要支柱企业之一。

（二）公司发展情况

1. 油橄榄基地规模

陇锦园公司拥有3000亩油橄榄种植示范基地，其中2500亩位于武都区吉石坝梁斩山，500亩位于沙湾镇鹿川村。公司栽种油橄榄树超过35万株，形成了规模化、标准化的油橄榄种植示范区，为公司提供了稳定优质的原料来源。

公司积极引入现代化农业设施，显著提升了种植效率。通过修建山地单轨运输机轨道和产业道路，解决了油橄榄果运输难题；创新应用电动采摘机等先进设备，降低了人工成本，提高了采收效率。在种植模式上，2024年公司进一步深化了"公司+合作社+农户"的合作机制。一方面，公司为周边农户免费提供技术指导和品种支持，引导农民科学种植；另一方面，公司通过订单农业模式，与农户签订长期收购协议，保障农民收益稳定。这种模式不仅扩大了公司的原料来源，也带动了当地20多万名农民增收，实现了经济效益与社会效益的双赢。

2. 加工产能

2024年，公司统筹协调合作社、辖区内种植户以及帮扶村户签订订单协议，共计1650吨鲜果应收尽收，收购价格稳定在7元/千克，有效保障了农民收益。

在加工设备方面，公司近年来继续加大投入，引进了具有世界先进水平的初榨橄榄油生产线2条，日加工橄榄鲜果35吨，日压榨特级初榨橄榄油4.5吨。这些生产线采用低温冷榨工艺，最大限度地保留了橄榄油的营养成分和风味物质。为保障产品质量，公司在2024年特别强化了冷链仓储能力建设，出资修建了100平方米的有机原油与油橄榄成品储藏冷库，严格控制储存温度，为打造绿色、天然有机橄榄油提供了专业化的储藏条件。这一设施投入运营后，显著延长了产品的保质期，提高了产品在市场流通中的品质稳定性。

3. 品牌建设与市场推广

公司在品牌建设与市场推广方面实施了一系列举措，显著提升了"陇锦园"品牌的市场影响力和消费者认知度。公司积极参与区域公用品牌建设，推动"甘味"品牌、区域公用品牌与企业商标品牌协同发展。

图4-10　陇锦园公司产品

在品牌传播策略上，公司2024年采取了线上线下相结合的多元化推广方式。线上方面，公司加强了电商平台运营，通过网店和社交媒体进行品牌传播；线下方面，公司在上海、青岛、广东等城市开设了油橄榄产品体验店。全渠道的品牌曝光策略有效扩大了消费者的接触面，提高了品牌知名度。

作为"国家高新技术企业"和"省级农业龙头企业"，公司充分利用这些官方认证提升品牌公信力，积极参与各类行业展会和推广活动，如森博会、林交会、中国乡村特色优势产业发展峰会、世界林木业大会等重要行业活动。公司积极参加各类质量评比，已累计获得国际国内奖项20多个，这些荣誉为品牌溢价提供了有力支撑。

4. 科技创新情况

公司依托自身技术积累和产学研合作，成功开发出多个新产品品类，目前主要产品包括"陇锦园"品牌的特级初榨橄榄油、橄榄果脯、油橄榄醋和酱油、油橄榄白酒、油橄榄挂面、油橄榄饼干等多个品类，进一步满足了市场多样化需求，提升了产品附加值和市场竞争力。

2024年，公司积极参与了陇南市油橄榄产业链"延链补链"工程，围绕油橄榄产业提质增效，以项目建设为抓手，推进油橄榄叶及果渣有效物提取等深加工项目。这些项目的实施将进一步丰富公司的产品结构，提高资源利用效率，增强其市场竞争力。

5. 获得的荣誉称号

陇锦园橄榄油为有机转换食品，是国家认证绿色食品、国家地理标志保护产品、832平台消费扶贫产品，2021年入选粤港澳大湾区菜篮子供货基地和甘肃省第二批"甘味"产品名录；多次荣获国际食用油及橄榄油产业博览会金奖。公司已获得实用新型专利授权24件，发明专利2件，商标授权6类，通过了省科创型企业认证、知识产权管理体系企业认证。

五、文县陇源油橄榄有限公司

（一）公司基本情况

文县陇源油橄榄有限公司，位于甘肃省陇南市文县尚德镇农业产业园，集育苗、栽培与加工为一体，法定代表人是马彩娥。

（二）公司发展情况

1. 育苗栽培基地

公司精心打造了占地约120亩的育苗栽培基地，主要繁育出'莱星''鄂植8号''皮削利''奇迹''阿尔波萨拉''豆果'等良种。作为文县唯一一家油橄榄育苗企业，公司被文县林业局确定为油橄榄品种示范基地。近年来，公司培育的优质油橄榄苗木，凭借良好的适应性和高成活率，畅销广东、湖北、湖南、四川、重庆等多个省市，创造了约200万元的经济效益。目前，基地库存油橄榄种苗约80万株，不仅为本地油橄榄产业的持续发展提供了充足的种苗支持，还为当地200多户家庭创造了务工机会，成为群众增收致富的重要途径。

2. 油橄榄种植基地

2023年，公司通过深入调研文县油橄榄产业的发展现状，积极探索产业升级路径。为了增加农业经营主体的收入，提升产品附加值，公司以油橄榄育苗种植为基石，向橄榄油加工环节延伸，成功打造出多功能现代化农业油橄榄品牌基地，实现了一、二产业的深度融合。目前，公司已在丹堡镇丹堡村杨家坝社、丹堡二社承包4000亩集体荒山荒坡，建成2500亩油橄榄标准化示范种植基地。该基地发展潜力巨大，预计达产后年产油橄榄果2000吨，将辐射带动周边10个乡镇，推动5万余亩油橄榄标准化种植。

3. 加工基地

位于尚德镇尹家坝村农业产业园区的油橄榄深加工项目，占地5亩，其中1300平方米为深加工车间，生产基地配备六大标准化车间（备料、生产、储油、清洗、灌装、包装），实现从原料预处理到成品包装的全流程标准化管理，其中储油车间采用温控技术确保油品品质稳定。该项目年处理油橄榄鲜果20000吨,年产200吨特级初榨橄榄油,进一步提升了公司在油橄榄加工领域的影响力。

4.品牌建设

公司品牌为"遇见熊猫"特级初榨橄榄油,以北纬33°黄金产区为核心卖点,强调低温物理冷榨工艺保留营养成分。2025年4月,"遇见熊猫"斩获纽约国际橄榄油大赛特级初榨橄榄油银奖,这一国际权威奖项直接证明了其品质。

图4-11 "遇见熊猫"特级初榨橄榄油

5.销售渠道拓展

公司产品品牌定位为高端健康市场,旨在通过"绿色、纯净、原产地"的差异化形象迅速打开消费认知,进一步拓展电商平台及线下经销商渠道。

同时,公司借力现有电商网络,布局线下铺货,形成线上线下融合的销售矩阵。

6.荣誉与品质保障

公司产品已通过"质量管理体系认证"。公司被认定为"科技型中小企业""县级龙头企业"。2025年,公司产品斩获纽约国际橄榄油大赛特级初榨橄榄油银奖,被纽约橄榄油时报认证为2025年世界最佳橄榄油,荣获2025年西班牙国际橄榄油大赛世界100强。

公司生产过程严格遵循国家标准,其加工厂的六大车间流程设计也体现了对品质控制的重视。公司的橄榄油产业整体已建立从种植到加工的质量追溯体系，为品牌信誉提供了坚实基础。

第二节　四川

一、凉山州中泽新技术开发有限公司

（一）公司基本情况

凉山州中泽新技术开发有限公司成立于1998年，法人是杨泽身。公司位于西昌市安哈镇新营村，最远基地距离西昌主城区不超过 35 公里，交通便利。园区包括北河基地（安哈镇新营村，原西溪乡新营村）、经久基地（经久乡大村）、民和基地（川兴镇新农村、合兴社区，原川兴镇民和村、合兴村）、月华基地（礼州镇红旗村，原月华乡红旗村）、海南基地（海南街道大石板社区，原海南乡钟楼村），园区规划总面积为10000亩。公司主要致力于油橄榄良种选育、繁育，丰产种植技术研究、推广及油橄榄系列产品的开发、销售。目前，公司共有7个良种，200多个品种资源，是全国最大的油橄榄种质资源库之一，也是世界"夏雨型"气候条件下最大的油橄榄种质资源库，为西昌、凉山乃至全国各省市提供了大量的良种种苗。

（二）公司发展情况

1.油橄榄基地规模

公司核心区占地6000亩，由北河基地1350亩、经久基地2300亩、民和基地650亩、月华基地1580亩、海南基地120亩组成。园区形成了以"油橄榄+"为主导的产业循环经济模式，建有国家级油橄榄种质资源库、国家级油橄榄良种基地、四川省油橄榄工程技术研究中心、科普教育中心、标准化示范区、采摘体验区、林下种养殖区、农耕体验区、综合加工区、油橄榄文旅融合区等多功能区，形成了一个集"林文旅""产学研""游购娱"为一体的现代林业园区，实现了一二三产业的深度融合，联动、循环发展的经济模式。

2. 加工产能

园区内加工厂建有油橄榄全自动生产线2条，可实现清洗、分选、粉碎、冷榨、离心分离、包装、冷藏等橄榄油加工、储存流程，初加工设备完善，鲜果日加工产量可达36吨，年加工能力达3200吨，年产橄榄油450吨，产值超1.5亿元，产品初加工率达100%。

3. 产品开发

公司对油橄榄初加工产品进行了精深加工，开发出茶叶、蜜饯、手霜、精油、手工护肤皂等深加工产品。公司将橄榄油加工产生的残渣，全部制作成饲料、有机肥用于基地种养殖业，真正实现有机循环利用，加工剩余物综合利用率达100%。油橄榄衍生产品（茶叶、油橄榄蜜饯等）自进入市场以来，受到广大消费者的青睐。

图4-12　中泽公司产品

4. 品牌建设

园区在国家工商总局注册的"源泽""中泽""是歌""油橄榄庄园"商标，覆盖油橄榄产业7大类70种产品和服务项目。园区内获得县级及以上品牌认证登记的品牌占园区销售品牌的100%。园区内产品品牌监管体系健全。

5. 销售渠道

（1）线下直销

在四川、云南、贵州等地各大超市销售。

（2）线上销售

顺应"互联网+"新趋势，整合油橄榄产业现有线下资源，发挥产地优势、品质优势，健全园区电子商务基础设施、物流体系、服务平台，培育农村电商经营主体、电商人才、电商品牌，因地制宜发展适应当地实际的农村电子商务模式与现代冷链物流体系，实现油橄榄系列产品线上线下同步营销，促进西昌市农业农村电子商务的全面发展。目前，公司的电商销售额占比达到30%以上。

二、冕宁元升农业科技有限公司

（一）公司基本情况

冕宁元升农业科技有限公司成立于2012年，是一家以油橄榄产业为主体，集科研、育苗、种植、生产、加工、油橄榄产业价值链产品研发、观光文旅、销售、服务于一体的台资企业，公司位于冕宁县宏模镇优胜村，法定代表人是林春福。

（二）公司发展情况

1. 油橄榄基地规模

公司通过自筹、政府整合、融资等方式先后投入资金1.8亿元，以宏模镇为中心，先后打造高标准油橄榄产业园2.5万亩。

2. 加工基地情况

随着基地投产面积的逐年增大，在政府的大力支持下，元升公司征得土地1.7万余平方米，打造集产品深加工厂、油橄榄品种科普展示园、油橄榄文化展（销）览馆等为一体的生产研发基地。

3. 联农带农情况

基地运营采取"公司+科技+农户（贫困户）+基地"的模式，在政府的引领下，动员农民按土地流转、入股方式合作，流转的土地前五年以1000元/亩给予土地补贴，土地流转后的农民在基地打工年保底收入1200元/亩。第六年开始按土地入股分红，利润分成为农户36%、公司64%（公司承诺若遇自然灾害年，给农户保底支付1000元/亩），农民仍在公司基地打工，农户实现了土地分红和打工"双收入"。

油橄榄产业发展带动宏模、泸沽、河边、漫水湾镇6800多户农户（其中贫困户387户1673人）脱贫，园区年用工人数在1500人以上，年用工量达到20多万人次，带动农户数量占园区农户数的比重为95%以上。

4.产品开发与品牌建设

元升公司是一家以科技为先导，集科研、设计、生产，橄榄油系列加工、销售、服务于一体的科技型企业。

品牌产品是"Aoilio澳利欧"，突出"健康、生命、活力、美丽"的理念，"木都哈尼"品牌是产业扶贫及乡村振兴的民族品牌。2015年到2023年，公司生产的"Aoilio澳利欧"橄榄油连续8次（2022年因新冠疫情未举办）荣获"中国（广州）国际食用油及橄榄油产业博览会金奖"；2018年荣获美国洛杉矶国际特级初榨橄榄油比赛金奖2个和包装设计铜奖1个；2023年，"Aoilio澳利欧"再次荣获"以色列Terraolivo地中海国际橄榄油比赛金奖"。

2023年，公司生产的"木都哈尼Mutual Beauty"橄榄油荣获"美国洛杉矶国际特级初榨橄榄油比赛金奖"，是本次比赛中国唯一获金奖的品牌，同时获得"2023年中国（广州）国际食用油及橄榄油产业博览会金奖"，2024年在美国纽约世界橄榄油大赛中勇夺1金1银。

图4-13　元升公司产品（1）

图4-13 元升公司产品（2）

5.荣誉

元升公司是国家林业产业重点龙头企业，国家林业标准化示范企业，省、州级农业产业化重点龙头企业，省级林业产业化重点龙头企业，四川省质量信誉双优单位。2016年公司基地已获州政府、州科技局批准为州级油橄榄产业科技示范园区。2017年被省林业厅确定为"双创示范基地"，同时被命名为四川省第一批重点培育省级现代林业产业示范园区。公司还是2018年川台合作示范基地。2019年通过州级现代农（林）产业园区认定。2021年被认定为省级油橄榄现代林业园区。

三、达州市开江县四川天源油橄榄有限公司

（一）公司基本情况

达州市开江县四川天源油橄榄有限公司位于开江县西北部，交通便利，距县城8公里，距达州市主城区66公里，为"国家级林业龙头企业""省级农业产业化重点龙头企业""四川省农业产业化经营重点龙头企业""四川省林业企业二十强""四川创新型科技企业"。园区覆盖永兴镇柳家坪村、箭口垭村、龙头桥村，普安镇罗山槽村、石塘口村，园区规划总面积10000亩，油橄榄基地6200亩，特色水果及珍贵用材林基地3800亩。

（二）公司发展情况

1. 基地规模

园区面积共10000亩，其中，基地核心区域6200亩，特色水果及珍贵用材林基地3800亩。核心区6200亩由中华橄榄园4000亩、罗山槽橄榄园和油橄榄加工厂2200亩组成，高出评价指标值1200亩。园区形成了以"油橄榄+"为主导的产业循环经济模式，建有种质资源收集圃、良种繁育圃、标准化示范区、采摘体验区、林下种养殖区、科普教育区、农耕体验区等多功能分区，形成了一个集农业产业、旅游观光、休闲体验、生态教育及生态文化品鉴为一体的现代林业园区，实现了以地养地、以短养长、立体复合式循环经济发展。

2. 加工基地情况

公司在开江普安工业园区征地30余亩，建有全自动榨油、橄榄酒、橄榄叶精华素化妆品3条生产线，已购置意大利阿法拉伐榨油生产线，鲜果日加工产量可达50吨，年加工能力达3600吨。

3. 加工产能

初加工：园区内加工厂建有油橄榄全自动生产线，可实现清洗、分选、粉碎、初榨、包装、冷藏、橄榄渣再利用等流程加工，初加工设备完善，鲜果日加工产量可达120吨，年加工能力达3600吨，产地初加工率达100%。

精深加工：园区积极对油橄榄初加工产品进行精深加工，开发出橄榄油、橄榄酒、橄榄叶精华素化妆品等深加工产品，目前，年产橄榄油200吨、橄榄酒300吨。橄榄油加工产生的残渣、废水，酿酒剩余的残渣，全部被制作成饲料、有机肥用于基地种养殖业，真正实现有机循环利用，其剩余物综合利用率达100%。

4. 产品开发

公司开发出"绿升"牌橄榄油、橄榄酒，"曼莎尼娅"系列化妆品等深加工产品。

图4-14　天源公司产品

5. 品牌建设

园区的主产品油橄榄果、橄榄油均获有机认证，生产的"绿升"牌特级初榨橄榄油、橄榄酒先后荣获"中国驰名商标"、"四川名牌"、"四川省著名商标"、"绿色食品"、达州橄榄油地理标志保护产品等殊荣。园区内获得县级及以上品牌认证登记的品牌占园区销售品牌的100%。开江县坚持"引进来"与"走出去"相结合，在县域重要交通干线设立3处品牌宣传标识牌。园区内油橄榄企业先后赴成都、重庆、广州等地参加"西部扶贫交易会""中国民营企业合作大会""西博会"等各类展示展销系列活动，展示油橄榄系列产品，积极参加全国各类橄榄节、油橄榄论坛并进行产品展销，进一步提升了开江油橄榄、"绿升"等品牌的知名度和影响力。

6. 销售渠道

公司在成都、重庆、西安等地设立有油橄榄产品营销办事处，共有直销门市234个，直销网络已初步形成。公司还在园区内成立了开江县特色农产品电商运营中心，通过淘宝、京东、微信小程序等电子商务渠道进行油橄榄系列产品网络平台销售，电商销售率超22.0%。

7. 荣誉

"绿升"牌特级初榨橄榄油先后荣获"中国驰名商标"、"有机食品"、"绿色食品"、"四川名牌"、"四川省著名商标"、第九届"中国国际农产品交易会"金奖、第二届"中国国际林业产业博览会"金奖、中国第一个油橄榄原产地证明商标、达州橄榄油地理标志保护产品等一系列荣誉。橄榄叶精华素的研发与应用成果获得四川省科技重点项目创新奖。

四、四川西中油橄榄有限公司

（一）公司基本情况

四川西中油橄榄有限公司成立于2009年，是一家依托世界橄榄油主产地西班牙的优质种源及成熟、丰富的产业技术资源，专业从事油橄榄生态高产栽培及技术研发生产、油橄榄相关产品研发，集规模化种植、加工、销售于一体，农文康旅融合发展的中外合资企业。公司位于成都市金堂县淮口街道现代大道1688号西班牙金堂油橄榄产业综合示范园区。产业园区占地3500亩，自2009年选址落地成都龙泉山脉金堂县淮口街道以来，经十余年持续产业化技术攻坚，初步建立了集科技研发、良种繁育、标准化种植、精深加工、品牌推广和产业融合发展于一体的油橄榄全周期全产业链标准化技术体系。公司为中外合资企业，法人代表、董事长是吴小林先生，总经理是曾湧先生（西班牙华侨），副董事长是曾钢先生，监事是王峰华先生。公司现为四川省林草龙头企业，成都市农业产业化重点龙头企业。

（二）公司发展情况

1. 基地规模

公司已累计投资6000多万元，建成了产业科技综合示范园区，建成省级良种母本园1个，良种科技繁育中心油橄榄良种苗年产能达100万株。多年来，公司依托世界橄榄油主产地西班牙的优质种源及成熟、丰富的产业配套资源，进行示范基地种植建设，持续专注高温高湿温润气候丘陵区域油橄榄产业化技术攻坚实践，初步形成川中丘陵区油橄榄全周期全产业链标准化体系，带动引领金堂县油橄榄种植面积已达8万亩。

2. 加工基地情况

公司2012年建的意大利贝亚雷斯生产线，生产橄榄油1.5吨/小时。公司年产橄榄鲜果10000余吨，特级初榨橄榄油1000余吨，橄榄红酒、茶饮等油橄榄大健康系列产品不断研发、丰富,年综合产值达5.6亿元,初步形成成都龙泉山脉"一山多丘"的金堂油橄榄高效绿色产业生态圈。

3. 品牌建设

"金堂橄榄油"和"金堂油橄榄"通过地理标志认证,获评四川省现代林业园区、四川省天府森林粮库首批省级示范基地,产业发展态势强劲,成为金堂现代特色优势绿色产业的名片。

图4-15　西中公司产品

4. 荣誉

四川西中油橄榄有限公司是四川省林业产业重点龙头企业、农业产业化市级重点龙头企业、金堂县油橄榄产业协会会长单位,获省科技进步奖二等奖两次。

第三节　云南

一、楚雄欣源生物科技有限公司（云南永仁欣源油橄榄开发有限公司）

（一）公司基本情况

楚雄欣源生物科技有限公司成立于2013年4月,是一家集种植、加工、销售为一体的股份制企业,是省级林业龙头企业,楚雄州农业产业化重点龙头企业。云南省楚雄彝族自治州永仁县（中国油橄榄一级适生区）负责人是祖朝明,云南永仁欣源油橄榄开发有限公司为其子公司。

（二）公司发展情况

1.油橄榄基地规模

公司已建成标准化示范园区6000余亩，基地全部实施滴灌高效节水系统，配备自动气象站和精准施肥设备，实现自动化灌溉和精准化施肥，为有机生产奠定基础。2024年，公司通过科技特派团技术支持，采用水肥管理、整形修剪等措施，产量较传统种植方式提高30%以上。

2.加工产能与产品开发

子公司云南永仁欣源油橄榄开发有限公司已建成年加工2万吨鲜果的全自动生产线，配备恒温储油罐13个，年生产橄榄油110吨以上，2024年总产值达1650万元。公司采用土耳其豪斯生产线，实现鲜果分选、清洗、破碎、融合、过滤全流程自动化，保障了橄榄油品质稳定。

已上市产品：油橄榄酵素、橄榄茶、橄榄油手工皂、果脯、冻干果品等。

研发中产品：油橄榄发酵饮品、卸妆油、洗发露、唇膏、护手霜等衍生品。

图4-16　欣源公司产品

3. 品牌建设与荣誉

品牌矩阵：公司主打"悦榄"牌庄园级特级初榨橄榄油，"榄语华年"牌衍生品系列产品。2022年，欣源公司特级初榨橄榄油在意大利EVO IOOC国际橄榄油比赛中荣获金奖，成为云南首个获此殊荣的企业。

欣源公司是云南省林业和草原局确定的"省级林业龙头企业"，云南省质量技术监督局确定的"云南省永仁县油橄榄种植农业标准化示范区"，"楚雄州农业产业化经营州级重点龙头企业""楚雄州示范企业""楚雄州就业扶贫车间""扶贫明星企业"。

4. 研发投入与销售渠道

公司依托云南省林业和草原科学院的技术，开发油橄榄酵素饮料、护肤品等高附加值产品，2024年试生产了冻干果品、罐头等产品，计划2025年正式上市。

销售渠道：通过"基地+公司+农户+市场"的模式，建立线上电商平台和线下经销商网络，同时布局国际市场。公司已办理出口资质，也已取得出口权，后期将扩大销售渠道做产品的出口业务。

5. 联农带农情况

公司以保底价收购农户鲜果（不低于7元/千克），2024年收购300余吨，直接带动农户增收。公司规划建设集加工、观光、体验于一体的田园综合体，推动三产融合，后期计划投入1120万元升级基础设施。公司2024年固定用工58人，季节性临时用工超2000人次，带动256户监测户增收。

二、云南油橄榄大健康产业创新研究发展有限公司

云南油橄榄大健康产业创新研究发展有限公司是由云南省科技厅、中科院昆明分院、丽江市政府为充分发挥以中科院兰州化学物理研究所为代表的油橄榄产业领域的技术和人才优势，通过院地科技合作、引进科研人才成立的一家高科技企业和新型研发平台。公司以"聚焦油橄榄产业高技术创新，助推油橄榄产业高质量发展"为宗旨，以"提升产业技术创新能力"为目标；通过创新

平台、技术转让、产品开发、人才培养等模式,增强和提升油橄榄产业自主创新能力,解决产业发展的关键、共性和前沿技术问题,加快研究成果共享与转化,推动云南乃至全国油橄榄大健康全产业链布局,科技支撑云南油橄榄产业步入世界先进行列。

公司的总体定位是"新型研发机构+孵化器+产业基金+核心企业+产业园"。在此框架下,建设"1中心+4平台":油橄榄种植繁育栽培技术平台、橄榄油加工技术平台、大健康产品创制平台、橄榄油检测技术平台、公共孵化中心。此外,公司通过有效资源融合,汇集了行业内多个支持平台,包括8个国家重点实验室、5个国家地方联合工程研究中心、6个中科院重点实验室、5个教育部重点实验室、23个省级重点实验室、7个院士工作站。公司虽成立时间较短,但已被丽江市列为重点扶持的企业,2022年作为项目主持单位,获批云南省重点研发计划项目"云南油橄榄大健康产业创新研究院服务平台建设"。2022年,公司参与了云南省重大科技专项计划项目"云南高品质油橄榄新种质选育、栽培、加工技术和标准化体系建设研究与示范"。公司获得2023年度云南省科技型中小企业的称号。

公司创立以来,依托核心研发团队(中科院兰州化学物理研究所)自2010年以来的研发,形成了油橄榄活性物质数据库61种活性物质(以自主研发的靶向富集材料为核心,利用高速剪切低温提取技术,从油橄榄果中分离得到的7个具有降脂活性、11个耐缺氧活性组分;从油橄榄果渣中分离得到9个抗氧化活性、12个抗炎抗菌活性组分;从油橄榄叶中分离得到13个抑制黑色素、4个抑制皮肤炎症、5个降糖降脂活性组分)、17项专利技术,制定并推动"药用、食用、日用、饲用、肥用、军用"六用战略的实施,现已完成3项核心专利技术和2项技术秘密的转化,完成了4个功能食品的研发、生产、上市,分别为耐斯欧莱橄榄果压片糖果(以油橄榄果为原料,具有耐高原缺氧的功效)、启视康橄榄油玉米黄质凝胶糖果(以橄榄油为原料,具有缓解视疲劳的功效)、橄榄油粉固体饮料(以橄榄油为原料,通过微囊化技术,解决橄榄油适口性问题,得到营养和口味俱佳的橄榄油)和橄榄油咖啡固体饮料(以橄榄油和云南咖啡为原料，得到具有橄榄油风味的咖啡）；另外，还完成1个抗紫外线辐射、美白化妆品原料的开发，分别为含量为20%、40%、60%、80%和90%的橄榄苦苷提取物（目前已开展市场开拓工作）。目前，正在开展非酒精性脂肪性肝炎的天然药物一类新药ONH001的临床前研究和开发，以及具有缓解视觉疲劳功效、具有辅助改善记忆功能、具有耐缺氧功能和对化学性肝损伤有辅助保护作用的4个保健食品的研究和开发。

第四节　重庆

一、重庆江源油橄榄开发有限公司

（一）公司基本情况

重庆江源油橄榄开发有限公司于2014年落户重庆市合川区隆兴镇，是一家集油橄榄种植、橄榄果加工和橄榄油生产销售为一体的专业化企业，注册资金为5000万元，负责人为任仲礼。

（二）公司发展情况

1. 油橄榄基地规模

公司落户隆兴镇后，一边修建生产公路、便道和山坪塘等基础设施，一边带动周边村民一起发展油橄榄种植，仅用了两年时间就发展起了规模为1.5万亩的油橄榄基地。经过10年时间的发展，公司已经在隆兴镇9个村种植油橄榄3万余亩近100万株。其中，荒山荒坡和撂荒地面积占75%以上，将隆兴镇的森林覆盖率在原有基础上提高了23%。如今，昔日杂草丛生的荒坡和撂荒地变成了漫山遍野的油橄榄树林，让隆兴成了远近闻名的生态绿色屏障。这也是江源油橄榄努力践行"绿水青山就是金山银山"理念的生动体现。产业要发展，龙头带动是关键。

2023年，重庆市林投公司与江源油橄榄开发有限公司开展合作，在合川区隆兴镇流转了1万余亩油橄榄种植基地，并助力隆兴镇油橄榄产业成功纳入国家储备林项目,助力隆兴镇油橄榄产业迈上了新台阶。

2. 联农带农情况

在"万企兴万村"行动中,公司在隆兴镇峨眉、永兴等村通过大户带动,组建了8个油橄榄专业合作社,采取"公司+合作社+农户"的模式,持续深化油橄榄产业发展。其中,仅土地租金一项,公司每年支付农民500多万元,不仅解决了土地撂荒和贫困家庭的就业问题,更是让大家的腰包鼓了起来,真切体会到了地里挖出金娃娃的感觉。如今,公司首批种植的油橄榄树已逐步进入丰产期,亩产鲜果600千克,按7元/千克单价计算,亩产值达到4200元以上。

3. 产品开发及品牌打造

2016年,江源油橄榄公司投资2000万元,从意大利引进了橄榄油冷榨设备,于年底开机榨油,"渝江源""欧丽康语"品牌橄榄油成功上市。同时,公司通过设立营销总部、专卖店的方式,让"渝江源""欧丽康语"橄榄油成功入驻重百、新光天地等300余家商超。公司在天猫、京东和重庆市消费扶贫馆等8个电商平台打造线上专卖店,有效拓展了销售渠道。公司通过与猪八戒网合作开展产品直播、参加中国西部(重庆)国际农产品交易会、"上海·合川"周等形式,更是极大提升了品牌的知名度。现在,"渝江源"特级初榨橄榄油入选"巴味渝珍"公共品牌、国务院扶贫产品,先后获评重庆名牌农产品、重庆市优质扶贫产品、中国橄榄油十大品牌、中国第十五届林产品交易会金奖、第十二届中国绿色食品博览会金奖等多项殊荣。

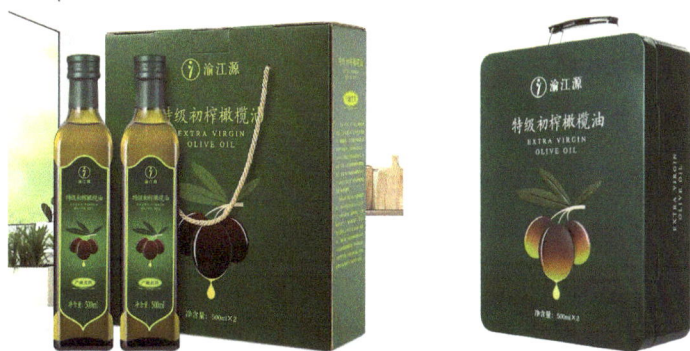

图4-17　江源公司产品

二、重庆禄丰天润油橄榄开发有限公司

（一）公司基本情况

重庆禄丰天润油橄榄开发有限公司成立于2016年，在万州区百安坝街道建设有500亩油橄榄标准示范基地，负责人为张怀忠，是一家集油橄榄育苗、种植、加工、销售、科研为一体的木本油料企业，是万州区农业产业化龙头企业、重庆市油橄榄研发中心试验基地，建设有重庆市油橄榄科技专家大院、油橄榄星创天地，2022年被认定为国家高新技术企业、重庆市创新型中小企业。

（二）公司发展情况

1. 油橄榄基地规模

公司建设了500亩油橄榄标准示范基地，带动龙驹镇老雄村、玉合村、长岭东桥村共发展油橄榄基地3000余亩，奉节基地发展5000余亩。

2. 联农带农情况

2023年，万州区白羊镇引入重庆禄丰天润油橄榄开发有限公司，采取"公司+农户+村集体"的方式发展种植油橄榄，村民以荒山入股，进入挂果期后，公司按照每千克6元至8元的保底价收购，农户和村集体分别按30%和10%的比例分成，村民到基地务工另计工资。3年内，公司在白羊镇发展油橄榄1500亩，预计丰产期产值达到1200万元左右，直接吸引100余人就近务工，每年为当地村民和村集体增加纯收入500万元左右，为乡村振兴战略实施"加油添劲"。

3. 产品开发及品牌打造

公司拥有年加工3000吨油橄榄鲜果的生产线1条，油橄榄育苗基地年培育优质油橄榄种苗20万株；公司引进国内外油橄榄专家5名，注册"神女峰"与"禄天润"商标2个，申报国家发明专利2项，实用新型专利7项，承担"油橄榄早实品种筛选研究与关键技术"攻关、"万州区油橄榄古树保护及油橄榄新品种选育"等市级科研项目3个，"油橄榄面膜项目"被列入万州区区级重点科研项目。

4. 产业融合发展

油橄榄产业示范园区建设有油橄榄古树保护群、观景台、油橄榄文化墙、党建室、油橄榄专家大院、油橄榄加工厂、油橄榄文化长廊、产品展示等。公司与西南大学、重庆三峡学院、重庆医学专科学院开展校企合作，建设有市级科普基地。

图4-18　禄丰天润公司产品

第五节　湖北

一、湖北鑫榄源油橄榄科技有限公司

（一）公司基本情况

湖北鑫榄源油橄榄科技有限公司成立于2016年，总部位于湖北省十堰市郧阳区，并以郧阳区为核心布局油橄榄产业链，是一家集油橄榄种植、精深加工、产品研发、品牌销售、农文旅融合于一体的全产业链企业，主打高端橄榄油、橄榄护肤品、橄榄大健康产品等。

（二）公司发展情况

1. 油橄榄基地规模

2024年，基地总面积突破10万亩，其中在十堰郧阳区建成高标准种植示范基地超5万亩，辐射带动周边地区种植油橄榄。

公司推广"企业+合作社+农户"模式，通过技术帮扶和订单农业带动超5000户农民增收。

2. 加工基地与产能升级

图4-19　鑫榄源公司产品

公司在郧阳区建成亚洲单体规模最大的油橄榄加工产业园,配备国际领先的冷榨、超临界萃取生产线,年加工橄榄果能力达10万吨,一年可生产特级初榨橄榄油1.2万吨。

2024年,基地新增橄榄叶提取物、橄榄果渣综合利用生产线,实现全果利用,提升产品附加值。

3. 产品开发与技术创新

公司推出了"药食同源"橄榄系列产品,如橄榄多酚胶囊、橄榄肽口服液等大健康产品。

公司还深化了与华中农业大学、中国林科院的合作,研发橄榄叶抗衰老护肤品,获批多项国家专利。

4. 品牌建设与市场拓展

公司的主品牌"鑫榄源"获评"中国驰名商标",高端橄榄油产品通过欧盟有机认证。

公司坚持线上线下一体化销售,入驻京东、天猫、盒马鲜生等平台,线下覆盖2000家商超及高端餐饮渠道。公司还打造了"橄榄小镇"农文旅项目,年接待游客超50万人次,形成"种植+加工+旅游"三产融合模式。

5. 荣誉与行业地位

2024年,公司入选"国家现代农业产业园"示范企业。

公司获评"全国乡村振兴典型案例",董事长朱瑾艳获"全国巾帼建功标兵"称号。

公司橄榄油产品连续3年获国际橄榄油大赛(NYIOOC)金奖,跻身全球高端橄榄油品牌行列。

二、十堰泽盟农业开发有限公司

(一)公司基本情况

十堰泽盟农业开发有限公司成立于2017年,注册资金为2000万元,是湖北省林业产业化省级重点龙头企业、国家高新企业。公司油橄榄核心种植区及筹建中的特级初榨橄榄油及衍生产品生产工厂位于南水北调大"水井"、我国第一批油橄榄适生区——湖北郧阳。

（二）公司发展情况

1.油橄榄基地规模

公司计划总投资5亿元打造安阳湖油橄榄产业园，目前已完成投资1亿多元建成高标准油橄榄基地近5000亩，种植橄榄树13万余株，修建园区主干道4.8公里、田间作业道12公里、水系灌溉等配套设施，基地已有25%的树始花始果，2025年预计产能为800吨，能实现产值3000万元，销售收入过2000万元，利税60万元，总资产过亿元。公司通过"橄榄梦工坊"农文旅品牌IP的打造，按照"以田园水乡为基础，以农旅融合为内核，以科技创新为特色的现代科技农业产业园"目标定位，依托秦巴山区山水田园的独特地理优势，倾力打造以"田园体验"为活力，以"农耕文化"为灵魂，集油橄榄种植、产品深加工、研学教育、农旅康养、美丽乡村、科技孵化等多元化新业态为一体的现代田园综合体。

2.联农带农情况

安阳湖油橄榄产业园项目作为安阳镇乡村振兴示范项目，已带动周边627户农户致富，户均增加土地流转收入2601元，吸纳周边近200名群众在园区长期务工，人均增收15000元。其中，安阳山村基本实现整村土地流转，逐渐发展为远近闻名的油橄榄专业村，当地留守村民大部分转变为产业工人，成为油橄

图4-20　泽盟公司产品（1）

榄产业发展的坚定支持者和极大受益者。

通过整合乡村振兴、移民后扶项目，深化村集体与企业利益联结机制，企业政策收入的10%作为村集体利益联结金，带动村集体年均获得分红收入3万元以上。橄榄油精深加工厂建成投产后，将增加就业岗位200余个。

3. 加工产能

园区位于十堰市郧阳区安阳镇西堰村，占地25155.97平方米（约37.73亩），总建筑面积为21582.04平方米，总容面积为29326.15平方米。园区建有科研楼、办公楼、多酚厂房，油橄榄加工车间2栋，建成2.5吨/小时榨油设备生产线1条。

4. 品牌建设

公司品牌建设工作一直在有条不紊地开展中，已注册"安阳湖""橄榄梦工坊""安阳山""安阳岛"及"武当顶"等多个不同类别的品牌商标，申请了"领鲜橄榄油　就选安阳湖"的版权保护及相关专利和软著15项。

图4-20　泽盟公司产品（2）

5. 销售渠道

公司在十堰市区及龙韵村开设安阳湖橄榄油体验馆并制作了户外大牌广告，并开发了线上商城，进驻了832平台、国铁、淘宝、微信小程序商城及抖音店，安阳湖橄榄油微信公众号、视频号、抖音、快手、小红书等宣传通道均在运营中。公司还系统地构建了完善的品牌宣传物料体系和VI识别系统。安阳湖橄榄油现有自营网店如下：①淘宝店（安阳湖橄榄油商城），②抖音小店（安阳湖橄榄油商城），③微店（泽盟农业），④小红书店（安阳湖橄榄油企业旗舰店）。

公司每年赴北京、郑州、深圳、武汉等城市参加各大展会及推荐会10余场次。公司还投资800万元建设了2个以安阳湖橄榄油为主题的篮球馆，通过健康价值将橄榄油与篮球联结起来，以赛促宣传。先后主办了两届安阳湖杯篮球赛，赞助七运会篮球赛及村BA等比赛，邀请球星向紫龙代表郧阳队和安阳湖橄榄油出战七运会并夺冠。公司与十堰日报社集团签订了合作协议，对公司的重要活动进行拍摄报道。公司先后参加十堰市第六届职工创业创新大赛及郧阳区第三届创新创业大赛并分别取得第三名和第一名的成绩。通过比赛，进一步提升了公司品牌知名度。每年春节档，公司参加不同部门主办的年货节3场次。

6. 荣誉

公司先后获评十堰市农业产业化重点龙头企业、经济贡献先进企业、北京对口协作地区特色产品推介会领军企业等称号。

第六节　几点启示

在油橄榄产业蓬勃发展的进程中，众多重点企业凭借其在科技创新、品牌建设、产业融合以及组织机制优化等方面的卓越实践，为整个行业带来了诸多的启示。

（一）加强科技创新与技术研发

1. 注重产品开发与多元化

企业需深刻认识到科技创新的重要性，不断加大研发投入，挖掘油橄榄的潜在价值，开发新产品与新用途。如陇南市奥利沃生物科技有限公司从油橄榄叶中成功提取高含量橄榄苦苷和橄榄总黄酮，云南油橄榄大健康产业创新研究发展有限公司依托研发团队推出多种功能食品、化妆品，这些案例均表明，通过创新产品，企业能够在市场中开辟新的增长路径，满足消费者多样化的需求，从而提升产品附加值与市场竞争力。

2. 提升加工技术水平

先进的加工设备与技术是确保产品质量与生产效率的关键。西昌油橄榄园区引入意大利贝亚雷斯全自动生产线，实现从鲜果筛选到冷榨的全流程自动化，有效控制橄榄油酸度；湖北鑫榄源油橄榄科技有限公司配备国际领先的冷榨、超临界萃取生产线，大大提升了公司的加工能力和产品品质。企业应积极引进和吸收先进技术，结合自身实际进行优化升级，以适应市场对高品质油橄榄产品的需求，提高经济效益。

3. 广泛开展产学研合作

产学研合作为企业提供了强大的技术支撑与智力支持，有助于企业攻克产业关键技术难题。如甘肃陇南市祥宇公司与多家高校和科研院所合作开发新产品，有效地延长了产业链；重庆禄丰天润油橄榄开发有限公司与西南大学、重庆三峡学院等高校开展校企合作，建设市级科普基地。通过与科研院校、专家团队的紧密合作，企业能够紧跟行业前沿技术动态，加速科技成果转化，培养专业人才，为企业的技术创新与可持续发展注入源源不断的动力。

（二）强化品牌建设与市场推广

1. 打造特色品牌

品牌是企业的核心竞争力之一，油橄榄企业应注重品牌定位与塑造，深入挖掘产品的独特优势与地域文化特色，打造具有辨识度和市场影响力的特色品牌。陇南祥宇油橄榄公司的"祥宇"牌特级初榨橄榄油、凉山州中泽新技术开发有限公司的"源泽""中泽"等品牌，在国内外市场脱颖而出，成为行业典范。企业要通过独特的品牌形象、优质的品质和服务，赢得消费者的信任与忠诚，才能在激烈的市场竞争中占据有利地位。

2. 拓展销售渠道

多元化的销售渠道是企业拓展市场的关键。企业应积极参加各类展会、交流会等活动，展示产品优势，提升品牌曝光度，同时充分利用电商平台、社交媒体等线上渠道，打破传统销售渠道的时空限制，拓宽销售覆盖面。祥宇公司使用直销店、电商、与央企合作等多种方式进行产品的推广与销售；金纽带公司通过抖音、淘宝等线上平台营销推广，并参与产销对接活动；重庆江源油橄榄开发有限公司通过设立营销总部、专卖店以及在天猫、京东等电商平台打造线上专卖店，成功拓展了销售渠道，提高了产品的市场占有率，为企业发展开辟了更广阔的市场空间。

3. 提升品牌形象

良好的品牌形象有助于提升公司产品的附加值与市场竞争力。企业应加强品牌宣传推广，通过讲好品牌故事、展示产品文化内涵等方式，赋予产品更深层次的价值。湖北鑫榄源公司积极参加国内外各类农产品展销会、博览会，让消费者对品牌产生情感共鸣，从而增强了品牌的市场影响力与美誉度，促进了产品的销售与企业的发展。

（三）推动产业融合与绿色发展

实现三产融合发展是提升油橄榄产业综合效益的必然选择。将油橄榄产业与旅游、文化、康养等其他产业深度融合，能够催生出休闲农业、乡村旅游、油橄榄文化体验等新业态，拓展产业功能，延长产业链条，促进一、二、三产业协同共进。陇南祥宇公司成功申报"国家AAA级工业旅游景区"和"国家工业旅游示范基地"，年接待游客达1.2万人次以上；湖北鑫榄源油橄榄科技有限公司打造"橄榄小镇"农文旅项目，形成了"种植+加工+旅游"的三产融合模式。这些案例为油橄榄产业的可持续发展提供了新的思路与方向，实现了经济效益、社会效益和生态效益的有机统一，提升了产业的整体质量和效益。

（四）优化产业组织与利益联结机制

1. 创新经营模式

创新经营模式是激发产业发展活力、提高农民积极性的有效途径。企业应积极探索和推广"公司+基地+专业合作社+农户""企业+合作社+农户"等多种经营模式，建立紧密的利益联结机制，让农民能够分享产业增值收益。陇南祥宇、四川冕宁、重庆江源等企业通过"公司+合作社+农户"的模式，带动周边村民发展油橄榄种植，形成了企业发展与农民增收的双赢局面。这种模式不仅有助于企业获得稳定的原料供应，还能增强农民与企业之间的利益纽带，促进产业的规模化、集约化发展，为乡村振兴提供有力支撑。

2. 加强产业联盟与合作

企业之间的合作与交流是推动油橄榄产业发展的重要力量。成立产业联盟或联合体，能够实现资源的共享与优势互补，共同应对产业发展中的风险与挑战。陇南市油橄榄产业创新联合体由多家单位共同组建，在攻关制约油橄榄产业发展的关键核心技术方面发挥了积极作用。通过产业联盟的形式，企业可以加强技术交流、经验分享与市场合作，凝聚各方力量，共同推动油橄榄产业向更高水平迈进，提升产业的整体竞争力与影响力，为油橄榄产业的长远发展奠定坚实基础。

综上所述，全国油橄榄重点企业的成功经验值得借鉴。未来，油橄榄企业在发展过程中应充分汲取这些启示，不断加强科技创新、强化品牌建设、推动产业融合、优化产业组织与利益联结机制，共同推动我国油橄榄产业实现高质量发展，迈向更加广阔的舞台。

第五章

油橄榄产业发展的
代表性产品

　　油橄榄作为世界上最珍贵的常绿、多年生木本油料树种之一，其主要产品橄榄油凭借营养丰富、抗氧化性强等特性，被誉为"液体黄金"和"植物油皇后"，其采用机械低温压榨等物理方式制取，无任何添加剂，是可直接食用的油品。此外，油橄榄的另一种传统产品是餐用油橄榄果，是油橄榄鲜果通过脱去苦味加工制成，风味独特，广受欢迎。油橄榄产业的发展还衍生出三种副产品：榨油后余下的渣可作肥料或饲料；榨油剩余的果汁及渣可提取橄榄多酚等生物活性物质，用于保健品和化妆品生产；油橄榄树叶富含多种活性成分，可用于茶饮、提取物等领域。这些副产品不仅提高了油橄榄的综合利用价值，还拓展了产业的发展空间。从古代文明对油橄榄的利用到现代科技的深入开发，油橄榄的开发、利用从传统的食品加工向多元化领域拓展，不断推动油橄榄产业的升级与创新。

第一节　油橄榄开发价值

一、橄榄果营养

　　油橄榄果实为肉核果，由果皮及种子两部分组成，果皮分为外果皮、中果皮和内果皮，外果皮具角质层及蜡粉，并布有白色果点；中果皮（即果肉）由含有大量油脂的薄壁细胞组织构成，橄榄油就是从这部分组织中获取的；内果皮（即核壳）坚硬，由石细胞构成。果肉占果实总质量的70%~85%，果核占11%~24%，籽占2%~4%。

　　橄榄油主要含在果肉中，占全果含油量的96%~98%，种仁含油占2%~4%。果肉的含油率占全鲜果的15%~20%，干果为35%~45%。

　　油橄榄果的物理特性及果肉的化学成分依不同的品种及成熟度而有所不同。另外，因地理环境、土壤质地以及灌溉与栽培方式的不同也会产生一些差异。油橄榄新鲜果肉的成分是十分复杂的,其主要成分有水分、脂肪、糖、粗蛋白、纤维和灰分等。

二、开发价值

1.油橄榄的食用价值

橄榄油是在常温下用机械方式压榨、分离,而得到的优良不干性油脂。它完整地保存了果实中的各种营养成分,含有多种维生素,营养价值很高,橄榄油品质优良,不饱和脂肪酸含量高,被人体吸收消化率可达94.5%,有益于人体健康。

2.油橄榄的医疗保健价值

橄榄油的保健特性在于其含有的生育酚、甾醇、角鲨烯、多酚类物质和叶绿素、类胡萝卜素等。其中最主要的成分是生育酚,包括具有维生素E功效的α-生育酚、具有维生素A功效的β-胡萝卜素和多酚。橄榄油能增强消化系统的功能,可以消除胆结石的危害。橄榄油还具有增强肠道畅通的功能,阻止胃炎及十二指肠疾病的发生,可以消除慢性便秘。橄榄油能有效降低人体"有害胆固醇",减少心脑血管疾病的发生,可防治老年骨质疏松和老年痴呆症、动脉粥样硬化症。橄榄油有促进儿童骨骼和神经系统发育的功能,被英、美等国列入了"药典"。它还在治疗烫伤、烧伤方面有显著疗效。

3.油橄榄的美容作用

橄榄油是应用历史悠久、效果显著的天然美容护肤佳品,也是高级化妆品的基础原料。橄榄油用于护肤的历史已有数千年。橄榄油营养成分平衡,不含香精和任何人造化学物质,其脂肪酸和多种天然脂溶性维生素对滋养肌肤十分有利。直接使用橄榄油护肤能防止皮肤粗糙,使皮肤有自然弹性,光泽而柔嫩,对紫外线有特殊的吸收能力。橄榄油用后清爽不黏,易于吸收,能迅速与皮肤同化,可用于护肤、护唇、护发和卸妆,男女老少,四季皆宜,被誉为 "可以吃的护肤品",具有完全天然的风格和最大限度的安全性。

4. 油橄榄的综合开发利用价值

油橄榄果实、叶都含有大量橄榄苦苷及多酚类化合物，能抑制病毒、细菌、微生物及其引起的毒素，对LDL胆固醇具有抗氧化作用，能改善高血压、高血脂等心血管疾病，提高T淋巴细胞、NK细胞、吞噬细胞等的再生能力，加强细胞对病毒的免疫能力。目前，法国、以色列已有以橄榄叶提取物为主要成分的化妆品和药品面市，受到消费者和患者的好评。

三、橄榄油与大健康

橄榄油不同于我们日常食用的种子油，它是天然的果肉油，富含维生素、角鲨烯及其他多酚类化合物，是食用油脂中最适合人体吸收的油脂。橄榄油中单不饱和脂肪酸的含量较高，因此，橄榄油被认为是一种保健食品。除丰富的油酸外，橄榄油的微量组分也受到越来越多的关注。橄榄油中大约含有230种化学组分，类胡萝卜素和酚类化合物是其中主要的抗氧化物，是阻止细胞内外自由基氧化的第一道防线。由于氧化性损伤是慢性生理病理疾病（如动脉粥样硬化、癌症和神经退行性疾病）的促进因子，橄榄油抗氧化物可以通过抗氧化保护机体健康。

1. 橄榄油对心血管疾病的影响

心血管疾病包括冠心病、脑血管病和其他微型疾病（如外周血管病、深静脉血栓和心脏瓣膜症等）。自科学家发现地中海饮食模式对健康的保护作用以来，橄榄油对缓解慢性疾病有有益作用也在临床研究中得到证实。地中海饮食的主要作用是降低心血管疾病的发病率和死亡率，橄榄油在地中海饮食模式中的重要作用已经得到认可，欧洲前瞻性癌症和营养调查研究中心的研究数据表明，橄榄油的摄入量与冠心病的死亡率和发生率呈负相关性。对来自法国三个城市的女性受试者进行的研究表明，橄榄油的摄入量与中风风险也呈现负相关性，在采用地中海饮食的前提下，摄入初榨橄榄油能够降低老年人群心血管疾病的发病率和死亡率。橄榄油的摄入对维持机体的血脂水平、抑制脂质和DNA的氧化、抑制炎症、提高胰岛素敏感性、增强血管内皮功能、阻止血栓因子形成和降低血压均起作用。

2. 橄榄油对血脂和脂质氧化的影响

橄榄油中含有大量的单不饱和脂肪酸（主要是油酸），具有改善血脂的功能。摄入橄榄油可以提高机体内单不饱和脂肪酸的水平，在保证多不饱和脂肪酸适量摄入的同时，又不会使饱和脂肪酸的摄入量显著增加。橄榄油中的一些组分有利于减缓低密度脂蛋白的氧化。一方面，与多不饱和脂肪酸相比，单不饱和脂肪酸更不易被氧化；另一方面，橄榄油中的抗氧化物质（维生素E、类胡萝卜素、橄榄酚类化合物）会结合到低密度脂蛋白粒子上，从而抑制氧化修饰作用。机体内氧化的低密度脂蛋白的水平与摄入初榨橄榄油中的酚类含量呈负相关性。橄榄酚类化合物对冠心病受试者体内的低密度脂蛋白的保护作用具有剂量依赖性关系，大量的体外试验表明，单不饱和脂肪酸或富含酚类橄榄油的摄入，能够降低低密度脂蛋白的氧化程度。因此，橄榄油可以调节系统性的氧化状态，摄入25毫升的橄榄油有利于降低餐后体内的氧化应激反应。

3. 橄榄油对葡萄糖代谢和胰岛素敏感性的影响

摄入橄榄油有利于体内葡萄糖的代谢，可以降低20%~30%的Ⅱ型糖尿病发病风险，更好地控制血糖水平，也能够降低孕妇的妊娠糖尿病发病风险。橄榄油对葡萄糖代谢的有益作用已经在临床试验中得到证实。在对橄榄油酚类物质和初榨橄榄油的各项指标考察中发现，糖代谢异常病人摄入10毫升特级初榨橄榄油，其餐后血糖水平显著降低，摄入含有特级初榨橄榄油的饮食，能够显著降低空腹血糖受损患者的血糖水平，其体内的餐后血糖水平也显著降低。摄入10毫升特级初榨橄榄油的糖尿病前期患者以及摄入富含特级初榨橄榄油饮食的健康受试者，体内的餐后胰岛素水平也都会升高。连续4周每天摄入25毫升富含酚类化合物的特级初榨橄榄油，可以降低Ⅱ型糖尿病受试者体内空腹血糖和糖化血红蛋白的水平。

4. 橄榄油对内皮功能紊乱和血压的影响

富含酚类的橄榄油可以降低心脏的收缩压，有利于改善高胆固醇血症患者、早期动脉粥样硬化患者以及具有正常高值血压或原发性高血压年轻女性的血管内皮功能。橄榄油中的酚类化合物，对抑制动脉粥样硬化和对保护血管、抑制活性氧（如过氧化氢）引起的氧化损伤具有重要作用。

5. 橄榄油对凝血和血小板聚集的影响

血小板的聚集是引发血栓甚至心肌梗死或心绞痛的关键因素。橄榄油及其组分可通过改善凝血因子和血小板聚集相关生物标记物的产生，从而抑制血栓的形成。油酸占橄榄油脂肪酸的55%～83%，能在餐后阶段削弱体内形成血栓的能力。摄入富含酚类的橄榄油有利于改善健康人群和高胆固醇血症患者的餐后促血栓因子的组成，研究试验表明，橄榄油中羟基酪醇浓度为400毫摩尔/升时，可以阻止血小板的聚集，与阿司匹林药物具有同样的作用。

6. 橄榄油对炎症、免疫反应和微生物菌群的影响

氧化应激和炎症是两个相互交织的过程，它们持续的时间越长，便越可能引发慢性疾病，如心血管疾病、糖尿病、神经退行性疾病和癌症等。一些试验已经表明，橄榄油可以调节促炎症因子标记物的产生和一些免疫过程的活性以及体内不同微生物菌群的增殖。

橄榄油结合地中海饮食，还具有抗炎症的功能。首先，研究表明，传统的地中海饮食（补充初榨橄榄油或坚果）可以降低心血管疾病高危受试者体内C-反应蛋白、细胞白介素-6、可溶性VCAM-1和可溶性ICAM-1的浓度。从这个角度考虑，长期有规律地摄入橄榄油有利于减少餐后炎症的发生。对橄榄酚类化合物的研究表明，功能性初榨橄榄油（含有500毫克/千克的橄榄酚类化合物）可以增加免疫球蛋白A（IgA）包裹细菌的比例，从而刺激并提高肠道黏膜免疫力。肠道中的动态微生物群落摄取吸收食物中的能量，是一个复杂的生态过程。酚类化合物可以选择性地刺激肠道内有益菌群，如乳酸杆菌的生长，从而有利于胆固醇水平的降低。酚类化合物也可促进其他微生物菌群，如双歧杆菌的增长，从而抑制动脉粥样硬化斑块的形成。

7. 橄榄油对神经退行性疾病和老龄化疾病的影响

氧化应激和炎症对神经退行性疾病及衰老起关键作用。橄榄油或其生物活性成分的摄入会对以上两种现象起到相应的改善作用。橄榄酚类化合物除具有抗氧化特性外，还可以直接刺激与神经元内稳态有关基因的表达，可以提高细胞中抗氧化酶的生物利用率，对抑制神经元的退化起关键作用。低浓度的羟基酪醇、橄榄苦苷（尤其是橄榄苦苷的糖苷配基）可以有效抑制Tau蛋白的聚集，橄榄酚类化合物抗动脉粥样硬化、抗高血压、降低胆固醇、抗氧化和抗炎症等效果显著，从而可以防止神经退行性疾病的发生。衰老会导致大脑认知相关功能的削弱，而富含抗氧化成分食物的摄入则可以部分抵消这种影响，从而起到保护大脑的作用。特级初榨橄榄油（橄榄酚类化合物210毫克/千克）可以对与衰老相关的学习和记忆功能起到保护作用。

第二节　油橄榄代表产品

一、橄榄油

（一）橄榄油特性

橄榄油是一种植物油，植物油都是由皂化物（脂肪酸甘油酯）及非皂化物组成。在油脂中最主要的成分是脂肪酸甘油酯。形成甘油酯的脂肪酸是饱和脂肪酸及不饱和脂肪酸。橄榄油中饱和脂肪酸占12%~19%，包括棕榈酸（C16:0）9.5%~15.5%、硬脂酸（C18:0）1.4%~4.2%、花生酸（C20:0）0.2%~0.6%；不饱和脂肪酸占81%~88%，包括油酸（C18:1）67%~81%、棕榈油酸（C16:1）0.7%~2.4%，亚麻油酸（C18:3）0.28%~1.7%。

经过半个多世纪的研究和对历史经验的总结，人们发现橄榄油有三大突出特点。

1. 橄榄油含有丰富的单不饱和脂肪酸

橄榄油的优点是不饱和脂肪酸含量高，尤其是油酸的成分含量高。油酸除供给人体大量热能，还能调整人体血液中的HDL胆固醇和LDL胆固醇的比例。橄榄油是食用植物油中油酸含量最高的，它既容易被人体吸收，又不易被氧化沉积在血管内壁中，且对血管有保护作用。所以说，富含单不饱和脂肪酸的橄榄油非常有益于血管的健康。

2. 橄榄油含有比率适当的 ω–3 系和 ω–6 系脂肪酸

医学对人体必需脂肪酸的研究证明：当人体的ω–3脂肪酸与ω–6脂肪酸比率达到1∶4时，人体处于最佳健康状态，各种疾病很难入侵人体。橄榄油所含ω–3脂肪酸与ω–6脂肪酸刚好是1∶4，同人乳的比率很相近。所以，橄榄油被认为是迄今所发现的最适合人体营养的油脂，是所有的食用油中营养价值最高的、各种脂肪酸组成结构最为合理的，因此，橄榄油被称为"人类健康之油"。

3. 橄榄油含有丰富的抗氧化物

橄榄油中含有丰富的微量元素角鲨烯（136~708毫克/100克橄榄油），还含有大量抗氧化活性多酚化合物，研究还发现橄榄油中抗氧化最强的物质是酪醇的衍生物——羟基酪醇（hydroxytyrosol）。该物质对低密度胆固醇（LDL–C）有抑制作用。每百克橄榄油还含有β–谷甾醇、维生素E、β–胡萝卜素等多种脂溶性维生素，是人体器官必需的营养物质。因此，当今医学界把橄榄油称为最有益于健康的食用油之一。英国和美国分别于1988年和1990年将橄榄油列入各自国家的药典中。

（二）橄榄油分级

橄榄油是栽植油橄榄树的主要目的产品，是以油橄榄树所结的鲜果为原料，采用机械低温压榨等物理方式制取的油品。在榨油过程中，一般仅可采用清洗、倾析、离心或过滤工艺对原料进行处理。《橄榄油、油橄榄果渣油（Olive oil and olive–pomace oil）》[中华人民共和国国家标准（GB/T 23347—2021）]将橄榄油分为初榨橄榄油（virgin olive oil）、精炼橄榄油（refined olive oil）和混合橄榄油（blended olive oil）三大类。根据理化指标、感官评价指标和加工工艺，又细分为特级初榨橄榄油（extravirgin olive oil）、优质初榨橄榄油（excellent virgin olive oil）、初榨橄榄灯油、精炼橄榄油、混合橄榄油、粗提油橄榄果渣油、精炼油橄榄果渣油和混合油橄榄果渣油8个种类。其中特级初榨橄榄油、优质初榨橄榄油为可直接食用的初榨橄榄油。

目前，国内各个加工企业或公司生产的橄榄油大多数为特级初榨橄榄油，主要有单品种油和混合品种油两种，面向中高端消费人群。一般有250毫升、500毫升、750毫升等多种规格的包装。有些用铁皮桶装，有1000毫升、1500毫升、5000毫升等不同规格。

近些年的新品之一是特级初榨橄榄油喷雾：采用最新二元密封技术，安全卫生，随身携带方便。

橄榄调和油是由两种及以上的植物油依照确定比例调和而成的，单拿"橄榄油食用调和油"来说，虽然它的包装上印着"橄榄"二字，但配料包括菜籽油、大豆油、橄榄油、玉米油……橄榄油被排在了第三位，而菜籽油才是这瓶油的主料。

二、橄榄油保健产品

1. 橄榄岷归软胶囊

橄榄岷归软胶囊用特级初榨橄榄油、当归提取物、明胶等原料，经科学配制而成。每百克含油酸55~83克、亚油酸10.1~15.2克，具有调节血脂的保健功效。该产品由祥宇公司生产，并获得了国家专利。

2. 田园年华决明子郁李仁软胶囊

该产品为国食健字保健食品，已经国家食品药品监督管理总局批准上市，其安全、温和、有效地清理肠道毒素和有效改善便秘的功效，已经成为需要人群生活中的必备品。

三、橄榄油日化产品

1. 水晶皂

水晶皂采用最新配方，适合各种肤质的人群使用。产品富含多酚和维生素E等天然强抗氧化剂及多种脂溶性维生素，能增强皮肤弹性，修复受损皮肤细胞，恢复皮肤自然光泽，抗皱祛斑、滋养防晒、护发去屑、光亮肌肤，美容功效极为显著。

2. 原生橄榄洁面乳

用水、硬脂酸、甘油、甲基椰油酰基牛磺酸钠、氢氧化钾、月桂酸、肉豆蔻酸、椰油酰胺丙基甜菜碱、月桂醇聚醚硫酸酯钠、椰油酰胺DEA、乙二醇硬脂酸酯、甘油硬脂酸酯、油橄榄果油、羟丙基甲基纤维素、乙二醇二硬脂酸酯、EDTA二钠、羟苯甲酯、DMDM乙内酰脲、香精等配制而成。其性质温和，可有效清洁面部污垢及多余油脂，并能减少洁肤后的缺水现象，使肌肤湿嫩清爽，用后无残留，避免了残留物质对皮肤天然保护层的伤害。

3. 原生橄榄眼凝胶

用水、丙二醇、稻糠提取物、细叶益母草提取物、铁皮石斛提取物、甘油聚醚-26、棕榈酰三肽-5、甘油、甜菜碱、丙烯酰二甲基牛磺酸铵/VP共聚物、油橄榄果油、肝素钠、透明质酸钠、粉防己提取物、小核菌胶、辛酸/癸酸甘油三酯、牛油果树果脂油、生育酚乙酸酯、丙烯酸钠/丙烯酰二甲基牛磺酸钠共聚物、角鲨烷、聚山梨醇酯-80、山梨坦油酸酯、对羟基苯乙酮、辛酰羟肟酸、甘油辛酸酯、香精等，精心调配而成，具有滋润修护眼周、缓解改善眼周肌肤、提亮眼周肌肤的功效。

4. 原生橄榄护手霜

用水、甘油、丙二醇、棕榈酸乙基己酯、聚山梨醇酯-60、聚丙烯酰胺/C13-14异链烷烃/月桂醇聚醚-7、橄榄叶提取物、鲸蜡硬脂醇/鲸蜡硬脂基葡糖苷、咪唑烷基脲、卡波姆、三乙醇胺、尿囊素、羟苯甲酯、EDTA二钠、香精等，精心调配而成。本品温和滋养、保湿柔肤，适用于所有肌肤，尤其适合粗糙肌肤使用。

5. 橄榄莹肌水润面膜

用水、甘油、甲基丙二醇、丙二醇、油橄榄果油、弹性蛋白、寡肽-1、寡肽-5、寡肽-2、水解大米蛋白、甜扁桃籽提取物、羟乙基纤维素、苯氧乙醇、氯苯甘醚、二噁烷、羟苯甲酯、EDTA二钠、透明质酸钠、PEG-40氢化蓖麻油、香精等制作而成。该产品具有补水锁水、水润细腻、去皱润肤、滋润营养的功效。

184

四、橄榄油制品

1. 橄榄菜

用芥菜、特级初榨橄榄油、植物油、橄榄、食用盐、味精、白砂糖、香辛料、苯甲酸钠、脱氢乙酸钠等原料经精心熬制而成,香润可口,细腻绵长,是佐餐的佳品,亦可作为调味品使用。

2. 橄榄双椒

用植物油、橄榄油、干辣椒、榨菜、豆瓣、老姜、大蒜、花椒、白砂糖、食用盐、食品添加剂(谷氨酸钠、5′-呈味核苷酸二钠、D-异抗坏血酸钠、山梨酸钾、食用香精香料)精心制作而成,麻辣爽口、余味隽永,是佐餐佳品,亦可作为调味品使用。

3. 橄榄拌饭酱

采用陇南特色农产品——特级初榨橄榄油、大红袍花椒、香菇、松茸、辣椒等为原料,经过精心配制而成,共有牛肉酱、鸡肉酱、香菇松茸酱三款产品。该产品配料多样、营养丰富,经过精心炒制后,色泽艳丽、口感香滑、余味隽永,颇受消费者欢迎。

4. 橄榄锅巴

为油炸型膨化食品,配料包括大米、小麦粉、玉米淀粉、橄榄油、棕榈油、菠菜、香辛料等。开袋即食。

5. 火锅底料

主要有两种,一种是纯橄榄油(不含动物性油脂)的火锅底料,另一种是以橄榄油为主并添加菜籽油等油料的火锅底料。橄榄油火锅丰富了火锅底料的味道,避免了食用大量动物油造成胆固醇偏高的情况,保障了人体健康。

第三节　几点启示

油橄榄作为世界著名的木本油料作物之一，其相关产品在国内具有巨大的发展潜力。

（一）强化基地管理，确保原料品质

优质的产品源于优质的原料。油橄榄种植基地应严格遵循绿色、有机生产标准，从土壤改良、灌溉水源、施肥用药等各个环节进行精细化管理，确保油橄榄果实的纯正与无污染。这不仅能够提升橄榄油的品质，还能为企业树立良好的品牌形象，增强消费者对产品的信任度，为企业在激烈的市场竞争中赢得优势。

（二）建立完善的检测与品鉴体系，保障食用油安全

橄榄油的质量关乎消费者的健康。我们应建立专业的橄榄油检测实验室，配备先进的检测设备和专业的技术人员，对橄榄油的各项指标进行严格检测，确保产品符合国家标准和国际标准。同时，我们应构建感官品鉴体系，通过专业的品鉴团队对橄榄油的色泽、香气、口感等感官特性进行评估，为消费者提供高品质、安全可靠的橄榄油产品，为国人的食用油安全贡献力量。

（三）加强产学研合作，推动产品多元化

目前，我国油橄榄产品以橄榄油为主，其他产品种类相对单一。企业应积极与科研院所建立紧密的合作关系，借助科研机构的技术力量和专业人才，在政府政策的支持下，共同开展油橄榄产品的研发工作。我们应通过科技创新，挖掘油橄榄的潜在价值，开发出更多具有市场竞争力的新产品，如橄榄油胶囊、橄榄叶提取物、橄榄油护肤品等，实现产品多元化，满足不同消费者的需求，拓展油橄榄产业的市场空间。

（四）加强市场监管，维护市场秩序

在油橄榄产业快速发展的过程中，市场上出现了一些假冒伪劣产品，严重

损害了消费者的利益和企业的品牌形象。企业应联合市场监督管理部门,加强对油橄榄产品市场的监管,建立健全产品质量追溯体系,严厉打击假冒伪劣产品的生产和销售行为,维护市场秩序,保护企业和消费者的合法权益,营造良好的市场环境,促进油橄榄产业的健康可持续发展。

总之,通过强化基地管理、建立完善的检测与品鉴体系、推动产品多元化以及加强市场监管等措施,我国油橄榄产业能够不断发展壮大,为消费者提供更多优质、安全、多样的油橄榄产品,为我国的农业产业升级和经济发展作出积极贡献。

第六章

油橄榄产业发展
效益评价

油橄榄产业自引入我国以来，历经六十载发展，已在我国特色农业产业版图中占据重要地位。其不仅在食用油领域崭露头角，更在多行业发挥着积极影响。本章通过剖析油橄榄产业在行业中的地位、作用，并从大农业观、大食物观视角探讨油橄榄产业发展对我国经济、社会和生态等方面的影响。

第一节　油橄榄产业企业经济效益分析

中国油橄榄产业已迈入规模化发展新阶段，建立适配的产业效益评估体系对实现全产业链价值提升至关重要。为系统评估我国油橄榄产业的综合发展水平与创新潜力，本节基于中国乡村发展志愿服务促进会提出的特色优势产业发展指标框架，以2024年为基准年，整合甘肃、四川、云南、湖北等主产区20家核心样本企业的全产业链数据，构建涵盖"产业发展"与"产业创新"的双维评价体系。通过基期数据标准化与动态计算模型，形成可量化、可追踪的行业评价工具。该体系以基准指数为锚点，支持跨年度横向对比与区域纵向分析，精准揭示产业链短板与发展动能，为政策制定、企业战略优化及资源高效配置提供科学依据，推动油橄榄产业向高附加值、可持续方向升级。

一、油橄榄企业发展基础概况

（一）样本选取依据

选取陇南市祥宇油橄榄开发有限公司、凉山州中泽新技术开发有限公司、德钦康邦油业有限公司等20家企业作为核心样本，企业名单见表6-1。地域分布上，样本企业覆盖甘肃陇南、四川凉山、云南丽江、湖北十堰等油橄榄主产区，生产布局与油橄榄种植带高度契合，兼顾东中西部区域均衡性。以年产值超千万元、种植面积达万亩级的头部企业（如陇南祥宇、凉山州中泽）为核心样本，其产业规模、加工能力及市场占有率均居行业前列，反映油橄榄产业链的集约化与规模化特征。优先选择财务指标（销售额、成本、利润）及创新指标（研发投入、知识产权）披露完整的企业，确保基础数据客观可靠。例如，陇南祥宇、四川华欧等企业数据翔实，涵盖种植、加工、销售全环节，保证数据的完整性与连续性。在产业链覆盖度方面，选取样本包含种植企业及初加工企业（如云南永仁欣源）、深加工企业（如湖北鑫榄源），全面体现"种植—加工—销售"链条的分工协作与效益分配。在区域发展特色方面，选取样本突出主产区差异化优势，如甘肃陇南的规模化种植、云南丽江的高原特色加工、湖北十堰的产业集群效应，展现产业、地域的多样性。在创新驱动能力方面，样本筛选技术投入显著的企业（如德钦康邦年研发投入超200万元、十堰泽盟产学研合作活跃），反映产业升级潜力与可持续发展趋势。尽管小微企业与新兴企业覆盖有限，但所选样本作为行业骨干力量，兼具规模优势与数据透明度，能够精准刻画中国油橄榄产业的资源分布、结构特征及竞争格局，为政策制定与市场分析提供可靠依据。

表6-1 油橄榄核心样本企业名单

序号	区域	企业名称	企业类型
1	甘肃	陇南市祥宇油橄榄开发有限责任公司	种植/加工
2	甘肃	陇南陇锦园油橄榄开发有限责任公司	种植/加工
3	甘肃	甘肃陇源丹谷油橄榄开发有限公司	种植/加工
4	甘肃	甘肃阳光雨露农业开发有限公司	种植/加工
5	甘肃	陇南陇乡源橄榄油农业开发有限公司	种植/加工
6	甘肃	陇南市一榄一味农业科技开发有限公司	种植/加工
7	甘肃	陇南橄榄绿农业开发有限公司	加工
8	甘肃	陇南橄榄之城农林产品开发有限公司	种植/加工
9	甘肃	陇南市金纽带油橄榄科技有限公司	种植/加工
10	甘肃	文县陇源油橄榄有限责任公司	种植/加工
11	四川	凉山州中泽新技术开发有限责任公司	种植/加工
12	四川	四川华欧油橄榄科技有限公司	种植/加工
13	四川	冕宁元升农业科技有限公司	种植/加工

序号	区域	企业名称	企业类型
14	四川	四川西中油橄榄有限责任公司	种植/加工
15	云南	德钦康邦油业有限责任公司	种植/加工
16	云南	丽江田园油橄榄科技开发有限公司	种植/加工
17	云南	云南和润昌油橄榄农业科技有限公司	种植/加工
18	云南	云南永仁欣源油橄榄开发有限公司	种植/加工
19	湖北	十堰泽盟农业开发有限公司	种植/加工
20	湖北	湖北鑫榄源油橄榄科技有限公司	种植/加工

（二）油橄榄产业基本面分析

通过对甘肃、四川、云南、湖北等主产区代表性企业的产业规模、加工能力及品牌建设等数据的梳理，结合全国20家企业的综合表现，我们可对油橄榄产业基础及发展趋势作出以下分析：

1.油橄榄种植面积与产量

20家油橄榄企业总种植面积约16.8万亩，年产橄榄油总量约1.9万吨，初级农产品年产总量约3.2万吨，甘肃省企业贡献超70%。龙头企业如陇南市祥宇油橄榄开发有限公司年产量达2025吨，云南德钦康邦油业有限公司年产量达2719吨，凸显规模化优势。甘肃武都区为核心产区，集中了祥宇、陇锦园、金纽带、甘肃时光等多家头部企业，形成产业集群效应。代表企业油橄榄产业第一产业基本情况见表6-2。

表6-2　代表企业油橄榄产业第一产业基本情况

企业名称	种植面积（亩）	收获面积（亩）	年产量（吨）	初级农产品总产值（万元）	从业人数（人）
陇南市祥宇油橄榄开发有限责任公司	13500	13500	2025	1215	5
陇南陇锦园油橄榄开发有限责任公司	3000	2500	750	600	18
甘肃陇源丹谷油橄榄开发有限公司	918	915	1295	777	20
甘肃阳光雨露农业开发有限公司	7000	4000	1500	8000	58
陇南陇乡源橄榄油农业开发有限公司	1000	800	360	160	17

企业名称	种植面积（亩）	收获面积（亩）	年产量（吨）	初级农产品总产值（万元）	从业人数（人）
陇南市一榄一味农业科技开发有限公司	290	290	138.9	216.7	15
陇南橄榄绿农业开发有限公司	0	0	0	0	0
陇南橄榄之城农林产品开发有限公司	3800	3500	650	390	20
陇南市金纽带油橄榄科技有限公司	15000	5000	2259	1350	0
文县陇源油橄榄有限责任公司	5000	2000	1000	6000	5
凉山州中泽新技术开发有限责任公司	12000	4000	2000	1400	168
四川华欧油橄榄科技有限公司	12000	5000	1500	1200	72
冕宁元升农业科技有限公司	25000	6000	200	2000	83
四川西中油橄榄有限责任公司	3500	3500	800	640	25
德钦康邦油业有限责任公司	40000	7500	2719	1427	5973
丽江田园油橄榄科技开发有限公司	6000	4500	165	132	4
云南和润昌油橄榄农业科技有限公司	3500	3500	750	375	7
云南永仁欣源油橄榄开发有限公司	6000	3500	110	1100	5
十堰泽盟农业开发有限公司	4800	4800	441	442	128
湖北鑫榄源油橄榄科技有限公司	5200	3500	450	4200	28

2. 加工能力与技术设备

在加工能力和技术设备方面，各企业存在显著差异。全国油橄榄加工企业生产线总量超过50条，其中甘肃省占比超过60%。这些企业的设备来源多样，主要来自意大利（例如 Pieralisi、贝亚雷斯）、土耳其（HAUS）、德国（Flottweg）以及中国安徽、绵阳等地。单条生产线的加工能力差异巨大，德国 Flottweg 设备的加工能力最高，可达9.6吨/小时，而国产组装设备的加工能力最低，仅为0.25吨/小时。需要指出的是，即使部分企业的种植面积和收获面积较大，但在加工能力上并不具有优势。故加工能力不仅与油橄榄产量和生产线的数量有关，还受到设备的先进程度、自动化水平以及人员配备等多种因素的综合影响。

3. 经济效益与市场表现

头部企业效益显著，陇南祥宇公司年销售额超2.64亿元、利润超1136万元，四川凉山州中泽公司年产业增加值达3400万元。但部分企业利润率为负（如陇南橄榄绿农业公司），反映行业分化严重。甘肃省企业占据国内市场主导地位，祥宇、金纽带等品牌的市场份额合计超45%，国际市场中祥宇公司累计斩获84项国际奖项，金纽带公司入选全球特级初榨橄榄油TOP100，品牌溢价能力突出。

4. 品牌建设与创新投入

注册商标与获奖：全国累计注册商标69个，国际国内获奖122项。甘肃企业表现亮眼，祥宇、金纽带、甘肃时光等公司包揽了超90%的国际奖项，形成"中国橄榄油黄金品牌带"。头部企业注重创新，陇南祥宇公司年研发经费为920万元，拥有知识产权54项；云南永仁欣源公司创新价值实现率达60%。但中小企业研发投入普遍不足，制约技术升级。

5. 产业现状与核心特点

我国油橄榄二三产业呈现"龙头引领、区域集聚"的显著特征。龙头企业如陇南祥宇（总产值2.64亿元）、湖北鑫榄源（总产值1.67亿元）、凉山州中泽（总产值4800万元）依托规模化种植基地和先进加工技术占据主导地位。中小企业则通过差异化策略突围，如冕宁元升聚焦早熟稀缺油品、云南和润昌开发医药衍生品，推动附加值提升。科技投入成为关键驱动力，凉山州中泽（17项专利）、湖北鑫榄源（三产融合景区）等企业通过深加工、品牌化手段拓展产业链，但区域发展不均衡问题突出：陇南依赖初加工面临同质化竞争，而云南、湖北企业虽增长迅速（如云南和润昌基地），却受限于起步晚、规模小。当前产业面临库存高企、产销脱节及中小企业带动力不足等挑战。代表企业油橄榄二、三产业基本情况见表6-3。

表6-3 代表企业油橄榄二、三产业基本情况

企业名称	年产业增加值（万元）	总产值（万元）	销售额（万元）	库存（吨/万元）	就业人数（人）
陇南市祥宇油橄榄开发有限责任公司	329	26363	26363	17637	291
陇南陇锦园油橄榄开发有限责任公司	1200	1800	715	65	14
甘肃陇源丹谷油橄榄开发有限公司	1863	2640	300	120	7
甘肃阳光雨露农业开发有限公司	225	1850	1250	120	55
陇南陇乡源橄榄油农业开发有限公司	2000	2800	840	100	12
陇南市一榄一味农业科技开发有限公司	120	968	639.1	20	10
陇南橄榄绿农业开发有限公司	316	1785	617.89	612	12
陇南橄榄之城农林产品开发有限公司	110	1098.5	24.6	3.784	20
陇南市金纽带油橄榄科技有限公司	150	1509.792	3000	200	13
文县陇源油橄榄有限责任公司	115	1400	800	600	15
凉山州中泽新技术开发有限责任公司	3400	4800.63	4428.81	1256.43	53
四川华欧油橄榄科技有限公司	389	5305	5245	60	36
冕宁元升农业科技有限公司	3000	5000	1300	500	150
四川西中油橄榄有限责任公司	860	1500	1200	300	100
德钦康邦油业有限责任公司	2049	3476	2650	826	22
丽江田园油橄榄科技开发有限公司	32	600	258	342	2
云南和润昌油橄榄农业科技有限公司	1100	2680	3200	800	167
云南永仁欣源油橄榄开发有限公司	329	2400	1300	1100	142
十堰泽盟农业开发有限公司	2080	4848	1820	2065	28
湖北鑫榄源油橄榄科技有限公司	2000	16700	9100	200	97

二、代表性油橄榄企业经济效益分析

2024年收集调研核心样本企业20家，总种植面积约16.8万亩。其中，陇南市祥宇油橄榄开发有限公司种植面积达13500亩，2024年年产量达2025吨，总产值近2.64亿元，销售额近2.64亿元，带动就业人数为291人。该企业在国内油橄榄企业中综合规模最大，种植面积和产量均在行业内领先，总产值与销售额

完全匹配，说明产销平衡。该企业带动就业人数多，对地方经济贡献显著。但值得注意的是，祥宇公司总产值近2.64亿元，销售额近2.64亿元，但资产收益率仅2%，年利润为1136万元（利润率约4.3%），规模效应未转化为高利润。凉山州中泽新技术开发有限公司年产业增加值为3400万元，初加工与深加工比例100%，加工后产量400吨（占比100%），加工效率较高，全产业链覆盖，附加值提升明显，高产业增加值表明了其在二、三产业中的优势。湖北鑫榄源油橄榄科技有限公司总产值为1.67亿元，销售额为9100万元，年成本4200万元，总产值与销售额差距较大。四川华欧油橄榄科技有限公司年销售额为5245万元，利润为389万元，资产收益率达7.8%，利润率高（7.4%），成本控制能力较强，市场份额为15%，综合效益表现均衡。云南和润昌油橄榄农业科技有限公司年利润达1420万元，年资产收益率为5%，市场份额为6%，利润额在行业中位居前列，但资产收益率较低，需优化资产配置以提升效率。十堰泽盟农业开发有限公司年资产收益率达30%，年利润为232万元（成本占比35%），资产收益率为行业最高，成本控制优秀，但销售额规模较小（1820万元）。德钦康邦油业有限公司创新研发经费为205万元，拥有知识产权16项，知识产权转化效率显著，创新价值实现率高，具备长期竞争力。四川华欧油橄榄科技有限公司产学研合作6次，创新资源整合15次，年培养人才240人，产学研结合紧密，人才储备充足，但知识产权数量较少（仅2项），需加强技术成果保护。云南永仁欣源油橄榄开发有限公司拥有知识产权7项，创新价值实现率达60%，市场影响力达15%，知识产权运用灵活，创新价值转化效率较高，但研发经费投入较低（55万元），需加大支持力度。

三、代表性油橄榄企业发展分析

（一）固定资产投资与技术升级

油橄榄产业在固定资产投入与技术改造方面呈现差异化发展趋势。典型企业如甘肃陇南市祥宇油橄榄开发有限公司，虽新增固定资产投资额仅48万元，但凭借26363万元的年销售额，展现出较高的产能利用率；而云南德钦康邦油业有限公司则以1140万元的新增投资额居行业前列，凸显其扩张战略。技术改造方面，四川华欧油橄榄科技有限公司投入60万元升级设备，强化了产业链中游加工环节的核心竞争力。此外，云南和润昌油橄榄农业科技有限公司通过30万元技术改造优化库存管理，表明技术升级对提升效率的关键作用。

（二）技术创新与研发成果

技术创新是油橄榄产业发展的核心驱动力。甘肃陇南市祥宇油橄榄开发有限公司以920万元的研发经费领跑行业，创造54项知识产权。四川凉山州中泽新技术开发有限公司通过228万元研发投入，实现年产业增加值达3400万元，创新效益突出。云南德钦康邦油业有限公司和湖北十堰泽盟农业开发有限公司分别实现80%的创新价值转化率，体现了技术成果的高效应用。然而，部分企业研发投入不足，技术转化率低，制约了竞争力的提升。

（三）市场表现与经济效益

市场表现方面，头部企业优势显著。甘肃陇南市祥宇油橄榄开发有限公司年销售额达2.6亿元，但资产收益率仅2%，需优化成本结构；云南和润昌油橄榄农业科技有限公司以3200万元的销售额实现44.4%的利润率，凸显深加工产品的高附加值。区域竞争格局中，四川华欧油橄榄科技有限公司依托3000亩主产区布局，占据15%的市场份额；湖北鑫榄源油橄榄科技有限公司虽销售额达9100万元，但关键数据缺失，暴露出统计体系不完善的问题。整体来看，初级农产品占比高的企业利润率普遍偏低，亟须向深加工转型。

（四）人才培养与产业链协同

人才培养与产业链协同是产业可持续发展的关键。四川华欧油橄榄科技有限公司通过年培养240名人才和15次产学研合作，为行业输送大量技术与管理人才；而云南德钦康邦油业有限公司年培养人才仅3人，人才储备明显不足。产业链方面，部分企业如甘肃陇南橄榄之城农林产品开发有限公司二三产规模为零，深加工能力缺失；四川冕宁元升农业科技有限公司加工后产品占比仅30%，初加工产品占比过高。建议通过政策引导，推动企业延伸产业链条，提高高附加值产品比重。

（五）挑战与未来发展方向

油橄榄产业面临区域发展不均衡、技术转化率低、产业链延伸困难等挑战。甘肃、四川企业规模较大，但云南、湖北部分企业数据缺失或规模偏小，区域协同不足；部分企业知识产权创造多但运用少，技术未能有效转化为市场竞争力。未来需重点强化区域合作，形成产业集群效应；加大研发投入，突破深加工技术瓶颈；完善统计体系，建立统一数据库以提升决策精准度。通过技术创新与资源整合，推动油橄榄产业向高附加值、可持续发展方向升级。

四、油橄榄产业评价

对油橄榄产业进行评价，我们以中国乡村发展志愿服务促进会提出的"中国乡村发展志愿服务促进会关于编制9个特色优势产业发展指标、创新指标的说明"为基础，以2024年为基准年，按照油橄榄产业的各个生产环节赋值后计算出了产业发展指数和产业创新指数。

（一）核心样本企业与基准指数构建

为系统评估油橄榄产业发展水平，我们以2024年为基准年，选取全国20家核心样本企业，覆盖甘肃、四川、云南、湖北等主产区，确保区域、生产类型及产品的多样性。基期指数设定为100分，通过加总样本企业的12项产业发展指标和6项产业创新指标形成基准数据，并按满分值标准化（产业发展100分、产业创新100分），为后续年度动态对比提供科学依据。

（二）产业发展指数框架与计算

产业发展指数聚焦规模、产能及综合效益进行赋权：种植面积（10分）、年产量（12分）、种植业从业人数（8分）；年加工总产值（12分）、年销售额（12分）、加工销售就业人数（8分）、年上缴税收（5分）、年利润（8分）、年资产收益率（6分）；年新增资产投入（5分）；年研发经费投入（8分）、年申请专利（6分），共计100分。报告期每项指标得分按"（报告期值/基准值）×权重"计算，如2025年种植面积得分=（2025年总面积/2024年167508亩）×10分，最终指数为12项指标得分总和，反映产业整体发展水平变化。油橄榄产业发展指数测算表见表6-4。

表6-4 油橄榄产业发展指数测算表

项目类型	序号	指标	权重分值	2024年基准值	单位	计算年度数据	得分
产业发展指数	1	种植面积	10	167508	亩		
	2	年产量	12	19112.9	吨		
	3	种植业从业人数	8	6651	人		
	4	年加工总产值	12	89523.922	万元		
	5	年销售额	12	65051.4	万元		
	6	加工销售就业人数	8	1246	人		
	7	年上缴税收	5	1411.18	万元		
	8	年利润	8	7380.45	万元		
	9	年资产收益率	6	7.71	%		
	10	年新增资产投入	5	6427.96	万元		
	11	年研发经费投入	8	2097.33	万元		
	12	年申请专利	6	172	件		
		小计	100				

（三）产业创新指数设计与动态评估

产业创新指数从投入、产出、合作三维度选取6项指标，包括新增固定资产投资额（18分）、年新增研发投入经费（18分）、协同创新能力（16分）、知识产权能力（16分）、创新驱动能力（16分）、年新增培养人才数（16分），共计100分。计算方法与产业发展指数一致，如新增固定资产投资额得分=（报告期投资额总和/基准值）×18分，最终指数为6项得分之和。该指数动态衡量创新能力，为技术升级和政策调整提供依据。油橄榄产业创新指数测算表见表6-5。

表6-5 油橄榄产业创新指数测算表

项目类型	序号	指标	权重分值	2024年基准值	单位	计算年度数据	得分
产业创新指数	1	新增固定资产投资额（含技术改造）	18	8072.72	万元		
	2	年新增研发投入经费	18	2097.33	万元		

项目类型	序号	指标	权重分值	2024年基准值	单位	计算年度数据	得分
产业创新指数	3	协同创新能力（产学研+资源整合）	16	140	次		
	4	知识产权能力（创造+保护+运用）	16	379	项		
	5	创新驱动能力（创新价值实现与市场影响力平均值）	16	25.15	%		
	6	年新增培养人才数	16	411	人		
		小计	100				

（四）指数应用与结果解读

指数以100为基准线：高于100表明报告期产业水平提升，低于100则提示发展滞后，等于100代表与基期持平。数据来源于核心企业年度统计（如种植面积、研发投入等），需结合区域政策、市场环境综合分析。例如，若2025年产业指数为115，则整体发展较2024年进步15%。定期发布指数可助力企业优化策略、政府精准施策，推动油橄榄产业升级。

第二节　行业发展引领

一、行业中的地位

在全球食用油行业中，橄榄油凭借其独特的营养价值和健康属性，占据着高端食用油市场的重要份额。我国油橄榄产业虽起步晚于地中海沿岸传统种植国家，但发展迅猛。截至2024年，全国种植面积达217.55万亩，鲜果产量达10.8万吨，橄榄油产量突破1.2万吨。这一数据表明，我国油橄榄产业已具备一定规模，在国内食用油行业，尤其是木本食用油细分领域，正逐步提升影响力。

以甘肃陇南武都区为例，作为"中国油橄榄之乡"，其油橄榄基地面积、鲜果产量、初榨橄榄油产量居全国第一。当地以外纳镇为核心，形成了集引种选育、种植加工、研发销售为一体的橄榄油全产业链,综合产值突破45亿元。陇南橄榄油多次在国际赛事中获奖,产品远销新加坡、韩国、西班牙等国家和地区。这不仅提升了武都橄榄油在国际市场的知名度,也表明我国油橄榄产业在全球橄榄油行业中开始崭露头角,逐步从产业追随者向产业参与者转变,占据着日益重要的地位。

在国内,随着居民生活水平的提高和健康意识的增强,人们对优质食用油的需求持续增长。油橄榄产业的发展,为国内食用油市场提供了新的品类选择,优化了市场供给结构,逐步改变了长期以来以草本油料作物为主导的食用油市场格局,在满足消费者多元化需求方面发挥着不可或缺的作用。

二、行业发展的作用

1. 带动种植技术革新

油橄榄作为一种原产于地中海地区的树种,对生长环境有特定要求。我国在引种过程中,科研人员针对国内不同区域的气候、土壤条件,开展了大量研究工作。科研人员在白龙江河谷区、金沙江干热河谷区和长江三峡低山河谷区等主产区,通过不断探索和实践,形成了一系列适合北亚热带的栽培管理技术,改写了世界油橄榄分布版图。例如,通过实生选种的方式选育了'鄂植8号''钟山24''城固32'等良种,创造了适合我国的油橄榄繁育方法,研发了山地单轨道运输车等农机设备,大大提高了油橄榄采摘运输效率……这些技术的创新和应用,不仅推动了油橄榄产业自身的发展,也为其他木本油料作物及特色经济林树种的种植提供了借鉴,带动了整个种植行业技术水平的提升。

2. 推动加工产业升级

我国现有初榨橄榄油加工企业53家、初榨橄榄油生产线67条,总加工能力超过6万吨。为提升橄榄油品质,企业不断引进和改进加工工艺,如采用国际领先的低温冷榨技术,最大限度保留油橄榄鲜果的营养和风味。同时,为提高资源利用率,企业还对油橄榄果渣、废水进行综合利用。陇南部分企业通过科技手段从油橄榄果渣、废水中提取多酚类物质,实现了从农业产业向生物产业的升级。这种对加工环节的重视和创新，促进了加工设备制造、食品加工工艺研发等相关产业的发展，推动了整个加工产业的升级。

3.促进市场多元化发展

随着油橄榄产业的发展，市场上的油橄榄产品日益丰富。除了传统的特级初榨橄榄油，还开发出橄榄茶、橄榄保健品、橄榄护肤品等六大系列产品。产品的多元化满足了不同消费者群体的需求，拓展了市场空间。在销售渠道方面，线上线下销售体系逐渐健全。陇南等地在国内一、二线城市建立油橄榄专卖店、体验店100多家，并通过电商平台将产品推向全国乃至全球市场。这种多元化的市场格局，不仅为油橄榄产业自身发展注入活力，也促进了食品销售、电商运营等相关行业的发展，带动了市场的繁荣。

三、从大农业观、大食物观角度分析

1.大农业观视角

大农业观强调农业的多功能性和产业融合发展，油橄榄产业在这方面表现突出。从种植环节看，其带动了种苗培育、农资供应等上游产业发展；在加工环节，拉动了食品加工、包装制造等产业的发展；在销售环节，促进了物流运输、电商平台等行业的发展。同时，油橄榄产业与生态旅游、文化产业也深度融合。在陇南市武都区，当地利用油橄榄种植园打造旅游观光带，开发橄榄鸡、橄榄菜等特色美食，举办油橄榄文化节等活动，吸引了大量游客，实现了一、二、三产业的有机融合。这种产业融合模式，拓展了农业的功能，提高了农业综合效益，是践行大农业观的生动实践。

2.大食物观视角

大食物观倡导从更广阔的范围开发食物资源，满足人民群众日益增长的食物消费需求。油橄榄产业为丰富我国食物供给提供了新途径。橄榄油作为优质食用油，富含单不饱和脂肪酸，有助于降低心血管疾病风险，对改善我国居民膳食结构、提高健康水平具有积极意义。此外，油橄榄果实除用于榨油外，还可加工成餐用橄榄果、橄榄休闲食品等，丰富了我国的食物品类，满足人们健康、美味、营养等个性化的饮食需求,促进了食品工业的发展和创新。在当前大力倡导保障国家粮食安全的背景下,大力发展油橄榄等木本粮油产业,不与人争粮、不与粮争地,充分利用山地、坡地等边际土地资源增加食物供给总量,是落实大食物观的重要举措。发展油橄榄产业,将生态资源转化为经济资源,实现了生态保护与食物供给的良性互动,为构建多元化的食物供给体系贡献了力量。

第三节　区域经济发展

油橄榄产业作为具有高附加值的特色产业,近年来在甘肃、四川、云南、重庆、湖北等地逐渐兴起,对这些地区的区域经济发展产生了多方面的影响。从原材料消耗到直接经济效益的创造,再到间接效益的辐射,油橄榄产业正逐步成为推动地方经济增长、改善生态环境、促进社会发展的重要力量。

一、直接效益

油橄榄产业作为具有高附加值的特色产业,近年来在甘肃、四川、云南、重庆、湖北等地逐渐兴起,对这些地区的区域经济发展产生了多方面的影响。从原材料消耗到直接经济效益的创造,再到间接效益的辐射,油橄榄产业正逐步成为推动地方经济增长、改善生态环境、促进社会发展的重要力量。

(一)种植户收益

油橄榄种植区多为立地条件较差地区,农作物收益较差。种植油橄榄有效增加了农民收入。甘肃作为我国较早引进和大规模种植油橄榄的地区,以陇南为例,经过多年发展,许多种植户从油橄榄种植中获得了可观收入。种植户通过售卖油橄榄鲜果,平均每亩收入可达3000~5000元,部分种植经验丰富、管理良好的种植户,亩收入甚至超过8000元,相较于传统农作物种植,收入实现了数倍增长,四川、云南、重庆和湖北山区也基本类似。立地条件较好地区,收益更高,如四川凉山油橄榄种植面积达数万亩,种植户通过与加工企业签订收购合同,稳定了销售渠道。平均每亩油橄榄可为种植户带来5000~12000元的收入,一些加入专业合作社的种植户,借助合作社的技术指导和统一销售,收入更为可观,有效增加了农民家庭收入。

（二）加工企业效益

甘肃拥有多家颇具规模的油橄榄加工企业,如祥宇公司、田园公司等。这些企业通过精深加工,将油橄榄鲜果转化为橄榄油、橄榄果脯、橄榄化妆品等多种产品,极大提升了产品附加值。各省重点企业均取得了较好的经济效益,甘肃祥宇公司年加工油橄榄鲜果能力达数万吨,2024年销售额为2.64亿元,四川重点企业凉山州中泽新技术开发有限公司年产业增加值为3400万元。这些重点企业的产品畅销国内市场,企业利润逐年增长,在带动地方经济发展方面发挥了重要作用。

（三）财政收入贡献

随着油橄榄产业的发展壮大,产业对当地的经济贡献逐步凸显,甘肃省油橄榄2024年综合产值达到45亿元,其中第一产业产值为8.58亿元、第二产业产值为30.64亿元、第三产业产值为5.78亿元;四川省油橄榄种植面积达45.2万亩,产值约15亿元;湖北省2024年全产业链产值突破5亿元。这些企业的发展壮大有力地促进了当地财政收入的增长。随着油橄榄种植规模扩大和加工企业发展壮大,产业相关税收成为地方财政收入的重要组成部分。

二、间接效益

在可持续发展理念深入人心的当下,产业发展的综合效益愈发受到关注。油橄榄产业在经济效益之外,其生态与社会效益逐渐凸显,尤其是在我国西部山区,展现出独特的价值。

（一）生态效益

我国西部山区,地处特殊的地理位置,生态环境脆弱,经济发展相对滞后,且多为民族聚居地区,面临着复杂的可持续发展挑战。油橄榄的引种,为这一地区带来了新的发展机遇。发展油橄榄等木本粮油作物建设"粮库""钱库",实现了生态保护与经济发展的双赢。

油橄榄作为一种具有独特生态适应性的树种,其根系发达、枝叶繁茂,能够有效地固定土壤,减少水土流失。同时,其落叶分解后可增加土壤有机质含量,改善土壤结构,提升土壤肥力,对恢复和提升生态环境质量具有显著作用。在甘肃省的白龙江、白水江流域等泥石流高发区,油橄榄的大规模种植显著改善了当地的生态环境,增加了植被覆盖率,减少了自然灾害的发生频率。在四川盆地丘陵区,油橄榄种植在钙质紫色土分布地带,表现出较强的适应性和丰产性,为生态脆弱区的植被恢复和生态重建提供了新的途径。湖北通过油橄榄种植修复10万亩荒山,减少水土流失,提升土壤有机质含量,并在丹江口库区周边形成生态屏障,助力"绿水青山"转化为"金山银山"。湖北推广有机肥施用技术,减少化肥污染,农业生态系统碳汇能力显著增强。

油橄榄产业的生态效益主要体现在对生态环境的改善和修复上。油橄榄适生于干旱、半干旱河谷以及土层浅薄的石质山地,这些区域往往生态环境脆弱,需要进行生态治理。甘肃省白龙江、白水江流域生态环境脆弱,是我国四大泥石流高发区之一。近50年来,陇南市在"三江一水"二级阶地和泥石流沟道冲积扇上种植油橄榄117.35万亩,显著改善了流域的生态环境,增加了植被覆盖率,减少了水土流失。在四川盆地丘陵区,地层广泛露出紫色砂页岩,土层浅薄,生产力水平较低,生态系统稳定性和生态功能较弱。然而,油橄榄对钙质紫色土表现出独特的适应性,成都市金堂县、绵阳市游仙区、达州市开江县、广元市利州区、南充市阆中市等地的油橄榄种植园表明,油橄榄能够在生态脆弱区实现良好的生长和可持续的丰产经营。

(二)社会效益

油橄榄产业的社会效益主要体现在对区域经济发展和农民增收的促进作用上。油橄榄产业的发展带动了相关产业链的兴起,为当地居民提供了大量的就业机会,增加了农民收入,促进了区域经济的发展。油橄榄产业的发展创造了大量就业岗位。在种植环节,从种苗培育、果园日常管理到果实采摘,需要大量劳动力，为当地农村剩余劳动力提供了季节性和长期性工作机会。在加工环节，企业的生产车间、包装车间、物流配送等岗位吸纳了众多本地劳动力，实现家门口就业。加工企业的生产运营也吸纳了一批技术工人和管理人员。据估算，甘肃省油橄榄产业直接和间接带动就业人数超过10万人，四川省带动就业人数6万多人，湖北省1万多人，人均年收入可达3万~5万元，为缓解当地就业压力作出了贡献。

第四节　总体评价

油橄榄产业的发展对区域生态环境优化和社会发展进步具有积极的推动作用。其生态效益主要体现在对生态环境的改善和修复上，能够有效减少水土流失，增加土壤肥力，提升生态系统的稳定性和丰富服务功能。社会效益则体现在对区域经济发展的促进和农民收入的增加上，带动了相关产业链的发展，为当地居民提供了就业机会，促进了社会和谐稳定。在未来的发展中，油橄榄产业应进一步加强科技创新和品牌建设，提高产品质量和市场竞争力，实现经济效益、生态效益和社会效益的有机统一，为我国西部山区的可持续发展提供有力支撑。

总体而言，油橄榄产业在经济、社会和生态等方面均发挥了重要作用，在推动我国农业产业结构调整、促进乡村振兴和满足人们对健康食品的需求等方面具有重要意义。

第七章

油橄榄产业发展
趋势与对策

经过半个多世纪的努力，我国油橄榄生产基地已初具规模，优势区域开始形成，初精深加工体系基本建立，其对当地农民增收的作用也逐步显现，规模化、产业化的发展格局正在形成。我国已走出了一条具有鲜明特色的现代油橄榄产业发展之路。油橄榄产业在当下具有极为重要的发展意义，它不仅能为消费者提供优质、健康的橄榄油等产品，助力人们生活质量提升，在优化农业产业结构、推动区域经济发展以及促进农民增收等方面同样发挥着不可忽视的作用。然而，该产业发展并非一帆风顺，面临着诸多亟待解决的问题，深入剖析这些问题并探寻相应对策，对于引领油橄榄产业走向规模化、高效化、品牌化发展之路至关重要。本章将围绕这些问题展开详细探讨，为产业发展提供有益参考。

第一节　存在主要问题

一、政策扶持方面

从政策环境来看，尽管国家及地方政府出台了一系列支持特色农业产业发展的政策，但针对油橄榄产业的专项政策相对有限，且不同部门间存在政策壁垒。同时，还存在质量监管体系不完善，与重大工程项目融合与衔接不顺，财政补贴机制不顺，油橄榄果实、叶、提取物"新食品原料"行政许可准入难等问题。种植环节，缺乏对油橄榄种植户长期稳定且精准的补贴政策，使得种植户面临前期投入较大、回报周期较长的情况。在加工环节，油橄榄加工企业难以享受到足够力度的税收优惠与专项扶持资金，这导致企业在更新加工设备、研发新技术、拓展产品种类等方面资金受限，竞争力不足。在销售环节，政府对于油橄榄产品市场推广的政策支持也很薄弱，缺乏对电商平台销售扶持、大型展销会参展补贴等政策，使得油橄榄产品在市场开拓过程中面临诸多困难。

同时,政策的连贯性与稳定性不足,部分地区的政策会因行政区划调整、政府领导更替等因素受到影响,这让油橄榄产业从业者难以制定长期稳定的发展规划。

二、资金支持力度方面

中央财政无专项扶持资金,地方财政困难无专项资金。油橄榄种植业归属于林业部门,自2018年机构改革(林草系统划归自然资源部门)后,该领域没有设立对特色产业发展支持的专项资金。油橄榄产业要想取得经济效益,需在标准化、园艺化种植方面加大投入。但因地方财政困难,加之涉农资金统筹难度大,粮油大县补贴、农机具补贴、东西扶贫衔接资金等强农惠农资金用于油橄榄产业的扶持面小,油橄榄产业发展资金严重缺乏。油橄榄产业前期投入巨大,从土地流转、高标准种植基地建设,到种苗购置、灌溉系统安装以及种植过程中的施肥、修剪、病虫害防治等各环节,都需要大量资金投入。

油橄榄产业的资金来源渠道相对较为单一,主要依赖企业自身积累和银行贷款。银行贷款方面,油橄榄种植周期长、见效慢,银行往往对其贷款审批较为谨慎,贷款额度有限,且贷款期限与油橄榄的收益周期难以匹配。资本市场对油橄榄产业的认知度和关注度较低,风险投资、产业基金等社会资本介入也较少。同时,政府的专项产业基金规模较小,覆盖范围有限,无法满足众多油橄榄种植户和企业的需求。

三、科技支撑方面

1. 油橄榄基地普遍产出不高

我国油橄榄产业面临育种工作滞后,缺乏自主品种的困境。虽然我国引种成功,也从国外引进油橄榄品种达200多个,但仅处于简单引种阶段,而没有开展驯化育种,选育的良种基本上是对引进的种质资源进行引种筛选,能够暂时满足产业发展需要。但我国亚热带地区光照不足,夏季雨水过多,土壤透水通气性差,不利于油橄榄的生长发育。引种实践证明,大多数油橄榄品种不适应新环境,"水土不服"导致产量降低且不稳定,引进品种在产量和含油率上都低于原产地。生产上缺乏适应我国生态条件的产量高、含油率高、抗性强的当家品种,制约了我国油橄榄产业的整体产量和品质的提升。同时,产业初期以扩大种植面积为主导,栽培品种混杂,品种意识不强,建设的油橄榄园没有进行品种的布局区划,品种混杂、良莠不齐、个体差异大,造成经营管理难度大、被动同时采收等问题,既增加了加工厂的生产压力,又影响了橄榄油的品质。同时,种植基地粗放经营,集约化程度低。油橄榄种植基地基本采用的是传统的家庭分散经营模式,管理比较粗放,缺乏集约化经营,重栽轻管,受栽培区域经济条件和地形的限制,立地条件差,管理成本高,抚育管理投入不足,甚至任其自生自灭,导致挂果晚、单产低、效益差的情况较为普遍。

2. 加工技术方面相对薄弱,精深加工能力欠缺

目前,国内大多数油橄榄加工企业仍以初加工为主,主要生产初榨橄榄油,产品附加值低。我国参与油橄榄产业开发的企业多为民营企业,这些企业基本上是中小企业或小微企业,企业规模小,产业化开发实力弱,技术研发能力不强,产品单一且同质化现象严重。同时,加工过程中的技术创新不足,橄榄油的提取率和质量稳定性有待提高,能耗较高,成本难以降低。另外,缺乏高科技的支持,对于油橄榄的其他功用开发利用很少,产品的深、精加工以及新产品开发利用进展缓慢,虽然开发了部分产品,但产品的广度和丰度不够。在橄榄油的深加工领域,如橄榄油护肤品、橄榄油保健品等方面的研发和生产技术较为落后,缺乏核心技术,高端产品市场基本被进口品牌占据。

3. 机械装备水平较低

在油橄榄采摘环节,缺乏适合我国油橄榄种植特点的高效、轻便采摘机械,目前仍以人工采摘为主,采摘效率低、成本高。在种植环节,受地形限制,可用于山地的施肥、病虫害防治等设备较少,劳动强度大,生产效率低。

4. 油橄榄加工副产物的综合利用开发不足

油橄榄加工过程中会产生大量的果渣、果皮等副产物,目前这些副产物大多被简单丢弃或作低价值的肥料使用,对其所含的丰富生物活性物质,如橄榄多酚、角鲨烯等的提取和开发利用研究较少,未能充分挖掘其潜在的经济价值,造成资源浪费,也不利于产业的可持续发展。

5.科技创新和推广体系不健全

与传统油料作物、水果等相比,油橄榄产业发展缺少必要的技术支撑体系,存在科技支撑水平较低,科技人员参与率低,科研成果的转化、应用与迅速发展的油橄榄生产和加工企业的科技需求不同步、不对称等问题。同时,科技成果转化效率低,虽然科研机构在油橄榄领域取得了一些科研成果,但由于缺乏有效的转化机制和平台,这些成果难以在实际生产中得到广泛应用和推广。例如,一些先进的栽培技术和加工工艺在企业和种植户中知晓度不高,导致其推广应用效果不佳,无法充分发挥科技对产业的支撑作用。

四、品牌建设及市场销售

目前,国产橄榄油存在社会认知度低,市场竞争力不足等问题。一方面,社会大众对于我国自产橄榄油的认知度长期处于较低水平。长期以来,进口橄榄油凭借先发优势,在市场上占据主导地位,消费者在潜意识里形成了橄榄油即"舶来品"的刻板印象,对国产橄榄油了解甚少,甚至存在偏见,认为其在品质上不如进口产品,导致国产橄榄油在市场推广初期就面临巨大的认知障碍。另一方面,大多数国产橄榄油品牌建设乏力,缺乏具有全国乃至国际影响力的品牌。众多油橄榄企业在品牌塑造上投入不足,没有形成独特的品牌文化与品牌形象,在市场宣传推广上也缺乏系统性和持续性,使得国产橄榄油品牌在消费者心中难以留下深刻印象,无法在品牌众多的食用油市场中脱颖而出。

此外,企业市场开拓能力不足,部分油橄榄企业仍然秉持传统的生产与销售思维,对市场需求变化不敏感,未能及时根据消费者需求调整产品策略与营销方式,产品研发与市场需求脱节,特级初榨油占比超80%,而烹饪用调和油、功能型橄榄油等细分品类开发不足。更为关键的是,国产橄榄油售价普遍较高,这在很大程度上削弱了其市场竞争力。在食用油市场竞争激烈的环境下,较高的价格使得消费者在选择时更倾向于价格相对较低的进口橄榄油或其他食用油产品，限制了国产橄榄油的市场份额的进一步扩大。

第二节　主要对策建议

一、加快建立稳定投入机制，推进产业升级

我国油橄榄主产区多属于山区，自身财政困难，可支持油橄榄产业发展的资金有限。应建立稳定、可持续的投入机制，尤其是中央财政预算内资金投入，同时打破部门壁垒，整合统筹相关资金，加大在油橄榄科技攻关、公益宣传、品牌培育、生产奖补、原料收储贷款贴息、园区建设等方面的投入，推进产业高质量发展，助推林农群众稳定增收，持续有效地巩固拓展脱贫攻坚成果。积极争取将优势地区油橄榄产业纳入国家优势特色产业集群，将产业大县的油橄榄产业园纳入国家现代农业产业园等给予扶持。

二、创新资金支持模式，破解产业融资难题

构建多元化融资体系，设立专项扶持资金。中央和地方政府应设立油橄榄产业专项扶持资金，加大对油橄榄种植、加工等环节的资金投入，确保产业的可持续发展。在地方财政困难的情况下，可通过整合涉农资金、调整资金使用方向等方式，加大对油橄榄产业的扶持力度，提高资金的使用效率。拓宽资金来源渠道，鼓励金融机构创新金融产品和服务，针对油橄榄产业的特点，开发适合的贷款产品，如长期贷款、低息贷款等，满足油橄榄种植和加工企业的资金需求。加强与资本市场对接，通过宣传推介、政策引导等方式，吸引风险投资、产业基金等社会资本投入油橄榄产业，为产业发展提供多元化的资金来源。

三、强化科技驱动能力，提升全产业链效能

加强育种工作，加大对油橄榄育种工作的投入，支持科研机构和企业开展

驯化育种研究，利用分子选育技术选育适合我国各适生区生态条件的高产、高抗、高含油率的广适品种，提高产量、扩大适生区。引进国外先进的育种技术和品种资源，加强与国外科研机构的合作交流，提升我国油橄榄育种水平。提升栽培管理水平，推广科学的栽培技术和管理模式，加强对种植户的技术培训和指导，提高油橄榄种植的集约化程度和经营管理水平，根据不同地区的生态条件和品种特点，进行品种布局区划，建设标准化、规模化的油橄榄种植基地，降低经营管理难度，提高产量和品质。推动加工技术升级，鼓励油橄榄加工企业加大对技术研发的投入，引进先进的加工设备和工艺，提高油橄榄产品的附加值和质量稳定性。加强对油橄榄深加工技术的研发，拓展油橄榄产品的种类和应用领域，如开发橄榄油护肤品、保健品等高端产品，提升产业的整体效益。提高机械装备水平，支持科研机构和企业研发适合我国油橄榄种植特点的高效、轻便采摘机械和山地适用的施肥、病虫害防治设备，降低劳动强度，提高生产效率。加强副产物综合利用，鼓励企业和科研机构加强对油橄榄加工副产物的研究和开发，提取其中的生物活性物质，如橄榄多酚、角鲨烯等，提高副产物的经济价值，实现资源的综合利用和产业的可持续发展。

完善科技创新和推广体系，加大对油橄榄产业科技支撑体系的建设力度，培育和引进科技人才，提高科技人员参与率，加强科研与生产之间的联系和互动。建立健全科技成果转化机制和平台，加强科研成果的宣传和推广，提高科研成果在油橄榄生产上的利用率。

四、重塑市场竞争力，打造国产橄榄油品牌矩阵

提高品牌知名度，加强对国产橄榄油的宣传推广，通过油橄榄文化节、产品推介会、媒体宣传等多种方式，提高社会大众对国产橄榄油的认知度和认同感，打破消费者对橄榄油是"舶来品"的刻板印象。鼓励油橄榄企业加强品牌建设，打造具有特色和竞争力的品牌形象，通过讲述品牌故事、传承品牌文化等方式，提升品牌的内涵和价值。加强品牌塑造，引导油橄榄企业加大品牌塑造投入，制定科学、合理的品牌发展战略，注重品牌定位、包装设计、广告宣传

等环节，塑造独特而鲜明的品牌形象。支持企业开展品牌认证和评比活动，争取获得有机认证、地理标志认证等权威认证，提升品牌公信力和美誉度。优化市场销售策略，帮助油橄榄企业树立现代市场营销观念，加强对市场需求的调研和分析，根据消费者需求变化及时调整产品策略和营销方式，开发更多符合市场需求的细分产品，如烹饪用调和油、功能型橄榄油等。优化产品结构与定价策略，开发大众消费级调和油（价格区间30—50元/500ml），与进口产品形成差异化竞争，推行"阶梯定价"机制，对特级初榨油采用"会员制+限量预售"模式维持高端形象。强化消费者教育，联合央视农业频道推出《中国橄榄油之路》纪录片，提高大众对国产橄榄油品质标准的认识。在社区开设"橄榄油健康厨房"公益课堂，覆盖一、二线重点城市。创新全渠道营销模式，搭建"线上直播+线下体验"新零售体系，在盒马、山姆等高端商超设立国产橄榄油品鉴专区，联合小红书、抖音达人开展场景化营销。

附录

油橄榄产业发展大事记

一、相关政策

（一）2022年1月18日，国家林业和草原局印发《林草产业发展规划（2021—2025年）》，明确油橄榄在甘肃白龙江、白水江、西汉水沿岸低山河谷区，云南和四川的金沙江干热河谷地带，四川东部嘉陵江、涪江及沱江流域的紫色土丘陵区，重庆东北长江流域低山河谷区，以及湖北等适宜地区重点布局。

（二）2023年5月12日，《十堰市突破性发展绿色食品饮料产业三年行动（2023—2025）方案》中指出：加大优质种源供应，在丹江口市、郧阳区、竹溪县分别建设油橄榄和漆树等木本油料繁育基地。

（三）2023年12月7日，四川省人民政府印发《建设"天府森林粮库"实施方案》（川府发〔2023〕24号），提出"百万亩油橄榄领先工程"。加快形成安宁河流域、秦巴山区和川中丘陵区油橄榄集中发展带。重点开展区域性良种选育，推进扩面增产，提升橄榄油及养生、保健、美容产品等精深加工能力，打造油橄榄文化、自然教育等林旅融合新业态。到2025年，全省油橄榄种植面积增加到60万亩，年产橄榄果4.5万吨，年综合产值达到26亿元。力争到2030年种植面积达到100万亩，橄榄油产量、品质和产值领先全国。

（四）2024年1月1日，《中共中央　国务院关于学习运用"千村示范、万村整治"工程经验有力有效推进乡村全面振兴的意见》指出，扩大油菜面积，支持发展油茶等特色油料。

（五）2024年3月15日，《中共甘肃省委、甘肃省人民政府关于学习运用"千村示范、万村整治"工程经验 有力有效推进陇原乡村全面振兴的实施意见》中明确指出，强化粮食和重要农产品供给保障，要稳定油菜籽、胡麻、油橄榄等种植面积。2024年省政府工作报告中指出：实施优势特色产业提质增效行动，力争两年内打造10个百亿级产业大县，创建果、薯2个五百亿级和牛、羊、药、菜4个千亿级产业集群。

（六）2024年3月18日，甘肃省发展改革委印发了《甘肃省油橄榄产业发展规划（2024—2033年）》，提出到2033年，全省油橄榄种植面积稳定在130万亩左右，油橄榄鲜果年产量达到20万吨，初榨橄榄油年产量达到2.5万吨，油橄榄综合产值突破100亿元。油橄榄一二三产深度融合、三链同构，实现生产基地规模化、产品加工精深化、自主品牌名优化、产业水平国际化。全面建成现代油橄榄产业体系，主要橄榄油产品进入全球价值链高端。

（七）陇南市印发《陇南市油橄榄产业链2024年工作方案》（陇办发〔2024〕1号）。主要目标任务：通过夯实生产端、做强加工端、做活销售端，落实生产环节、加工环节、销售及品牌培育环节、科技支撑、产业提升等方面重点任务，新建基地面积12.5万亩，到2024年底，全市油橄榄面积达到116.5万亩，油橄榄鲜果产量达到6万吨，油橄榄产值达到45亿元。谋划项目33个，总投资15.782亿元（生产端10个项目、投资3.952亿元，加工端16个项目、投资11.545亿元，销售端2个项目、投资0.085亿元，科技支撑5个项目、投资0.2亿元）。

（八）陇南市人民政府办公室印发了《陇南市贯彻落实甘肃省油橄榄产业发展规划（2024—2033年）任务分工方案》《陇南市实施2024年度工作方案》，确保规划各项重要目标、重点任务、重大项目顺利实施。

（九）2024年9月19日，四川省人民政府和国家林业和草原局联合印发了《建设"天府森林四库"实施方案》（川府发〔2024〕18号），提出加强区域性油橄榄良种选育推进扩面增产，提升橄榄油及养生、保健、美容产品等精深加工能力。

（十）2025年1月23日，湖北省《关于进一步深化农村改革扎实推进乡村全面振兴的实施意见》支持发展油茶、油橄榄等特色木本油料。提出以油橄榄为发展重点的木本油料作为六大农业支柱产业来抓，将木本油料确定为重点农业产业链之一。

二、领导关怀

2024年12月10日，四川省委副书记、组织部部长于立军赴成都市金堂县专题调研"天府森林粮库"建设工作，在聚峰谷融合产业园，了解油橄榄产品研发、精深加工、品牌推广等运营现状，仔细询问产业延链补链强链情况。

2024年11月15日，省科技厅党组成员、副厅长张晓亮，国际科技合作与交流处处长刘叶梅等一行6人，对甘肃省林业科学研究院陇南油橄榄基地进行了调研。

2024年6月28日，省林草局党组成员、副局长龚文鹏带队调研甘肃省林科院陇南油橄榄国家林木种质资源库种质收集保存、挖掘与利用等工作。

三、重要研究项目

序号	立项单位	项目类别	项目名称	实施期限	项目负责人	承担单位	参与单位
1	四川省林业和草原局	创新团队	天府森林粮库木本油料–油橄榄花果发育的生理研究	2024年1月—2024年12月	王丽华	四川省林业科学研究院	
2	四川省科技厅	"十四五"育种攻关	油橄榄优质高抗新品种选育与配套技术研究	2021年1月—2025年12月	杜晋城	四川省林业科学研究院	
3	云南省科学技术厅	科技人才与平台计划	云南省木本油料技术创新中心	2024年1月—2026年12月	宁德鲁	云南省林业和草原科学院	昆明理工大学、云南省热带作物科学研究所等
4	云南省科学技术厅	云南省重大科技专项计划	基于油橄榄资源的大健康产品研究与开发	2024年7月—2027年6月	裴栋	云南油橄榄大健康产业创新研究发展有限公司	中国科学院兰州化学物理研究所

序号	立项单位	项目类别	项目名称	实施期限	项目负责人	承担单位	参与单位
5	甘肃省科技厅	甘肃省自然基金	白龙江干热河谷区油橄榄园需水与蒸腾耗水机制研究	2024年5月—2026年5月	金高明	甘肃省林业科学研究院	
6	云南省科学技术厅	2023年高原特色农业领域科技计划	云南高品质油橄榄新种质选育、栽培、加工技术和标准化体系技术研究	2023年1月—2025年12月	邸多隆	云南油橄榄大健康产业创新研究发展有限公司	丽江田园油橄榄科技开发有限公司、西南林业大学、云南省林业和草原科学院、中国科学院兰州化学物理研究所
7	云南省科学技术厅	云南省重大科技专项计划课题	油橄榄抗逆性品种选育技术研究与示范	2020年1月—2025年12月	李勇杰	云南省林业和草原科学院	
8	国家自然科学基金委员会	国家自然科学基金	橄榄油挥发性风味特征解析与形成机制及品质评价研究	2025年1月—2028年12月	马君义	西北师范大学	陇南市经济林研究院
9	甘肃省科技厅	中央引导地方科技发展	陇南初榨橄榄油品质形成机理与调控技术研究		孔维宝	西北师范大学	
10	甘肃省科技厅	东西协作	油橄榄叶中羟基酪醇制备关键技术研究及产业化示范		刘娜	西北师范大学	

四、重要产业发展项目

（2024年1月至2024年12月省级或行业部门以上支持项目）

序号	立项单位	项目类别	项目名称	实施期限	项目负责人	承担单位	参与单位
1	四川省委组织部	科技下乡万里行	"天府森林粮库"技术服务团（油茶、核桃、油橄榄）	2024年1月—2024年12月	吴万波	四川省林业科学研究院	

续表

序号	立项单位	项目类别	项目名称	实施期限	项目负责人	承担单位	参与单位
2	甘肃省林业和草原局	中央财政林业科技推广示范项目	油橄榄良种繁育及提质增效技术示范推广	2023年8月—2025年12月	金高明	甘肃省林业科学研究院	
3	云南省林业和草原局	中央财政林业科技推广示范项目	油橄榄新优新品金叶佛榍榄示范与推广	2024年1月—2026年12月	马婷	云南省林业和草原科学院	永仁县国有林场
4	甘肃省林业和草原局	贴息	中央财政林业贷款贴息项目	2024年1月—2024年12月		陇南市林业和草原局	
5	甘肃省林业和草原局	奖补	省级财政林果项目	2024年1月—2024年12月		陇南市林业和草原局	
6	陇南市财政局	贴息、奖补	特色山地农业引导发展项目	2024年1月—2024年12月		陇南市林业和草原局	

五、重要成果

（一）甘肃省林业科学研究院在期刊Plant Cell Reports（IF5.3/Q1）上发表"Integrating genetic analysis of germplasm wealth for enhanced selection and improvement in olive（Olea europaea L.）：insights from leaves"的研究论文。

（二）重庆市林业科学研究在BMC Plant Biology（IF4.3/Q1）上发表"Genome-wide Identification of the R2R3-MYB Gene Family in Olive and Its Association with Fatty Acid Biosynthesis"的研究论文。

（三）甘肃省林业科学研究院在期刊Tree Physiology（IF3.5/Q1）上发表"Comparative transcriptome provides new insights into the molecular regulation of olive trees to chilling stress"的研究论文。

（四）陇南市经济林研究院油橄榄团队与西北农林科技大学林学院

杨桂燕团队合作在国际农林科学期刊Agronomy（IF=2.0/Q2）上发表了题为"Identification of Olea europaea CBF/DREB1 Family Genes in Abnormal Temperature Stress Response"的研究论文。

（五）甘肃省林业科学研究院承担的"十三五"重点研发计划任务"油橄榄选择育种技术与高产广适良种选育"通过验收，并登记成果1项（9622024Y0366）。

（六）依托甘肃省林科院所建设的"油橄榄栽培和加工甘肃省国际科技合作基地"在阶段评估中获评"优秀"。

（七）依托甘肃省林业科学研究院承担的由国家发展改革委、国家林业和草原局2019年下达生态保护支撑体系专项"陇南市油橄榄国家林木种质资源库建设项目"通过验收。

（八）甘肃省林业科学研究院承担的国家林业和草原局项目"油橄榄抗寒种质资源引进"通过验收。

（九）甘肃省林业科学研究院承担的甘肃省技术创新引导计划项目"油橄榄良种繁育及丰产栽培技术科技特派员基地"通过验收。

（十）陇南师范学院主持的高校教师创新基金项目"油橄榄渣对青脚麻鸡免疫器官指数及新城疫抗体水平的影响"和"超声辅助酶解法实现油橄榄果渣中多酚的高效提取"通过了省教育厅的查验和评定。

（十一）甘肃时光油橄榄科技有限公司、中国科学院兰州化学物理研究所、甘肃农业大学、中国林业科学研究院林产化学研究所联合实施的市科技油橄榄创新联合体项目"提高油橄榄鲜果加工出油率关键技术工艺改进研究及设备研发应用"通过专家验收，并登记了省级科研成果"提高油橄榄鲜果加工出油率关键技术工艺改进研究及设备研发应用"（9622024Y1415）。

（十二）陇南市经济林研究院油橄榄研究所、甘肃陇源丹谷油橄榄开发有限公司、陇南金纽带油橄榄科技有限公司联合实施的市科技油橄榄创新联合体项目"高产高含油率油橄榄品种选育研究"通过专家验收，并登记了省级科研成果"高产高含油率油橄榄品种选育研究"（9622024Y1116）。

（十三）陇南市经济林研究院油橄榄研究所承担的东西协作项目"油橄榄产业链建设标准化种植体系示范"全面完成任务，并通过了市级成果登记（962LN2024Y061）。

（十四）"甘味"橄榄油特征物质数据库智能数据管理平台软件著作权（2024SR0471671）。

（十五）由中国林业科学研究院与陇南市经济林研究院油橄榄研究联合申报的油橄榄国家良种'豆果''科罗莱卡'获国家林草局审定通过（国 S-ETS-OE-020-2024、国 S-ETS-OE-021-2024）。

六、技术标准

1.《油橄榄节水灌溉技术规程》（DB53/T 1327—2024），云南省地方标准。

2.《木本油料叶面肥农药无人机喷施技术规程》（DB53/T 1213—2023），云南省地方标准。

3.《金沙江流域油橄榄栽培技术规程》（DB5307/T 19—2024），丽江市地方标准。

4.《绿色食品油橄榄生产技术》（DB62/T 1364—2024），甘肃省地方标准。

5.《油橄榄农业气象观测规范》（DB62/T 4896—2024），甘肃省地方标准。

6.《绿色食品油橄榄生产技术》（DB62/T 1364—2024），甘肃省地方标准。

7.《橄榄油中脂肪酸乙酯含量的测定气相色谱-质谱法》（GB/T 44966—2024），国家标准。

七、主要荣誉

（一）陇南市祥宇油橄榄开发有限公司特级初榨橄榄油获英国伦敦国际橄榄油大赛质量金奖——2024全球橄榄油之星。

（二）2024年6月，陇南市祥宇油橄榄开发有限公司特级初榨橄榄油获日本橄榄油奖（JOOP）国际竞赛金奖。

（三）在2024年第19届中国国际橄榄油比赛中，陇南祥宇橄榄油产品从全球17个橄榄油主要生产国的130款橄榄油中脱颖而出，获得有机金奖。

（四）2024年6月，陇南市金纽带油橄榄科技有限公司被认定为甘肃省林草产业化重点龙头企业。

（五）2024年7月，陇南市金纽带油橄榄科技有限公司被认定为陇南市农业产业化重点龙头企业。

（六）2024年10月，陇南市金纽带油橄榄科技有限公司取得绿色食品认证。

八、重要活动

（一）2024年8月5日，2024中国凉山油橄榄产业发展研讨会在凉山举行。

（二）2024年，重庆市林业局继续组织油橄榄市级林业科技专家组和选派市级科技特派员，开展油橄榄良种培育、病虫害防治等先进实用技术的应用与推广，并在全市范围内进行油橄榄科技指导、技术培训等帮扶工作。

（三）2024年3月3日，昆明市海口林场举办了"周恩来总理引种油橄榄60周年"纪念活动。本次活动以"青山永续，绿色发展"为主题，依托"多元融合+互动体验+数字科技"理念，现场设置了周恩来总理引种油橄榄树图片故事展，海口林场68年创业历程以及云南油橄榄科技创新成果展，同时广泛调动社会大众参与形式多样的纪念活动，近500位市民亲临海口林场，共享共建绿色生态文明。纪念仪式上，海口林场携手云南"数字植物·数碳链"联合上线发行"纪念周恩来总理引种油橄榄60周年"数字藏品，展示区块链技术与生物多样性领域融合的突破创新。

（四）2024年10月11日，以"发展油橄榄产业助力乡村振兴"为主题的第二届中国乡村特色优势产业发展峰会油橄榄产业发展论坛在京举行，峰会开幕式上，由中国乡村发展志愿服务促进会组织专家编写的《中国油橄榄产业发展蓝皮书（2023）》正式对外发布。

（五）陇南市陇锦园油橄榄开发有限公司橄榄油亮相全国粮油和大豆产业博览会。

（六）陇南市油橄榄产业协会换届选举大会在武都召开，会议审议通过

《陇南市油橄榄产业协会章程》，选举了协会第一届理事会理事、会长和副会长。油橄榄产业从业者搭建了互动平台，有利于凝聚共识，优势互补，强强联合，品牌打造，对于增强抵御市场风险能力，占领产业制高点，助力乡村振兴，推动特色产业高质量发展具有重要意义。

九、社会影响

（一）2024年2月，国家林草局官网报道了重庆市林业局油橄榄专家组科技助力油橄榄"老树新生"的相关情况。

（二）2024年9—10月，全国主流媒体对甘肃陇南油橄榄产业进行了全方位报道。

（三）以《甘肃陇南油橄榄良种确保丰产》为题，《中国绿色时报》和国家林业和草原局官网报道了甘肃省林业科学研究院选育良种服务当地的事迹。

参考文献

[1] Juan Vilar, Jorge E. Pereira, etc.,International Olive Growing, Worldwide Analysis and Summary[J]. Fundación Caja Rural de Jaén, 2018.

[2] Paolo DeAndreis. Researchers Use AI to Identify the Olive Oil Compounds that Affect Alzheimer's[J]. Olive Oil Times, 2023.

[3] Soil O-live, Biochary micorrizas, la clave para un olivar más sostenible[J]. REDACCIÓN ÓLEO REVISTA, 2024

[4] Daniel Dawson. How Intensive Agriculture and Olive Cultivation Impact Soil Health[J]. Olive Oil Times, 2022.

[5] Máté Pálfi. Regenerative Ag Practices Improve Profitability of Steep-Slope Olive Farms[J]. Renewable Agriculture and Food Systems, 2023.

[6] Junxian Jing, Xiao Sun, Ningli Wang, Dong Pei, Duolong Di, Xinyi Huang. Comprehensiveseparationofawidevarietyofcompoundsfromolivele avesbycounter-currentchromatographywiththree-phasesolventsystem[J]. Journal of Separation Science,2022,45(11):1942-1951.

[7] 王玉、全凯军、段文达等：《溶剂系统极性在高速逆流色谱分离油橄榄叶多酚类化合物过程中的影响》，《天然产物研究与开发》2019年第3期，第496—501页。

[8] Ningli Wang, Dong Pei, Yewei Liu,Jianteng Wei, Xinyi Huang, Duolong Di. Preparation of highly purified oleuropein by combinative technology off line of HSCCC-PHPLC based on dual wavelength [J]. Journal of Food Science, 2021,86(10):4457-4465.

[9] 王玉、樊瑞娜、李海燕等：《高速逆流色谱分离制备油橄榄叶中橄榄苦苷》，

《中成药》2018年第4期，第979—982页。

[10] 夏雅俊、刘永峰、裴栋等：《中压制备色谱法分离制备油橄榄叶中多酚类化合物》，《中草药》2014年第12期，第1689—1692页。

[11] Baoqian Liu, Jianfei Liu, Dongdong Huang, Jianteng Wei, Duolong Di. Boric acid modified microporous adsorption resin and its adsorption properties for catechol compounds[J].Colloidsand Surfacesa–Physicochemical and Engineering Aspects, 2020,595.

[12] 胡庆苹、魏鉴腾、何海荣等：《19个品种油橄榄叶营养及活性成分分析评价》，《食品与发酵工业》2016年第1期，第162—166页。

[13] Jianteng Wei, Shuxian Wang, Dong Pei, Liangjing Qu, Ya Li, Jianjun Chen, DuolongDi, Kun Gao. Antibacterial activity of hydroxy tyrosol acetate from olive leaves (Oleaeuropaea L.) [J]. Natural Product Research, 2018,32(16):1967–1970.

[14] 段文达、冯玥、黄新异等：《油橄榄叶提取物对三种实验动物模型的降糖降脂作用研究》，《中药药理与临床》2020年第6期，第125—130页。

[15] 张佳、卜令娜、裴栋等：《油橄榄叶抗糖尿病活性部位筛选》，《中草药》2013年第13期，第1807–1810页。

[16] 郑洁、何海荣、王宁丽等：《油橄榄叶提取物体内外抗氧化活性研究》，《天然产物研究与开发》2015年第10期，第1743—1747、1820页。

[17] Jianteng Wei, Qingping Hu, Ningli Wang, Yewei Liu, Dong Pei, Duolong Di. Evaluation and Application of a Novel Quantitative Antioxidant Activity Assay Based on Cellular Metabolomics [J]. Chromatographia, 2017(80):617–627.

[18] 陈静、魏鉴腾、裴栋等：《橄榄苦苷对酪氨酸酶抑制作用的研究》，《天然产物研究与开发》2021年第12期，第1998—2003页。

[19] 孙小明、裴栋、刘晔玮等：《辅料对油橄榄叶提取物中橄榄苦苷与羟基酪醇稳定性的影响》，《中国现代应用药学》2016年第3期，第261—265页。

[20] 樊瑞娜、孙小明、黄新异等：《油橄榄叶提取物对糖代谢关键酶抑制作用及物质基础初步研究》，《中药材》2017年第2期，第408—411页。

[21] 何海荣、魏鉴腾、孙小明等：《油橄榄叶提取物中4种抗氧化活性成分的筛选和含量测定》，《营养学报》2016年第1期，第81—86页。

[22] Yewei Liu, Lingna Bu, Jianxi Zhao, Jianteng Wei. Intracellular Metabolomic Approach for Evaluating Antioxidant Capacity and Its Application[J]. Journal of Liquid Chromatography & Related Technologies, 2015,38:1179–1184.

[23] 陈根振、王蝴蝶、裴栋等：《油橄榄果渣抗氧化部位化学成分的研究》，《广西植物》2022年第9期，第1498—1506页。

[24] 周瑞宝、王蕾、姜元荣等：《油橄榄加工与应用》，化工出版社2017年版。

后　记

本书是中国乡村发展志愿服务促进会（以下简称促进会）牵头编写的乡村振兴特色优势产业培育工程丛书之一，是促进会关于中国油橄榄产业发展的第三本蓝皮书。按照促进会的总体部署，本书由甘肃省林业科学研究院（国家林业草原油橄榄工程技术研究中心）联合陇南市林业和草原局、中国林业科学研究院、国家粮食和物资储备局科学研究院、四川省林业科学研究院、云南省林业和草原科学院、重庆市林业科学研究院、湖北省十堰市林业科学研究所、甘肃省陇南市武都区油橄榄产业开发办公室、陇南市祥宇油橄榄开发有限公司等科研、管理和生产单位及企业共同编写的关于我国油橄榄产业发展的年度报告。

本书由国家林业草原油橄榄工程技术研究中心主任、甘肃省林业科学研究院姜成英研究员总体设计撰写方案、全程指导撰写工作，为了更好地完成撰写任务，全面反映五个重点发展省（市）的油橄榄产业发展情况，确定了陇南市林业和草原局张军、四川省林业科学研究院杜晋城、云南省林业和草原科学院李勇杰、重庆市林业科学研究院黄飞逸、湖北省十堰市林业科学研究所全建州为各省负责人，负责本省材料的收集和提供。各省（市）负责人及编写人员通过搜索查阅、企业座谈、调研咨询、数据分析等方式，沟通协调完成编写内容。在此期间，编写人员发挥了较强的分工协作能力，如期形成了初稿，又经中国乡村发展志愿服务促进会组织的专家初审会和专家评审会评审，最终形成了《中国油橄榄产业发展蓝皮书（2024）》。

本书结构框架由姜成英、俞宁和张军审定，统稿由姜成英、张建霞完成，撰写人员具体分工如下：

绪　论

　　姜成英（甘肃省林业科学研究院/国家林业草原油橄榄工程技术研究中心）

　　张建霞（甘肃省林业科学研究院）

第一章　油橄榄产业基本情况

　　姜成英（甘肃省林业科学研究院/国家林业草原油橄榄工程技术研究中心）

　　张　军（甘肃省陇南市林业和草原局）

　　王丽华（四川省林业科学研究院）

　　李勇杰（云南省林业和草原科学院）

　　黄飞逸（重庆市林业科学研究院）

　　全建州（湖北省十堰市林业科学研究所）

第二章　油橄榄产业发展外部环境

　　俞　宁（中国林业科学研究院）

　　姜成英（甘肃省林业科学研究院/国家林业草原油橄榄工程技术研究中心）

　　吴文俊（甘肃省林业科学研究院）

第三章　油橄榄产业发展重点区域

　　张　军（甘肃省陇南市林业和草原局）

　　王丽华（四川省林业科学研究院）

　　李勇杰（云南省林业和草原科学院）

　　黄飞逸（重庆市林业科学研究院）

　　全建州（湖北省十堰市林业科学研究所）

　　姜成英（甘肃省林业科学研究院/国家林业草原油橄榄工程技术研究中心）

第四章　油橄榄产业发展重点企业

　　张　军（甘肃省陇南市林业和草原局）

叶　敏（四川省林业科学研究院）

李勇杰（云南省林业和草原科学院）

黄飞逸（重庆市林业科学研究院）

全建州（湖北省十堰市林业科学研究所）

第五章　油橄榄产业发展的代表性产品

闫仲平（甘肃省陇南市武都区油橄榄产业开发办公室）

姜成英（甘肃省林业科学研究院/国家林业草原油橄榄工程技术研究中心）

第六章　油橄榄产业发展效益评价

姜成英（甘肃省林业科学研究院/国家林业草原油橄榄工程技术研究中心）

张建霞（甘肃省林业科学研究院）

第七章　油橄榄产业发展趋势与对策

姜成英（甘肃省林业科学研究院/国家林业草原油橄榄工程技术研究中心）

本书由编委会主任刘永富会长审核。在此，我们向蓝皮书统筹规划、章节写作和参与评审的专家们表示感谢！正是由于大家的辛勤努力和付出，才保证该书能够顺利出版。此外，中国出版集团研究出版社也对本书给予了高度重视和热情支持，其工作人员在时间紧、任务重、要求高的情况下，为本书的出版付出了大量的精力和心血，在此一并表示衷心的谢意！感谢所有被本书引用和参考过的文献作者，是你们的研究成果为本书提供了参考和借鉴。由于编写时间短，本书仍存在一些不足和有待改进与完善的地方，真诚欢迎专家学者和广大读者批评指正。

本书编写组

2025年5月